元脱脱等撰

宋史

第二六册

卷二五七至卷二七〇（傳）

中華書局

宋史卷二百五十七

列傳第十六

吳廷祚 子元輔 元載 元扆　李崇矩 子繼昌　王仁贍　楚昭輔

李處耘 子繼隆 繼和

吳廷祚字慶之，并州太原人。少頗讀書，事周祖，爲親校。廣順初，授莊宅副使，遷內軍器庫使、知懷州，入爲皇城使。會天平符彥卿移鎭大名，以廷祚權知鄆州。世宗卽位，遷右羽林將軍，充內客省使。未幾，拜宣徽北院使。世宗征劉崇，爲北面都巡檢使。師還，權判澶州，歸闕，加右監門衞大將軍。俄遷宣徽南院使、判河南府、知西京留守事。汴河決，命廷祚督丁壯數萬塞之。因增築堤防，自京城至臨淮，數旬訖工。世宗北征，權東京留守。是夏，河決鄭州原武縣，命廷祚發近縣丁壯二萬餘塞之。師還，以廷祚爲左驍衞上將軍、檢校太傅，充樞密使。恭帝卽位，加檢校太尉。

宋初，加同中書門下二品，以其父名璋，故避之。會李筠叛，廷祚白太祖曰：「潞城嵒險，且阻太行，賊據之，未易破也。筠素勇而輕，若速擊之，必離上黨來邀我戰，猶獸亡其藪，魚脫於淵，因可擒矣。」太祖遂親征，以廷祚留守東京兼判開封府。筠果領兵來，戰澤州南，其衆敗走。及討李重進，又爲東京留守。

建隆三年夏，帝謂之曰：「卿掌樞務，有年于玆，與卿秦州，以均勞逸。」明日制出，恐卿以離朕左右爲憂，故先告卿。」卽以爲雄武軍節度。先是，秦州夕陽鎭西北接大藪，多材植，古伏羌縣之地。高防知州日，建議就置采造務，調軍卒分番取其材以給京師。西夏酋長尙波于率衆爭奪，頗傷役卒，防捕繫其黨，以狀聞。上令廷祚代防，齎詔赦尙波于等，夏人感悅。是年秋，以伏羌地來獻。

乾德二年來朝，改鎭京兆。開寶四年長春節來朝。俄遇疾，車駕臨問，命爇艾灸其腹，遣中使王繼恩監視之。未幾卒，年五十四。贈侍中，官給葬事。

廷祚謹厚寡言，性至孝，居母喪，絕水漿累日。好學，聚書萬餘卷。治家嚴肅，尤崇奉釋氏。

子元輔、元載、元範、元扆、元吉、元慶。元範、元慶仕皆至禮賓副使。元吉，閤門祗候。元吉子昭允，太子中舍。元慶子守仁，內殿崇班。

元輔字正臣，頗好學，善筆札。周廣順中，以父任補供奉官。世宗嗣位，遷洛苑使。宋初，授左驍衞將軍、澶州巡檢，累官至定州鈐轄。卒，年四十八。子昭德、昭遜、昭普，並閤門祗候。

元載，建隆初，授太子右春坊通事舍人，賜緋魚袋。廷祚出鎮秦、雍，並補衙門都校。廷祚卒，授供奉官。太平興國三年，加閤門祗候，與太祝毋賓古使契丹。九年，擢爲西上閤門副使，出知陝州。

雍熙三年，徙知秦州。州民李益者，爲長道縣酒務官，家饒於財，僮奴數千指，恣橫持郡吏短長，長吏而下皆畏之。民負息錢者數百家，郡爲督理如公家租調，獨推官馮伉不從。益遣奴數輩伺伉按行市中，拽之下馬，因毀辱之。先是，益厚賂朝中權貴爲庇護，故累年不敗。及伉屢表其事，又爲邸吏所匿，不得達，後因市馬譯者附表以聞，譯因入見，上其表。帝大怒，詔元載逮捕之。詔書未至，京師權貴已報益，益懼，亡命。元載以聞，帝愈怒，詔州郡物色急捕之，獲於河中府民郝氏家，鞫于御史府，具得其狀，斬之，盡沒其家。益子仕衡先舉進士，任光祿寺丞，詔除籍，終身不齒。益之伏法，民皆飯僧相慶。

端拱初，遷西上閤門使。淳化二年，加領富州刺史，俄徙知成都府。蜀俗奢侈，好遊蕩，民無贏餘，悉市酒肉爲聲技樂，元載禁止之；吏民細罪又不少貸，人多怨咎。及王小波亂，元載不能捕滅，受代歸闕，而成都不守。

時李仕衡通判華州，常銜元載因事殺其父，伺元載至闕，遣人閱行裝，收其關市之稅。元載拒之，仕衡抗章疏其罪，坐責郢州團練副使。移單州，以疾授左衞將軍致政。卒，年五十三。

子昭明，爲內殿崇班；昭矩，太子中舍。

元扆字君華。太平興國八年，選尙太宗第四女蔡國公主，授左衞將軍、駙馬都尉。明年正月，領愛州刺史。是冬，領本州團練使。

雍熙三年，有事北邊，元扆表求試劇郡，命知鄆州。逾年召入，尋知河陽。還朝，改鄯州觀察使。特詔朝會序班次節度使，奉祿賜予悉增之。再知河陽。

淳化元年，以主疾召還。主薨，復遣之任。五年，秋霖河溢，奔注溝洫，城壘將壞，元扆躬涉泥滓，督工補塞。民多構木樹杪以避水，元扆命濟以舟楫，設餅餌以食。時澶、陝悉罹水災，元扆所部賴以獲安。

眞宗卽位，換安州觀察使，俄知澶州。咸平三年，轉運使劉錫上其治狀，詔書嘉獎，遷寧國軍留後、知定州。時王超、王繼忠領兵踰唐河，與遼人戰，元扆度其必敗，乃急發州兵護河橋。旣而超輩果敗，遼人乘之，至橋，見陣兵甚盛，遂引去。考滿，吏民詣闕貢馬，疏其善政十事，願借留樹碑，表其德政。詔褒之。屬歲旱，吏白召巫以土龍請雨。元扆曰：「巫本妖民，龍止獸也，安能格天？惟精誠可以動天。」乃集道人設壇，潔齋三日，百拜祈禱，澍雨沾洽。

景德元年代歸，拜武勝軍節度〔一〕。三年，以陵域積水，議堙掘溝澗，命爲修諸陵都部署，以內侍副都知閻承翰副之。出知潞州。初，幷、代、澤、潞皆分轄戍卒，後幷於太原。至是，以元扆臨鎭，遂分領澤潞晉絳慈隰、威勝七州軍戎事〔二〕，委元扆專總之。東封，表求扈從，命祀靑帝，禮畢，加檢校太傅、知徐州。大中祥符四年，以祀汾陰恩，改領山南東道。五月，制書下，元扆被疾卒，年五十，贈中書令，謚忠惠。子弟進秩者五人。五年，葬元扆，時上元欲觀燈，帝爲移次夕。

元扆性謹讓，在藩鎭有憂民心，待賓佐以禮。喜讀春秋左氏，聲色狗馬，一不介意。所得祿賜，卽給親族孤貧者。將赴徐州，請對言：「臣族屬至多，其堪祿仕者皆爲表薦，餘皆均奉贍之。」公主有乳媼，得入參宮禁，元扆慮其去後妄有請託，白上拒之。眞宗深所嘉嘆，於

帝壻中獨稱其賢。及歿，甚悼惜之。且以元扆得疾，本州不以聞，詔劾其官屬。子守禮，至六宅使、澄州刺史，以帝甥特贈和州防禦使；守嚴，至內殿崇班，天禧中，錄守嚴子承嗣、承緒並爲殿直；守良爲內殿崇班；守讓閤門祗候。

李崇矩字守則，潞州上黨人。幼孤貧，有至行，鄉里推服。漢祖起晉陽，次上黨，史弘肇時爲先鋒都校，聞崇矩名，召署親吏。乾祐初，弘肇總禁兵兼京城巡檢，多殘殺軍民，左右懼，稍稍引去，惟崇矩事之益謹。及弘肇被誅，獨得免。周祖與弘肇素厚善，卽位，訪求弘肇親舊，得崇矩。謂之曰：「我與史公受漢厚恩，戮力同心，共獎王室，爲姦邪所構，史公卒罹大禍，我亦僅免。汝史氏家故吏也，爲我求其近屬，吾將恤之。」崇矩上其母弟福。崇矩素主其家，盡籍財產以付福，周祖嘉之，以崇矩隸世宗帳下。顯德初，補供奉官。從征高平，以功轉供備庫副使，改作坊使。恭帝嗣位，命崇矩告哀於南唐。還判四方館事。

宋初，李筠叛，命崇矩率龍捷、驍武左右射禁軍數千人屯河陽，以所部攻大會砦，拔之，斬首五百級。改澤、潞南面行營前軍都監，與石守信、高懷德、羅彥瓌同破筠衆於碾子谷。

及平澤、潞，遣崇矩先入城，收圖籍，視府庫。因上言曰：「上黨，臣鄉里也。臣父尙稾葬，願護櫬歸京師。」許之，賜予甚厚。師還，會判三司張美出鎭，拜右監門衞大將軍，充三司使。從征李重進，還爲宣徽北院使，仍判三司。

乾德二年，代趙普拜樞密使。五年，加檢校太傅。時劍南初平，禁軍校呂翰聚衆構亂，軍多亡命在其黨中，言者請誅其妻子。太祖疑之，以語崇矩。崇矩曰：「叛亡之徒固當孥戮，然案籍合誅者餘萬人。」太祖曰：「朕恐有被其驅率，非本心者。」乃令盡釋之。翰衆聞之，亦稍稍自歸。未幾，翰敗滅。

開寶初，從征太原。會班師，命崇矩爲後殿。次常山，被病，帝遣太醫診視，命乘涼車還京師。崇矩叩頭言：「涼車乃至尊所御，是速臣死爾。」固辭得免。

時趙普爲相，崇矩以女妻普子承宗，相厚善，帝聞之不悅。有鄭伸者，客崇矩門下僅十年，性險詖無行，崇矩待之漸薄。伸銜之，因上書告崇矩陰事。崇矩不能自明。太祖釋不問，出爲鎭國軍節度，賜伸同進士出身，以爲酸棗主簿；仍賜器幣、襲衣、銀帶。六年，崇矩入爲左衞大將軍。

太平興國二年夏，河防多決，詔崇矩乘傳自陝至滄、棣，按行河堤。是秋，出爲邕、貴、潯、賓、横、欽六州都巡檢使。未幾，移瓊、崖、儋、萬四州都巡檢使，麾下軍士咸憚於行，崇

矩盡出器皿金帛，凡直數百萬，悉分給之，衆乃感悅。時黎賊擾動，崇矩悉抵其洞穴撫慰，以己財遺其酋長，衆皆懷附。代還，拜右千牛衞上將軍。雍熙三年，命代宋偓，判右金吾街仗兼六軍司事。端拱元年，卒，年六十五。贈太尉，謚元靖。

崇矩性純厚寡言，尤重然諾。嘗事史弘肇，及貴，見其子孫，必厚禮之，振其乏絕。在嶺海四五年，恬不以炎荒嬰慮。舊涉海者多艤舟以俟便風，或旬餘，或彌月，崇矩往來皆一日而渡，未嘗留滯，士卒僮僕隨者皆無恙。信奉釋氏，飯僧至七十萬，造像建寺尤多。又喜黃白術，自遠迎其人，館於家以師之，雖知其詐，猶以爲神仙，試已終無悔恨。子繼昌。

繼昌字世長。初，崇矩與太祖同府厚善，每太祖誕辰，必遣繼昌奉幣爲壽。嘗畀弱弓輕矢，敎以射法。建隆三年，蔭補西頭供奉官。太祖欲選尙公主，崇矩謙讓不敢當，繼昌亦自言不願。崇矩亟爲繼昌聘婦，太祖聞之，頗不悅。

開寶五年，選魏咸信爲駙馬都尉，繼昌同日遷如京副使。崇矩出華州，補鎭國軍牙職。入爲右班殿直、東頭供奉官，監大名府商稅，歲課增羨。會詔擇廷臣有勞者，府以名聞。丁外艱，服闋，授西京作坊副使。淳化中，齊饑多盜，命爲登、萊、沂、密七州都巡檢使。至道二年，蜀賊平，餘黨頗嘯聚，拜西京作坊使、峽路二十五州軍捉賊招安都巡檢使，

旋改兵馬鈐轄。賊酋喻雷燒者，久爲民患，以金帶遺繼昌，繼昌僞納之，賊懈不設備，因掩殺之。進西京左藏庫使。

咸平三年，王均亂蜀，與雷有終、上官正、石普同受詔進討，砦于城西門。賊忽開城僞遁，有終等各以所部徑入，繼昌覺，亟止之不聽，因獨還砦。賊果閉關發伏，悉陷之，有終等僅以身免。繼昌按堵如故，所部諸校聞城中戰聲，泣請引去。繼昌曰：「吾位最下，當俟主帥命。」是夕，有終馳報至，徙繼昌屯鴈橋門。三月，破彌牟砦，斬首千級，大獲器仗，進逼魚橋門，均脫走。繼昌入城，嚴戒部下，無擾民者。獲婦女童幼置空寺中，俟事平遣還其家。繼昌急領兵追賊至資州，聞均梟首乃還。以功領奬州刺史。俄知靑州，入掌軍頭引見司。

景德二年，將幸澶州，遣先赴河上給諸軍鎧甲。遼人請和，欲近臣充使，乃令繼昌與其使姚東之偕詣遼部，俄與韓杞同至行在；及遼人聘至，又命至境首接伴。尋擢爲西上閤門使。三年，又副任中正使契丹。是冬，將朝陵寢，以汝州近洛，衞兵所駐，命知州事兼兵馬鈐轄。駕還，召歸，出知延州兼鄜延路鈐轄。

大中祥符元年，進秩東上閤門使。俄以目疾求歸京師。入對，勞問再三，遣尙醫診視，假滿仍給以奉。少愈，令樞密院傳旨，將眞拜刺史，復任延安。繼昌以疾表求休致。未幾，改右驍衞大將軍，領郡如故。祀汾陰，留爲京師新城巡檢鈐轄，改左神武軍大將軍、權判右

金吾街仗。其子遵勗，尙萬壽長公主。

天禧初，主誕日，邀繼昌過其家，迎拜爲壽。帝知之，密以襲衣、金帶、器幣、珍果、美饌賜之。翌日，主入對，帝問繼昌強健能飲食，拜連州刺史，出知涇州。表求兩朝御書及謁拜諸陵，皆許之。二年冬，卒，年七十二。遣中使護櫬以歸。錄其子贊善大夫文晟爲殿中丞，殿直文旦爲侍禁。

繼昌性謹厚，士大夫樂與之遊。爲治尙寬，所至民懷之。任峽路時，與上官正聯職。正殘忍好殺，嘗有縣胥護芻糧，地遠後期，正令斬之，繼昌徐爲解貸焉。鄭仲者，早死，其母貧餓，嘗詣繼昌乞丐，家人競前詬逐。繼昌召見，與白金百兩，時人稱之。

遵勗初尙主，詔升爲崇矩子，授昭德軍留後、駙馬都尉。

王仁贍，唐州方城人。少倜儻，不事生產，委質刺史劉詞。詞遷永興節度，署爲牙校。詞將卒，遺表薦仁贍材可用。太祖素知其名，請於世宗，以隸帳下。

宋初，授武德使，出知秦州，改左飛龍使。建隆二年，遷右領軍衞將軍，充樞密承旨。高繼沖請命，以仁贍爲荆南巡檢使。繼沖入朝，命知軍府。乾德初，遷左千牛衞大將軍。

不踰月，加內客省使。

二年春，召赴闕，擢爲樞密副使。七月，加左衞大將軍。興師討蜀，命仁贍爲鳳州路行營前軍都監。蜀平，坐沒入生口財貨、殺降兵致蜀土擾亂，責授右衞大將軍。初，劍南之役，大將王全斌等貪財，軍政廢弛，寇盜充斥。太祖知之，每使蜀來者，令陳全斌等所入賄賂、子女及發官庫分取珠金等事，盡得其狀。及全斌等歸，帝詰仁贍，仁贍歷詆諸將過失，欲自解。帝曰：「納李廷珪妓女，開豐德庫取金寶，豈全斌輩邪？」仁贍不能對。廷珪，故蜀將也。帝怒，令送中書鞫全斌等罪，仁贍以新立功，第行降黜而已。帝幸洛，以仁贍判留守司、三司兼知開封府事。及召沈倫赴行在，以仁贍爲東京留守兼大內都部署。駕還，遂判三司，俄命權宣徽北院事。

太平興國初，拜北院使兼判如故，加檢校太保。四年，親征太原，充大內部署，仍判留守司、三司，總轄裏外巡檢司公事。師還，加檢校太傅。

五年，仁贍廉得近臣戚里遣人市竹木秦、隴間，聯巨筏至京師，所過關渡，矯稱制免算；既至，厚結有司，悉官市之，倍收其直。仁贍密奏之，帝怒，以三司副使范旻、戶部判官杜載、開封府判官呂端屬吏。旻、載具伏罔上爲市竹木入官；端爲秦府親吏喬琏請託執事者。貶旻爲房州司戶，載均州司戶，端商州司戶。判四方館事程德玄、武德使劉知信、翰林

使杜彥圭，日騎、天武四廂都指揮使趙延溥，武德副使竇神興；左衞上將軍張永德，左領軍衞上將軍祁廷訓，駙馬都尉王承衎、石保吉、魏咸信，並坐販竹木入官，責降罰奉。是歲，車駕北巡，命仁贍爲大內部署。

七年春，以政事與僚屬相矛盾，爭辯帝前，仁贍辭屈，責授右衞大將軍。翌日，改唐州防禦使，月給奉錢三十萬。仁贍之獲罪也，兵部郎中、判勾院宋琪及三司判官並降秩。先是，仁贍掌計司殆十年，恣下吏爲奸，怙恩寵無敢發者；前年發范旻等事，中外益畏其口。會屬吏陳恕等數人率以皦察不畏強禦自任，因議本司事有不協者。朝參日，恕獨出班持狀奏其事。帝詰之，仁贍屈伏。帝怒甚，故及於譴，而恕等悉奬擢。琪與恕等聯事，始合謀同奏，至帝前而宋琪猶附會仁贍，故亦左降。仁贍既失權勢，因怏怏成疾，數日卒，年六十六。

後帝因言及三司財賦，謂宰相趙普等曰：「王仁贍領邦計積年，恣吏爲姦，諸場院官皆隱沒官錢以千萬計，朕悉令罷之，命使分掌。仁贍再三言，恐虧舊數，朕拒之。未踰年，舊獲千緡者爲一二萬緡，萬緡者爲六七萬緡，其利數倍。用度既足，儻遇水旱，即可免民租稅。仁贍心知其非，頗亦慙悸，朕優容之。」子昭雍，爲崇儀副使。

楚昭輔字拱辰，宋州宋城人。少事華帥劉詞。詞卒，事太祖，隸麾下，以才幹稱，甚信任之。陳橋師還，昭憲太后在城中，太祖憂之，遣昭輔問起居，昭輔具言士衆推戴之狀，太后乃安。

宋初，爲軍器庫使。太祖親討澤、潞，及征淮揚，並以昭輔爲京城巡檢。建隆四年，權知揚州，使江表。還，命鈎校左藏庫金帛，數日而畢，條對稱旨。開寶四年，帝以其能心計，拜左驍衞大將軍、權判三司。六年，遷樞密副使。九年，命權宣徽南院事。

太平興國初，拜樞密使。三年，加檢校太傅。從征太原，加檢校太尉。俄以足疾請告，帝親臨問。以所居湫隘，命有司廣之，昭輔慮侵民地，固讓不願治。帝嘉其意，賜白金萬兩，令別市第。昭輔被疾，家居近一歲，始以石熙載代之。昭輔不求解職，上亦不忍罷。會郊祀畢，罷爲驍騎衞上將軍。逾年卒，年六十九。廢朝，贈侍中，命中使護其喪歸葬鄉里。無子，錄其兄子吉爲供奉官，敏爲殿直。

昭輔性勤介，人不敢干以私，然頗吝嗇，前後賜予萬計，悉聚而畜之。嘗引賓客故舊至藏中縱觀，且曰：「吾無汗馬勞，徒以際會得此，吾爲國家守爾，後當獻于上。」及罷機務，悉以市善田宅，時論鄙之。

初，詞卒，昭輔來京師，問卜於瞽者劉悟。悟爲筮卦，曰：「汝遇貴人，見奇表豐下者卽汝主也，宜謹事之，汝當貴矣。」及見太祖，狀貌如悟言，遂委質焉。咸平三年，錄弟之子諒爲借職。大中祥符八年，又錄從孫鼎爲右班殿直。吉至內殿崇班。吉子隨，敏子咸，並進士及第，隨爲太常博士，咸屯田員外郎。

李處耘，潞州上黨人。父肇，仕後唐，歷軍校，至檢校司徒。從討王都定州，契丹來援，唐師不利，肇力戰死之。晉末，處耘尚幼，隨兄處疇至京師，遇張彥澤斬關而入，縱士卒剽略。處耘年猶未冠，獨當里門，射殺十數人，衆無敢當者。會暮夜，遂退。迨曉復鬥，又殺數人，鬥未解。有所親握兵，聞難來赴，遂得釋，里中賴之。

漢初，折從阮帥府州，召置門下，委以軍務。從阮後歷鄧、滑、陝、邠四節度，處耘皆從之。在新平日，折氏甥詣闕誣告處耘之罪，周祖信之，黜爲宜祿鎭將。從阮表雪其冤，詔復隸麾下。

顯德中，從阮遺表稱處耘可用，會李繼勳鎭河陽，詔署以右職。繼勳初不爲禮，因會將吏宴射，處耘連四發中的，繼勳大奇之，令升堂拜母，稍委郡務，俾掌河津。處耘白繼勳曰：

「此津往來者懼有姦焉，不可不察也。」居數月，果得契丹諜者，索之，有與西川、江南蠟書，即遣處耘部送闕下。

太祖時領殿前親軍，繼勳罷鎭，世宗以處耘隸太祖帳下，補都押衙。會太祖出征，駐軍陳橋，處耘見軍中謀欲推戴，遽白太宗，與王彥昇謀，召馬仁瑀、李漢超等定議，始入白太祖，太祖拒之。俄而諸軍大譟，入驛門，太祖不能却。處耘臨機決事，謀無不中，太祖嘉之，授客省使兼樞密承旨、右衞將軍。

從平澤、潞，遷羽林大將軍、宣徽北院使。討李重進，爲行營兵馬都監。賊平，以處耘知揚州。大兵之後，境內凋弊，處耘勤於綏撫，奏減城中居民屋稅，民皆悅服。建隆三年，詔歸京師，老幼遮道涕泣，累日不得去。拜宣徽南院使兼樞密副使，賜甲第一區。

朗州軍亂，詔慕容延釗率師討之，以處耘爲都監。入辭，帝親授方略，令會兵漢上。先是，朝廷遣內酒坊副使盧懷忠使荆南，覘勢強弱。使還，具言可取之狀，遂命處耘圖之。處耘至襄州，先遣閤門使丁德裕假道荆南，請具薪水給軍，荆人辭以民庶恐懼，願供芻餼於百里外。處耘又遣德裕諭之，乃聽命。遂令軍中曰：「入江陵城有不由路及擅入民舍者斬。」

師次荆門，高繼沖遣其叔保寅及軍校梁延嗣奉牛酒犒師，且來覘也。處耘待之有加，諭令翌日先還。延嗣大喜，令報繼沖以無虞。荆門距江陵百餘里，是夕，召保寅等宴飲延釗

之帳。處耘密遣輕騎數千倍道前進。繼沖但俟保寅、延嗣之還，遽聞大軍奄至，卽惶怖出迎，遇處耘於江陵北十五里。處耘揖繼沖，令待延釗，遂率親兵先入登北門。比繼沖還，則兵已分據城中，荆人束手聽命。卽調發江陵卒萬餘人，幷其師，晨夜趨朗州。又先遣別將分麾下及江陵兵趨岳州，大破賊於三江口，獲船七百餘艘，斬首四千級。又遇賊帥張從富於澧江，擊敗之。逐北至敖山砦，賊棄砦走，俘獲甚衆。處耘釋所俘體肥者數十人，令左右分啗之，黥其少健者，令先入朗州。會暮，宿砦中，遲明，延釗大軍繼至。黥者先入城言，被擒者悉爲大軍所啗，朗人大懼，縱火焚城而潰。會朗帥周保權年尚幼，爲大將汪端刼匿於江南砦僧寺中。處耘遣麾下將田守奇帥師渡江獲之。遂入潭州，盡得荆湖之地。

初，師至襄州，衢肆鬻餅者率減少，倍取軍人之直。處耘捕得其尤者二人送延釗，延釗怒不受，往復三四，處耘遂命斬於市以徇。延釗所部小校司義舍於荆州客將王氏家，使酒凶恣，王氏愬於處耘。處耘召義呵責，義又譖處耘於延釗。至白湖，處耘望見軍人入民舍，良久，舍中人大呼求救，遣捕之，卽延釗圉人也，乃鞭其背，延釗怒斬之。由是大不協，更相論奏。朝議以延釗宿將貰其過，謫處耘爲淄州刺史。處耘懼，不敢自明。在州數年，乾德四年卒，年四十七。廢朝，贈宣德軍節度、檢校太傅，賜地葬於洛陽偏橋村。

處耘有度量，善談當世之務，居常以功名爲己任。荆湖之役，處耘以近臣護軍，自以受

太祖之遇，思有以報，故臨事專制，不顧羣議，遂至於貶。後太祖頗追念之。及開寶中，爲太宗納其次女爲妃，卽明德皇后也。

子繼隆、繼和，自有傳；繼恂，官至洛苑使、順州刺史，贈左神武大將軍。繼恂子昭遜，爲供備庫使。處疇，官至作坊使，子繼凝。

繼隆字霸圖，幼養於伯父處疇。及長，以父蔭補供奉官。處耘貶淄州，繼隆亦除籍，會長春節，與其母入貢，復舊官。時權臣與處耘有宿憾者，忌繼隆有才，繼隆因落魄不治產，以游獵爲娛。

乾德中平蜀，選爲果、閬監軍，年方弱冠，母憂其未更事，將輔以處耘左右。繼隆曰：「是行兒自有立，豈須此輩，願不以爲慮。」母慰而遣之。代還，夜涉棧道，雨滑，與馬偕墜絕澗，深十餘丈，絓於大樹。騎卒馳數十里外，取火引綆以出之。

會征江南，領雄武卒三百戍邵州，止給刀盾。蠻賊數千陣長沙南，截其道。繼隆率衆力戰，賊遁去，手足俱中毒矢，得良藥而愈，部卒死傷者三之一。太祖聞其勇敢而器重之。又與石曦率兵襲袁州，破桃田砦，追賊二十里，入潭富砦，焚其梯衝芻積。復從李符督荆湖漕運，給征南諸軍。與人以王師不便水戰，多出舟師斷餉道，繼隆屢

與門，糧悉善達。日馳四五百里，常令往來覘候。一日中途遇虎，射殺之。嘗獲吳將，部送赴闕，至項縣而病，斬其首以獻，太祖益嘉之。與吳人戰，流矢中額，以所冠胄堅厚，得不傷。

太祖察其才，且追念其父，欲拔用之，謂曰：「昇州平，可持捷書來，當厚賞汝。」時內侍使軍中者十數輩，皆伺城陷獻捷，會有機事當入奏，皆不願行，而繼隆獨請赴闕。太祖〔三〕見其來，時城尙未下，甚訝之。繼隆度金陵破在旦夕，因言在途遇大風晦暝，城破之兆也。翌日，捷奏至，太祖召謂曰：「如汝所料矣。」吳將盧絳聚衆萬餘，攻掠州縣，命繼隆招來之。江南平，錄功遷莊宅副使。從幸西洛，改御營前後巡檢使。

太平興國二年，改六宅使。嘗詔與王文寶、李神祐、劉承珪同護浚京西河，又與梁迥、竇神寶治決河。迥體肥碩，所乘舟弊不能濟，繼隆易以己舟。已而繼隆舟果覆，棲枯桑杪，賴他舟以度。

從征太原，爲四面提舉都監，與李漢瓊領梯衝地道攻城西面，機石過其旁，從卒仆死，繼隆督戰無怠。討幽州，與郭守文領先鋒，破契丹數千衆。及圍范陽，又與守文爲先鋒，大敗其衆于湖濯河南。

後爲鎭州都監，契丹犯邊，與崔翰諸將禦之。初，太宗授以陣圖，及臨陣有不便，衆以

上命不可違。繼隆曰：「事有應變，安可預定，設獲違詔之罪，請獨當也。」卽從宜而行，敗之于徐河。

四年，遷宮苑使、領嬀州刺史，護三交屯兵。與潘美出征北邊，破靈丘縣，盡略其人以歸。改定州駐泊都監。嘗領兵出土磴砦，與賊戰，獲牛羊、車帳甚衆。詔書褒美。

李繼遷叛，命繼隆與田仁朗、王侁率兵擊之。四月〔四〕，出銀州北，破悉利諸族，追奔數十里，斬三千餘級，俘蕃漢老幼千餘，梟代州刺史折羅遇及其弟埋乞首，牛馬、鎧仗所獲尤多。又出開光谷西杏子坪，破保寺、保香族，斬其副首領埋乜巳五十七人，降銀三族首領折八軍〔五〕等三千餘衆，復破沒邵浪、悉訛諸族，及濁輪川東、兔頭川西，生擒七十八人，斬首五十九級，俘獲數千計。引師至監城，吳移、越移四族來降，惟岌伽羅膩十四族怙其衆不下，乃與尹憲襲擊之，夷其帳千餘，俘斬七千餘級。俄改領環州團練使，又護高陽關屯兵。

從曹彬征幽州，率兵助先鋒薛繼昭破其衆數千於固安南，下固安、新城，進克涿州，矢中左股，血流至踵，獲契丹貴臣一人。彬欲上其功，繼隆止之。俄而傅潛、米信軍敗衆潰，獨繼隆所部振旅而還。卽命繼隆知定州。尋詔分屯諸軍，繼隆令書吏盡錄其詔。旬餘，有敗卒集城下，不知所向，繼隆按詔給券，俾各持詣所部。太宗益嘉其有謀。

三年，遷侍衞馬軍都虞候、領武州防禦使〔六〕。契丹大入邊，出爲滄州都部署。劉廷讓與

敵戰君子館，先約繼隆以精卒後殿，緩急爲援。既而敵圍廷讓數重，繼隆引麾下兵退保樂壽，廷讓力不敵，全軍陷沒，裁以單騎遁免。上怒，追繼隆赴闕，令中書問狀，既而得釋。逾年，加領本州觀察使。

端拱初，制授侍衞馬軍都指揮使、領保順節度。九月，出爲定州都部署。初，朝議有寇至，令堅壁清野，勿與戰。一日，契丹驟至，攻滿城〔七〕，至唐河。護軍袁繼忠慷慨請出師，中黃門林延壽等五人以詔書止之。繼隆曰：「閫外之事，將帥得專。」乃與繼忠出兵，戰數合，擊走之。

二年冬，送芻粟入威虜軍，蕃將于越率騎八萬來邀王師，繼隆所領步騎裁一萬，先命千人設伏城北十里，而與尹繼倫列陣以待。敵衆方食，繼倫出其不意，擊走之。繼隆追奔過徐河，俘獲甚衆。嘗有詔廢威虜軍，繼隆言：「梁門爲北面保障，不可廢。」遂城守如故，訖爲要地。

淳化初，上遣使至定州，密諭繼隆：「若契丹復入寇，朕當親討。」繼隆上奏曰：「自北邊肆孽，邊邑多虞，陛下不知臣不材，任以疆事，臣敢不講求軍實，震耀戎容，奉揚天聲，以遏外侮。然臣奉辭之日，曾瀝愚衷，誠以蜂蠆之妖，必就鯨鯢之戮。臣子之分，死生以之，望不議於親巡，庶靡勞於天步。今聆聖誨，將決親征，且一人既行，百司景從，次舍驅馳，郡縣

供饋，勞費滋甚。殄此微妖，當責將帥，臣雖駑弱，誓死爲期。」是歲，契丹不入邊，議遂止。

四年夏，召還，太宗面奬之，改領靜難軍節度，復遣還屯所。時夏州趙保忠與繼遷連謀，朝廷患之，又綏州牙校高文岯舉城效順，河外蕃漢大擾，以繼隆爲河西行營都部署、尙食使尹繼隆爲都監以討之。旣而繼遷遁去，擒保忠以獻。初，裨將侯延廣、監軍秦翰議請誅保忠，及出兵追之，繼隆曰：「保忠机上肉爾，當請於天子。今繼遷遁去，千里窮磧，艱於轉餉，宜養威持重，未易輕舉。」延廣等服其言。

會密詔廢夏州，隳其城。繼隆命秦翰與弟繼和及高繼勳同入奏，以爲朔方古鎭，賊所窺覦之地，存之可依以破賊；幷請於銀、夏兩州南界山中增置保戍，以扼其衝，且爲內屬蕃部之障蔽，而斷賊糧運。皆不報。

至道二年，白守宗守榮、馬紹忠等送糧靈州，爲繼遷所邀，敗於浦洛河〔八〕。上聞之怒，亟命繼隆爲靈、環十州都部署。是秋，五路討繼遷，以繼隆出環州，取東關鎭，由赤檉、苦井路赴之。繼隆以所出道回遠乏水，請由橐駝路徑趨賊之巢穴。且遣繼和入奏，太宗召詰之，知其必敗，因遣周瑩齎手詔切責，督其進軍赤檉。瑩至，繼隆以便宜發兵，不俟報，與丁罕行十餘日，果不見賊而還。諸將失期，士卒困乏。繼隆素剛，因慙憤，肆殺戮，乃奏轉運使陳緯、梁鼎軍儲不繼，並坐削秩。

三年春，繼遷以蕃部從順者衆，遣其軍主史癿遇率兵屯橐駝口西北雙堆，以遏絕之。熟倉族蕃官癿遇來告〔九〕，繼隆遣劉承蘊、田敏會癿遇討之，斬首數千級，獲牛馬、橐駝萬計。

先是，受詔送軍糧赴靈州，必由旱海路，自冬至春，而芻粟始集。繼隆請由古原州蔚茹河路便，衆議不一，繼隆固執論其事，太宗許焉。遂率師以進，壁古原州，令如京使胡守澄城之，是爲鎭戎軍。

眞宗卽位，改領鎭安軍節度、檢校太傅。踰月召還，加同中書門下平章事，解兵柄歸本鎭。咸平二年，丁內艱，起復。會秋潦暴集，蔡水壞岸，繼隆乘危督士卒補塞，自辰訖午，衝波稍息。四年，加檢校太師。王師失利於望都，繼隆累表求詣闕面陳邊事，因乞自效。俄召還，延見詢訪，因言：「醜類侵擾，蓋亦常事，願委將帥討伐，不煩親征。」眞宗慰諭之，改山南東道節度，判許州。

景德初，明德皇太后不豫，詔入省疾。九月，復許會葬。是冬，契丹大入，踰魏郡至河上。眞宗幸澶淵，繼隆表求扈從，命爲駕前東西排陣使，先赴澶州，陳師於北城外，毀車爲營。敵數萬騎急攻，繼隆與石保吉率衆禦之，追奔數里。及上至，幸北門觀兵，召問慰勞，見其所部整肅，歎賞久之。翌日，幸營中，召從臣飲宴。二年春，還京，加開府儀同三司、食

邑、實封。詔始下，會疾作，上親臨問。繼和時爲并、代鈐轄，驛召省視。卒，年五十六。車駕臨哭之慟，爲制服發哀。贈中書令，謚忠武。以其子昭慶爲洛苑使，從子昭□、昭遜，並爲內殿崇班。又錄其門下二十餘人。乾興初，詔與李沆、王旦同配享眞宗廟庭。

繼隆出貴冑，善騎射，曉音律，感慨自樹，深沉有城府，嚴於御下。好讀春秋左氏傳，喜名譽，賓禮儒士。在太宗朝，特被親信，每征行，必委以機要。眞宗以元舅之親，不欲煩以軍旅，優游近藩，恩禮甚篤。然多智用，能謙謹保身。明德寢疾，欲面見之，上促其往。繼隆但詣萬安宮門拜牋，終不入。又嘗命諸王詣第候謁，繼隆不設湯茗，第假王府從行茶爐烹飲焉。昭慶改名昭亮，至東上閤門使、高州刺史。

繼和字周叔，少以蔭補供奉官，三遷洛苑使。淳化後，繼隆多在邊任，繼和常從行，友愛尤至，每令入奏機事。繼隆罷兵柄，手錄唐李勣遺戒授繼和，曰：「吾門不墜者在爾矣。」

初，繼隆之請城鎭戎軍也，朝廷不果於行。繼和面奏曰：「平涼舊地，山川險阻，旁扼夷落，爲中華襟帶，城之爲便。」太宗乃許焉。後復不守。咸平中，繼和又以爲言，乃命版築，以繼和知其軍，兼原、渭、儀都巡檢使。城畢，加領平州刺史。建議募貧民及弓箭手，墾田

積粟，又屢請益兵，朝議未許。上曰：「苟緩急，部署不爲濟師，則或至失援矣。」命繼和兼涇、原、儀、渭鈐轄。

時繼遷未弭，命張齊賢、梁顥經略，因訪繼和邊事。繼和上言：

鎭戎軍爲涇、原、儀、渭北面扞蔽，又爲環、慶、原、渭、儀、秦熟戶所依，正當回鶻、西涼、六谷、吐蕃、咩逋、賤遇、馬臧、梁家諸族之路。自置軍已來，克張邊備，方於至道中所葺，今已數倍。誠能常用步騎五千守之，涇、原、渭州苟有緩急，會于此軍，幷力戰守，則賊必不敢過此軍；而緣邊民戶不廢耕織，熟戶老幼有所歸宿。

此軍苟廢，則過此新城，止皆廢壘。有數路來寇：若自隴山下南去，則由三百堡入儀州制勝關；自瓦亭路南去，則由彈箏峽入渭州安國鎭；自淸石嶺東南去，則由小盧、大盧、潘谷入潘原縣；若至潘原而西則入渭州，東則入涇州；若自東石嶺東公主泉南去，則由東山砦故彭陽城西並入原州；其餘細路不可盡數。如以五千步騎，令四州各爲備禦，不相會合，則兵勢分而力不足禦矣。故置此城以扼要路。

即令自靈、環、慶、鄜、延、石、隰、麟、府等州以外河曲之地，皆屬於賊，若更攻陷靈州，西取回鶻，則吐蕃震懼，皆爲吞噬，西北邊民，將受驅劫。若以可惜之地，甘受賊攻，便思委棄，以爲良策，是則有盡之地，不能供無已之求也。

臣慮議者以調發芻糧擾民爲言，則此軍所費，止出四州〔10〕，地里非遙，輸送甚易。又劉綜方興屯田，屯田若成，積中有備，則四州稅物，亦不須得。

況今繼遷強盛，有踰曩日。從靈州至原、渭、儀州界，次更取鏉子山以西接環州山內及平夏，次并黃河以東以南、隴山內外接儀州界，及靈州以北河外。蕃部約數十萬帳，賊來足以鬥敵，賊還未盛，不敢深入。今則靈州北河外、鎮戎軍、環州並北徹靈武、平夏及山外黃河以東族帳，悉爲繼遷所吞，縱有一二十族，殘破奔迸，事力十無二三。

自官軍瀚海失利，賊愈猖狂，羣蕃震懼，絕無鬥志。兼以咸平二年棄鎮戎後，繼遷徑來侵掠軍界蕃族，南至渭州安國鎮北一二十里，西至南市界三百餘里，便於蕭關屯聚萬子、米逋、西鼠等三千，以脅原、渭、靈、環熟戶，常時族帳謀歸賊者甚多。賴聖謨深遠，不惑羣議，復置此軍，一年以來，蕃部咸以安集，邊民無復愁苦。以此較之，則存廢之說，相失萬倍矣。

又靈州遠絕，居常非有尺布斗粟以供王府，今關西老幼，疲苦轉餉，所以不可棄者，誠恐滋大賊勢，使繼遷西取秦、成之羣蕃，北掠回鶻之健馬，長驅南牧，何以枝梧。昨朝廷訪問臣送芻糧道路，臣欲自蕭關至鎮戎城砦，西就胡盧河川運送。但恐靈州食盡，或至不守，清遠固亦難保，青岡、白馬曷足禦扞，則環州便爲極邊。若賊從蕭關、武

延、石門路入鎭戎，縱有五七千兵，亦恐不敵，卽回鶻、西涼路亦斷絕。

伏見咸平三年詔書，緣邊不得出兵生事蕃夷，蓋謂賊如猛獸，不怫其心，必且不動。臣愚慮此賊他日愈熾，不若聽驍將銳旅屢入其境，彼或聚兵自固，則勿與鬥，妖黨纔散，則令掩擊。如此則王師逸而賊兵勞，賊心內離，然後大舉。

及靈州孤壘，戍守最苦，望比他州尤加存恤。且守邊之臣，內憂家屬之窮匱，外憂姦邪之憎毀。憂家則思爲不廉，憂身則思爲退迹，思不廉則官局不治，思退迹則庶事無心，欲其奮不顧身，令出惟行，不可得已。良由賞未厚、恩未深也。賞厚則人無顧內之憂，恩深則士有效死之志。古之帝王皆懸爵賞以拔英俊，卒能成大功。

大凡君子求名，小人狥利。臣爲兒童時，嘗聞齊州防禦使李漢超守關南，齊州屬州城錢七八萬貫，悉以給與，非次賞賚，動及千萬。漢超猶私販榷場，規免商算，當時有以此事達于太祖者，卽詔漢超私物所在，悉免關征。故漢超居則營生，戰則誓死，貲産厚則心有所繫，必死戰則動有成績。故畢太祖之世，一方爲之安靜。今如漢超之材固亦不少，苟能用皇祖之遺法，選擇英傑，使守靈武，高官厚賞，不吝先與；往日，留半奉給其家，半奉資其用，然後可以責潔廉之節，保必勝之功也。

又戎事內制，或失權宜，漢時渤海盜起，龔遂爲太守，尙聽便宜從事。且渤海，漢

之內地，盜賊，國之饑民；況靈武絕塞，西鄙強戎，又非渤海之比。苟許其專制，則無失事機，縱有營私冒利，民政不舉，亦乞不問。用將之術，異於他官，貪勇知愚，無不皆錄，但使法寬而人有所慕，則久居者安心展體，竭材盡慮，何患靈州之不可守哉？

又朝廷比禁青鹽，甚爲允愜。或聞議者欲開其禁。且鹽之不入中土，困賊之良策也。今若謂糧食自蕃界來，雖鹽禁不能困賊，此鬻鹽行賄者之妄談也。蕃粟不入賊境，而入于邊廩，其利甚明。況漢地不食青鹽，熟戶亦不入蕃界博易，所禁者非徒糧食也，至於兵甲皮榦之物，其名益多。以朝廷雄富，猶言摘山煮海，一年商利不入，則或闕軍須。況蕃戎所賴，止在青鹽，禁之則彼自困矣。望固守前詔爲便。

五年，繼和領兵殺衞埋族於天麻川。自是壠山外諸族皆恐懼內附，願於要害處置族帳砦栅，以爲戍守。繼和因請移涇原部署於鎭戎，以壯軍勢，又請開道環、延爲應援。眞宗以其精心戎事，甚嘉之。戎人伺警巡弛備，一夕，塞長壕，越古長城抵城下。繼和與都監史重貴出兵禦之，賊據險再突城隍，列陣接戰，重貴中重創，敗走之，大獲甲騎。有詔嘉獎，別出良藥、縑帛、牢酒以賜。

繼和習武藝，好談方略，頗知書，所至幹治。然性剛忍，御下少恩，部兵終日擐甲，常如寇至；及較閱之際，杖罰過當，人多怨焉。眞宗屢加勗勵，且爲覆護之。嘗上言：「保捷軍

新到屯所，多亡命者，請優賜緡錢；苟有亡逸，卽按軍法。」舊制，凡賜軍中，雖緣奏請者，亦以特旨給之。上以繼和峻酷，欲軍士感其惠，特令以所奏著詔書中而加賜之。且以計情定罪，自有常制，不許其請。終以邊防之地，慮人不爲用，遣張志言代還。既卽路，軍中皆恐其復來。

六年，又出爲并、代鈐轄。將行請對，欲領兵去按度邊壘。上曰：「河東巖險，兵甲甚衆，賊若入寇，但邀其歸路，自可致勝，不必率兵而往也。」

景德初，北邊入寇，徙北平砦。車駕駐澶淵，繼和受詔與魏能、張凝領兵赴趙州躡敵後。契丹請和，邊民猶未寧，又命副將張凝爲緣邊巡檢安撫使。事平，復還并、代。時朝廷每詔書約束邊事，或有當行極斷之語，官吏不詳深意，卽處大辟。繼和言其事，乃詔：「自今有云重斷、極斷、處斬、決配之類，悉須裁奏。」先是，繼隆卒，繼和恥以遺奏得官。久之，遷西上閤門使。未幾，擢殿前都虞候、領端州防禦使。大中祥符元年卒，年四十六。贈鎭國軍節度，遣諸王率宗室素服赴弔。二子早卒。帝以其族盛大，諸姪皆幼，令三班選使臣爲主家事。

弟繼恂，至洛苑使、順州刺史，贈左神武大將軍。子昭遜爲供備庫使。

論曰：夫乘風雲之會，依日月之光，感慨發憤，效忠駿奔，居備要任，出握重兵，如是而令名克終，斯固可偉也。吳廷祚策李筠之破，如目覩其事，誠有將略。李崇矩秉純厚之德，感史弘肇之恩，保其叛亡之孥，然交鄭仲不知其傾險，坐謫炎海，固無先見之明矣；其子繼昌，忘父仇以恤仲母之貧，雖非中道，亦人所難。王仁贍征蜀，殺降附之卒，肆貪矯之行，鬱鬱而斃，自貽伊戚，尚何尤乎？楚昭輔當陳橋推戴，太祖遣之入安母后，亦必可託以事者；及爲三司，善於心計，人不可干以私，然終以訐直，取寡信之名，何歟？處耘於創業之始，功參締構，克荆山，靖衡、湘，勢如拉枯，而志昧在和，勳業弗究，良可惜也；幸聯戚畹之貴，秉旄繼世，抑造物之報，嗇此而豐彼歟？

校勘記

〔一〕景德元年代歸拜武勝軍節度　「元年」原作「三年」。按長編卷五六，景德元年三月，定州民「乞留知州吳元扆」，並稱「元扆在定州凡五年」，卽自咸平三年知定州，至景德元年代歸。據改。

〔二〕分領澤潞晉絳慈隰威勝七州軍戎事　「慈」原作「磁」。按磁州屬河北路，和晉、絳、隰州相接的當爲屬河東路的慈州。又長編卷六五，景德四年吳元扆分領的七州軍，乃爲「澤潞晉絳慈隰、威

勝」，據改。

〔三〕太祖　原作「太宗」。按上下文都作「太祖」，東都事略卷二〇本傳也作「太祖」，據改。

〔四〕四月　按上文所載紀年爲太平興國四年，而李繼隆等出銀州北破悉利諸族，事在雍熙二年四月，見本書卷四九一党項傳，此處失書紀年。

〔五〕折八軍　原作「析八軍」，吳廣成西夏書事卷四、戴錫章西夏紀卷一都改「析」爲「折」。折氏爲党項大姓，當以改作「折」爲是。

〔六〕三年遷侍衞馬軍都虞候領武州防禦使　長編卷二七繫此事于雍熙三年七月壬申，「武州」作「雲州」。此處「三年」上失書「雍熙」紀元。

〔七〕契丹驟至攻滿城　「滿城」原作「蒲城」。按唐河附近無蒲城，遼史卷一二聖宗紀載，統和六年十一月辛卯攻滿城，甲午，拔其城。據改。

〔八〕浦洛河　原作「洛浦河」，據本書二八〇田紹斌傳、卷四八五夏國傳改。

〔九〕熟倉族蕃官乩遇來告　「熟」原作「執」，據本書卷四九一党項傳、宋會要兵一四之一五改。

〔一〇〕止出四州　原作「上出四川」，據長編卷五〇、東都事略卷一二〇李繼和傳改。下文又有「四州稅物，亦不須得」語亦可證。

宋史卷二百五十八

列傳第十七

曹彬 子璨 瑋 琮　潘美 李超附

曹彬字國華，眞定靈壽人。父芸，成德軍節度都知兵馬使。彬始生周歲，父母以百玩之具羅於席，觀其所取。彬左手持干戈，右手取俎豆，斯須取一印，他無所視，人皆異之。及長，氣質淳厚。漢乾祐中，爲成德軍牙將。節帥武行德見其端慤，指謂左右曰：「此遠大器，非常流也。」周太祖貴妃張氏，彬從母也。周祖受禪，召彬歸京師。隸世宗帳下，從鎭澶淵，補供奉官，擢河中都監。蒲帥王仁鎬以彬帝戚，尤加禮遇。彬執禮益恭，公府讌集，端簡終日，未嘗旁視。仁鎬謂從事曰：「老夫自謂夙夜匪懈，及見監軍矜嚴，始覺己之散率也。」

顯德三年，改潼關監軍，遷西上閤門使。五年，使吳越，致命訖卽還。私覿之禮，一無

所受。吳越人以輕舟追遺之，至於數四，彬猶不受。既而曰：「吾終拒之，是近名也。」遂受而籍之以歸，悉上送官。世宗強還之，彬始拜賜，悉以分遺親舊而不留一錢。出爲晉州兵馬都監。一日，與主帥暨賓從環坐於野，會鄰道守將走价馳書來詣，使者素不識彬，潛問人曰：「孰爲曹監軍？」有指彬以示之，使人以爲紿己，笑曰：「豈有國戚近臣，而衣弋綈袍、坐素胡床者乎？」審視之方信。遷引進使。

初，太祖典禁旅，彬中立不倚，非公事未嘗造門，羣居讌會，亦所罕預，由是器重焉。建隆二年，自平陽召歸，謂曰：「我疇昔常欲親汝，汝何故疎我？」彬頓首謝曰：「臣爲周室近親，復忝內職，靖恭守位，猶恐獲過，安敢妄有交結？」遷客省使，與王全斌、郭進領騎兵攻河東樂平縣〔二〕，降其將王超、侯霸榮等千八百人，俘獲千餘人。既而賊將蔚進〔三〕率兵來援，三戰皆敗之。遂建樂平爲平晉軍。乾德初，改左神武將軍。時初克遼州，河東召契丹兵六萬騎來攻平晉，彬與李繼勳等大敗之於城下。俄兼樞密承旨。

二年冬，伐蜀，詔以劉光毅〔三〕爲歸州行營前軍副部署，彬爲都監。峽中郡縣悉下，諸將咸欲屠城以逞其欲，彬獨申令戢下，所至悅服。上聞，降詔褒之。兩川平，全斌等晝夜宴飲，不恤軍士，部下漁奪無已，蜀人苦之。彬屢請旋師，全斌等不從。俄而全師雄等構亂，擁衆十萬，彬復與光毅破之于新繁，卒平蜀亂。時諸將多取子女玉帛，彬橐中唯圖書、衣衾

而已。及還，上盡得其狀，以全斌等屬吏。謂彬淸介廉謹，授宣徽南院使、義成軍節度使。彬入見，辭曰：「征西將士俱得罪，臣獨受賞，恐無以示勸。」上曰：「卿有茂功，又不矜伐，設有微累，仁贍等豈惜言哉？懲勸國之常典，可無讓。」

六年，遣李繼勳、党進率師征太原，命爲前軍都監，戰洞渦河，斬二千餘級，俘獲甚衆。開寶二年，議親征太原，復命爲前軍都監，率兵先往，次團柏谷，降賊將陳廷山。又戰城南，薄于濠橋，奪馬千餘。及太祖至，則已分砦四面，而自主其北。六年，進檢校太傅。

七年，將伐江南。九月，彬奉詔與李漢瓊、田欽祚先赴荆南發戰艦，潘美帥步兵繼進。十月，詔以彬爲昇州西南路行營馬步軍戰櫂都部署，分兵由荆南順流而東，破峽口砦，進克池州，連克當塗、蕪湖二縣，駐軍采石磯。十一月，作浮梁，跨大江以濟師。十二月，大破其軍於白鷺洲。

八年正月，又破其軍於新林港。二月，師進次秦淮，江南水陸十餘萬陳於城下，大敗之，俘斬數萬計。及浮梁成，吳人出兵來禦，破之於白鷺洲。自三月至八月，連破之，進克潤州。金陵受圍，至是凡三時，居人樵采路絕，頻經敗衄，李煜危甚，遣其臣徐鉉奉表詣闕，乞緩師，上不之省。先是，大軍列三砦，美居守北偏，圖其形勢來上。太祖指北砦謂使者曰：「吳人必夜出兵來寇，爾亟去，令曹彬速成深溝以自固，無墮其計中。」既成，吳兵果夜來

襲，美率所部依新溝拒之，吳人大敗。奏至，上笑曰：「果如此。」

長圍中，彬每緩師，冀煜歸服。十一月，彬又使人諭之曰：「事勢如此，所惜者一城生聚，若能歸命，策之上也。」城垂克，彬忽稱疾不視事，諸將皆來問疾。彬曰：「余之疾非藥石所能愈，惟須諸公誠心自誓，以克城之日，不妄殺一人，則自愈矣。」諸將許諾，共焚香爲誓。明日，稍愈。又明日，城陷。煜與其臣百餘人詣軍門請罪，彬慰安之，待以賓禮，請煜入宮治裝，彬以數騎待宮門外。左右密謂彬曰：「煜入或不測，奈何？」彬笑曰：「煜素懦無斷，既已降，必不能自引決。」煜之君臣，卒賴保全。自出師至凱旋，士衆畏服，無輕肆者。及入見，刺稱「奉敕江南幹事回」，其謙恭不伐如此。

初，彬之總師也，太祖謂曰：「俟克李煜，當以卿爲使相。」副帥潘美預以爲賀。彬曰：「不然，夫是行也，仗天威，遵廟謨，乃能成事，吾何功哉。況使相極品乎？」美曰：「何謂也？」彬曰：「太原未平爾。」及還，獻俘。上謂曰：「本授卿使相，然劉繼元未下，姑少待之。」既聞此語，美竊視彬微笑。上覺，遽詰所以，美不敢隱，遂以實對。上亦大笑，乃賜彬錢二十萬。彬退曰：「人生何必使相，好官亦不過多得錢爾。」未幾，拜樞密使、檢校太尉、忠武軍節度使。

太宗卽位，加同平章事。議征太原，召彬問曰：「周世宗及太祖皆親征，何以不能克？」

彬曰：「世宗時，史彥超敗于石嶺關，人情驚擾，故班師；太祖頓兵甘草地，會歲暑雨，軍士多疾，因是中止。」太宗曰：「今吾欲北征，卿以爲何如？」彬曰：「以國家兵甲精銳，翦太原之孤壘，如摧枯拉朽爾，何爲而不可。」太宗意遂決。太平興國三年，進檢校太師，從征太原，加兼侍中。八年，爲弭德超所誣，罷爲天平軍節度使。旬餘，上悟其譖，進封魯國公，待之愈厚。

雍熙三年，詔彬將幽州行營前軍馬步水陸之師，與潘美等北伐，分路進討。三月，敗契丹于固安，破涿州，戎人來援，大破之于城南。四月，又與米信破契丹于新城，斬首二百級。五月，戰于岐溝關，諸軍敗績，退屯易州，臨易水而營。上聞，亟令分屯邊城，追諸將歸闕。

先是，賀令圖等言於上曰：「契丹主少，母后專政，寵倖用事，請乘其釁，以取幽薊。」遂遣彬與崔彥進、米信自雄州，田重進趣飛狐，潘美出鴈門，約期齊舉。將發，上謂之曰：「潘美之師但先趣雲、應，卿等以十萬衆聲言取幽州，且持重緩行，不得貪利。彼聞大兵至，必悉衆救范陽，不暇援山後矣。」既而，美之師先下寰、朔、雲、應等州，重進又取飛狐、靈丘、蔚州，多得山後要害地，彬亦連下州縣，勢大振。每奏至，上已訝彬進軍之速。及彬次涿州，旬日食盡，因退師雄州以援餉餽。上聞之曰：「豈有敵人在前，反退軍以援芻粟，失策之甚也。」亟遣使止彬勿前，急引師緣白溝河與米信軍會，案兵養銳，以張西師之勢；俟美等盡

略山後地，會重進之師而東，合勢以取幽州。時彬部下諸將，聞美及重進累建功，而己握重兵不能有所攻取，謀議蜂起。彬不得已，乃復裹糧再往攻涿州。契丹大衆當前，時方炎暑，軍士乏困，糧且盡，彬退軍，無復行伍，遂爲所躡而敗。

彬等至，詔鞫於尙書省，令翰林學士賈黃中等雜治之，彬等具伏違詔失律之罪。彬責授右驍衞上將軍，彥進右武衞上將軍，信右屯衞上將軍，餘以次黜。四年，起彬爲侍中、武寧軍節度使。淳化五年，徙平盧軍節度。眞宗卽位，復檢校太師、同平章事。數月，召拜樞密使。

咸平二年，被疾。上趣駕臨問，手爲和藥，仍賜白金萬兩。問以後事，對曰：「臣無事可言。臣二子材器可取，臣若內舉，皆堪爲將。」上問其優劣，對曰：「璨不如瑋。」六月薨，年六十九。上臨哭之慟，對輔臣語及彬，必流涕。贈中書令，追封濟陽郡王，謚武惠；且贈其妻高氏韓國夫人；官其親族、門客、親校十餘人。八月，詔彬與趙普配饗太祖廟庭。

彬性仁敬和厚，在朝廷未嘗忤旨，亦未嘗言人過失。伐二國，秋毫無所取。位兼將相，不以等威自異。遇士夫於塗，必引車避之。不名下吏，每白事，必冠而後見。居官，奉入給宗族，無餘積。平蜀回，太祖從容問官吏善否，對曰：「軍政之外，非臣所聞也。」固問之，唯薦隨軍轉運使沈倫廉謹可任。爲帥知徐州日，有吏犯罪，既具案，逾年而後杖之，人莫知其

故。彬曰：「吾聞此人新娶婦，若杖之，其舅姑必以婦爲不利，而朝夕笞詈之，使不能自存。吾故緩其事，然法亦未嘗屈焉。」北征之失律也，趙昌言表請行軍法。及昌言自延安還，被劾，不得入見。彬在宥府，爲請於上，乃許朝謁。

子璨、珝、瑋、玹、玘、珣、琮。珝娶秦王女興平郡主，至昭宣使。玹左藏庫副使，玘尚書虞部員外郎，珣東上閤門使，琮西上閤門副使。玘之女，卽慈聖光獻皇后也。芸，累贈魏王。彬，韓王。玘，吳王，謚曰安僖。玘之子佾、傳。佾見外戚傳。傳，后兄也，榮州刺史，謚恭懷。

璨字韜光，性沉毅，善射，以蔭補供奉官。常從彬征討，得與計議，彬以爲類己，特鍾愛焉。

遷宮苑副使，出爲高陽關及鎭、魏、并、代、趙五州都監。雍熙中，命知定州，改尙食使。淳化二年，領富州刺史，徙知代州。明年，擢爲鎭州行營鈐轄，徙綏、銀、夏、麟、府等州鈐轄。契丹入寇，屢戰有功。諸將多欲窮追，璨慮有伏，力止之。至道初，遷四方館使、知靈州，徙河西鈐轄，改引進使。范廷召將兵出塞，命璨爲之副。丁外艱，起復，爲鄜延路副都部署，拜趙州刺史，領武州團練使，充麟、府、濁輪副部署。出蕃兵邀繼遷，俘馘甚衆。入爲

樞密都承旨，改領亳州團練使。

契丹入寇，命爲鎭、定、高陽關三路行營都鈐轄，領康州防禦使，再知定州。明年冬，拜侍衞馬軍副都指揮使、天德軍節度。入爲東京舊城都巡檢使，連拜彰國〔四〕、保靜、武寧、忠武等軍節度使。在禁衞十餘年，未嘗忤旨。天禧三年春，以足疾授河陽節度使、同平章事。卒，年七十，贈中書令，謚武懿。

璨起貴胄，以孝謹稱，能自奮厲，以世其家。習知韜略，好讀左氏春秋，善撫士卒，兼著威愛。雖輕財不逮其父，而仁敬和厚，亦有父風。子儀，官至耀州觀察使。

瑋字寶臣。父彬，歷武寧、天平軍節度使，皆以瑋爲牙內都虞候，補西頭供奉官、閤門祗候。沉勇有謀，喜讀書，通春秋三傳，於左氏尤深。李繼遷叛，諸將數出無功，太宗問彬：「誰可將者？」彬曰：「臣少子瑋可任。」卽召見，以本官同知渭州，時年十九。

眞宗卽位，改內殿崇班、知渭州。馭軍嚴明有部分，賞罰立決，犯令者無所貸。善用間，周知虜動靜，舉措如老將。彬卒，請持喪，不聽，改閤門通事舍人。遷西上閤門副使，徙知鎭戎軍。李繼遷虐用其國人，瑋知其下多怨，卽移書諸部，諭以朝廷恩信，撫養無所間，以動諸羌。由是康奴等族請內附。繼遷略西蕃還，瑋邀擊于石門川，俘獲甚衆。以鎭戎軍

攄平地，便於騎戰，非中國之利，請自隴山以東，循古長城塹以爲限。又以弓箭手皆土人，習障塞蹊隧，曉羌語，耐寒苦，官未嘗與兵械資糧，而每戰輒使先拒賊，恐無以責死力，遂給以境內閒田。春秋耕斂，州爲出兵護作，而蠲其租。

繼遷死，其子德明請命于朝。瑋言：「繼遷擅河南地二十年，兵不解甲，使中國有西顧之憂。今國危子弱，不卽捕滅，後更強盛，不可制。願假臣精兵，出其不意，禽德明送闕下，復河西爲郡縣，此其時也。」帝方以恩致德明，不報。既而西延家、妙娥、熟魏數大族請拔帳自歸，諸將猶豫不敢應。瑋曰：「德明野心，不急折其翮，後必颺去。」卽日，將騎士薄天都山，受降者內徙，德明不敢拒。遷西上閤門使，爲環慶路兵馬都鈐轄，兼知邠州。封泰山，進東上閤門使。

帝以瑋習知河北事，迺以爲眞定路都鈐轄，領高州刺史。瑋嘗上涇原、環慶兩道圖。至是，帝以示左右，曰：「華夷山川城郭險固出入戰守之要，舉在是矣。」因敕別繪二圖，以一留樞密院，一付本道，俾諸將得按圖計事。復爲涇原路都鈐轄兼知渭州，與秦翰破章埋族于武延川，分兵滅撥臧于平涼，於是隴山諸族皆來獻地。瑋築堡山外，爲籠竿城，募士兵守之。曰：「異時秦、渭有警，此必爭之地也。」祀汾陰，進四方館使。踰年，上表還州事，願專督軍旅。帝不欲遽更守臣，以密詔敦諭之。改引進使、英州團練使，復知秦州，兼涇、原、

儀、渭、鎭戎緣邊安撫使。

時唃厮囉強盛，立遵佐之。立遵乃上書求號「贊普」。瑋言：「贊普，可汗號也。立遵一言得之，何以處唃厮囉邪？且復有求，漸不可制。」迺以立遵爲保順軍節度使，恩如厮鐸督。西羌將舉事，必先定約束，號爲「立文法」。唃厮囉使其舅賞樣丹與厮敦立文法於離王族，謀內寇。瑋陰結厮敦，解寶帶予之。厮敦感激，求自效，間謂瑋曰：「吾父何所使？欲吾首，猶可斷以獻。」瑋曰：「我知賞樣丹時至汝帳下，汝能爲我取賞樣丹首乎？」厮敦愕然應之。後十餘日，果斷其首來。厮敦因獻南市地。南市者，秦、渭之阨也，瑋城之，表厮敦爲順州刺史。

初，張佶知秦州，置四門砦，侵奪羌地，羌人多叛去，畏得罪不敢出。瑋招出之，令入馬贖罪，還故地，至者數千人，每送馬六十匹，給綵一端。築弓門、冶坊、床穰(五)、靜戎、三陽、定西、伏羌、永寧、小洛門、威遠十砦，浚壕三百八十里，皆役屬羌廂兵，工費不出民。伏羌首領厮雞波、李磨論私立文法，瑋潛兵滅其帳。其年，唃厮囉率衆數萬大入寇，瑋迎戰三都谷，追奔三十里，斬首千餘級，獲馬牛、雜畜、器仗三萬餘。遷客省使、康州防禦使。馬波叱臘立栅野吳谷，瑋選募神武軍二百人，斬栅，獲生口、孳畜甚衆。

宗哥大首領甘遵治兵于任奴川，瑋遣間殺遵，及破魚角蟬所立文法于吹麻城。既而河

州、洮蘭、安江、妙敦、邈川、黨逋諸城皆納質爲熟戶。時瑋作塹抵撈囉嗟。撈囉嗟，西蕃要害地也。先是，瑋遣小吏楊知進護賜物通甘州可汗王，還過宗哥界，立遵邀知進，語曰：「秦州大人直以兵入撈囉嗟來，幸爲我言，願罷兵，歲入貢，約蕃漢爲一家。」因使種人黨失卑陵從知進來獻馬。自是唃廝囉勢蹙，退保磧中不出。秦人請刻石紀功，有詔褒之。

天禧三年，德明寇柔遠砦，都巡檢楊承吉與戰不利。以瑋爲華州觀察使、鄜延路副都總管、環慶秦等州緣邊巡檢安撫使。委乞、骨咩、大門等族聞瑋至，歸附者甚衆。拜宣徽北院使、鎮國軍節度觀察留後、簽書樞密院事。

宰相丁謂逐寇準，惡瑋不附己，指爲準黨。除南院使、環慶路都總管安撫使。乾興初，謫左衞大將軍、容州觀察使、知萊州。瑋以宿將爲謂所忌，卽日上道，從弱卒十餘人，不以弓韔矢箙自隨。謂敗，復華州觀察使、知青州。徙天雄軍，以彰化軍節度觀察留後知永興軍。拜昭武軍節度使、知天雄軍。以疾守河陽，數月，爲眞定府、定州都總管，改彰武軍節度使。卒，贈侍中，謚武穆。

瑋用士，得其死力。平居甚閒暇，及師出，多奇計，出入神速不可測。一日，張樂飲僚吏，中坐失瑋所在，明日，徐出視事，而賊首已擲庭下矣。嘗稱疾，加砭艾，臥閤內不出。會賊至，瑋奮起裹創，披甲跨馬，賊望見，皆遯去。將兵幾四十年，未嘗少失利。唃廝囉聞瑋

名，卽望瑋所在，東鄕合手加額。契丹使過天雄，部勒其下曰：「曹公在此，毋縱騎馳驅也。」眞宗愼兵事，凡邊事，必手詔詰難至十數反，而瑋守初議，卒無以奪。後雖他將論邊事者，往往密付瑋處之。

渭州有告戍卒叛入夏國者，瑋方對客奕棊，遽曰：「吾使之行也。」夏人聞之，卽斬叛者，投其首境上。羌殺邊民，入羊馬贖罪。瑋下令曰：「羌自相犯，從其俗；犯邊民者，論如律。」自是無敢犯。

環、慶屬羌田多爲邊人所市，致單弱不能自存，因沒彼中。瑋盡令還其故田，後有犯者，遷其家內地。所募弓箭手，使馳射，較強弱，勝者與田二頃。再更秋獲，課市一馬，馬必勝甲，然後官籍之，則加五十畝。至三百人以上，團爲一指揮。要害處爲築堡，使自塹其地爲方田環之。立馬社，一馬死，衆出錢市馬。降者旣多，因制屬羌百帳以上，其首領爲本族軍主，次爲指揮使，又其次爲副指揮使，不及百帳爲本族指揮使。其蕃落將校，止於本軍敍進，以其習知羌情與地利，不可徙他軍也。開邊壕，率令深廣丈五尺；山險不可塹者，因其峭絕治之，使足以限敵，後皆以爲法。天雄卒有犯盜者，衆謂獄具必殺之，瑋乃處以常法。人或以爲疑，瑋笑曰：「臨邊對敵，斬不用命者，所以令吾衆，非好殺也。治內郡，安事此乎？」

初守邊時，山東知名士賈同造瑋，客外舍。瑋欲按邊，卽同舍，邀與俱。同問：「從兵安在？」曰：「已具。」既出就騎，見甲士三千環列，初不聞人馬聲。同歸，語人曰：「瑋殆名將也。」瑋爲將不如其父寬，然自爲一家。嘉祐八年，詔配享仁宗廟庭。

琮字寶章。兄玘，娶秦王女興平郡主。琮幼時，從主入禁中，太宗置膝上，拊其背曰：「曹氏有功我家，此亦佳兒也。」

及彬領鎭海軍節度使，補衙內都指揮使。彬卒，特遷西頭供奉官、閤門祗候、勾當騏驥院、羣牧估馬司，市馬課有羨，再遷西上閤門副使。與曹利用連姻，利用貶，出爲河陽兵馬都監，領內軍器庫，遷東上閤門使、榮州刺史。仁宗册琮兄女爲后，禮皆琮主辦，除衞州團練使。琮因奏曰：「陛下方以至公屬天下，臣既備后族，不宜冒恩澤，亂朝廷法。族人敢因緣請託，願致于理。」時論稱之。

出爲環慶路馬步軍總管、知邠州，遷秦州防禦使、秦鳳路副都總管兼知秦州。度羨材爲倉廩，大積穀古渭、冀城。生羌屢入鈔邊，琮懷以恩信，擊牛釃酒犒之，多請內屬。

寶元初南郊，召入侍祠。會元昊反，拜同州觀察使，復知秦州，上攻、守、禦三策。久之，兼同管勾涇原路兵馬、定國軍節度觀察留後。劉平、石元孫敗，關輔震恐。琮請籍民爲

義軍，以張兵勢，於是料簡鄉弓手數萬人。賊寇山外，還天都，劫儀、秦屬戶。琮發騎士，設伏以待之，賊遂引去。琮欲誘吐蕃掎角圖賊，得西川舊賈，使諭意。而沙州鎭王子遣使奉書曰：「我本唐甥，天子實吾舅也。自党項破甘、涼，遂與漢隔。今願率首領爲朝廷擊賊。」帝善琮策，改陝西副都總管、經略安撫招討副使，拜步軍副都指揮使。與夏竦屯鄜州，還爲馬軍副都指揮使，以疾卒。帝臨奠，后幷出臨喪，就第成服。贈安化軍節度使兼侍中，謚忠恪。

琮小心謹畏，善贊謁，御軍整嚴，死時家無餘貲。子佺，皇城使、嘉州防禦使。佺子詩，尙魯國大長公主。

潘美字仲詢，大名人。父璘，以軍校戍常山。美少倜儻，隸府中典謁。嘗語其里人王密曰：「漢代將終，凶臣肆虐，四海有改卜之兆。大丈夫不以此時立功名、取富貴，碌碌與萬物共盡，可羞也。」會周世宗爲開封府尹，美以中涓事世宗。及卽位，補供奉官。高平之戰，美以功遷西上閤門副使。出監陝州軍，改引進使。世宗將用師隴、蜀，命護永興屯兵，經度西事。

先是，太祖遇美素厚，及受禪，命美先往見執政，諭旨中外。陝帥袁彥凶悍，信任羣小，嗜殺黷貨，且繕甲兵，太祖慮其爲變，遣美監其軍以圖之。美單騎往諭，以天命旣歸，宜修臣職，彥遂入朝。上喜曰：「潘美不殺袁彥，能令來覲，成我志矣。」

李重進叛，太祖親征，命石守信爲招討使，美爲行營都監以副之。揚州平，留爲巡檢，以任鎭撫，以功授泰州團練使。時湖南叛將汪端旣平，人心未寧，乃授美潭州防禦使。嶺南劉鋹數寇桂陽、江華，美擊走之。溪峒蠻獠自唐以來，不時侵略，頗爲民患。美窮其巢穴，多所殺獲，餘加慰撫，夷落遂定。乾德二年，又從兵馬都監丁德裕等率兵克郴州。開寶三年，征嶺南，以美爲行營諸軍都部署、朗州團練使，尹崇珂副之。進克富州〔六〕，鋹遣將率衆萬餘來援，遇戰大破之，遂克賀州。十月，又下昭、桂、連三州，西江諸州以次降。美以功移南面都部署，進次韶州。

韶，廣之北門也，賊衆十餘萬聚焉。美揮兵進乘之，韶州遂拔，斬獲數萬計。鋹窮蹙，四年二月，遣其臣王珪詣軍門求通好，又遣其左僕射蕭漼、中書舍人卓惟休奉表乞降。美因諭以上意，以爲彼能戰則與之戰，不能戰則勸之守，不能守則諭之降，不能降則死，不能死則亡，非此五者他不得受。美卽令殿直冉彥袞部送漼等赴闕。

鋹復遣其弟保興率衆拒戰，美卽率厲士卒倍道趨柵頭，距廣州百二十里。鋹兵十五萬

依山谷堅壁以待，美因築壘休士，與諸將計曰：「彼編竹木爲栅，若攻之以火，彼必潰亂。因以銳師夾擊之，萬全策也。」遂分遣丁夫數千人，人持二炬，間道造其栅。及夜，萬炬俱發，會天大風，火勢甚熾。鋹衆驚擾來犯，美揮兵急擊之，鋹衆大敗，斬數萬計。長驅至廣州，鋹盡焚其府庫，遂克之，擒鋹送京師，露布以聞。即日，命美與尹崇珂同知廣州兼市舶使。五月，拜山南東道節度。五年，兼嶺南道轉運使。土豪周思瓊聚衆負海爲亂，美討平之，嶺表遂安。

七年，議征江南〔七〕。九月，遣美與劉遇等率兵先赴江陵。十月，命美爲昇州道行營都監，與曹彬偕往，進次秦淮。時舟楫未具，美下令曰：「美受詔，提驍果數萬人，期於必勝，豈限此一衣帶水而不徑度乎？」遂麾以涉，大軍隨之，吳師大敗。及采石磯浮梁成，吳人以戰艦二十餘鳴鼓泝流來趨利。美麾兵奮擊，奪其戰艦，擒其將鄭賓等七人，又破其城南水砦，分舟師守之。奏至，太祖遣使令亟徙置戰櫂，以防他變。美聞詔即徙軍。是夜，吳人果來攻砦，不能克。進傅金陵，江南水陸十萬陳於城下，美率兵襲擊，大敗之。李煜危甚，遣徐鉉來乞緩師，上不之省，仍詔諸將促令歸附。煜遷延未能決，夜遣兵數千，持炬鼓譟來犯我師。美率精銳以短兵接戰，因與大將曹彬率士晨夜攻城，百道俱進。金陵平，以功拜宣徽北院使。

秋，命副党進攻太原，戰于汾上，破之，且多擒獲。太平興國初，改南院使。三年，加開府儀同三司。四年，命將征太原，美爲北路都招討，判太原行府事。部分諸將進討，幷州遂平。繼征范陽，以美知幽州行府事。及班師，命兼三交都部署，留屯以捍北邊。三交西北三百里，地名固軍，其地險阻，爲北邊咽喉。美潛師襲之，遂據有其地。因積粟屯兵以守之，自是北邊以寧。美嘗巡撫至代州，旣秣馬蓐食，俄而遼兵萬騎來寇，近塞，美誓衆銜枚奮擊，大破之。封代國公。八年，改忠武軍節度，進封韓國公。

雍熙三年，詔美及曹彬、崔彥進等北伐，美獨拔寰、朔、雲、應等州。詔內徙其民。會遼兵奄至，戰於陳家谷口，不利，驍將楊業死之。美坐削秩三等，責授檢校太保。明年，復檢校太師。知眞定府，未幾，改都部署、判幷州。加同平章事，數月卒，年六十七。贈中書令，諡武惠。咸平二年，配饗太宗廟庭。

子惟德至宮苑使，惟固西上閤門使，惟正西京作坊使，惟清崇儀使，惟熙娶秦王女，平州刺史。惟熙女，卽章懷皇后也。美後追封鄭王，以章懷故也。

惟吉，美從子，累資爲天雄軍駐泊都監。雖連戚里，能以禮法自飭，歷中外，人咸稱其勤敏云。

李超者，冀州信都人。爲禁卒，常從潘美軍中，主刑刀。美好乘怒殺人，超每潛緩之。美怒解，輒得釋，以是全者甚衆，人謂其有陰德。

子濬字德淵。中進士，累擢秘書、知康州。咸平中，入爲刑部詳覆、御史臺推直官。屢上書言事，遷開封府推官，賜緋魚。景德初，拜虞部員外郎兼侍御史知雜事，賜金紫。從幸澶淵，頗上疏言便宜。師還，命與陳堯咨安撫河北。踰年，判吏部銓。濬居憲府，未再歲，帝寵待之，擢樞密直學士。宰相王旦言：「濬雖有剸劇才，然驟歷清切，時望未允。」眞宗曰：「朕業已許之矣。」尋知開封，能檢察隱微，京師稱之。累遷至右司郎中，出知秦州，暴疾卒。濬與李宗諤同歲同月後一日生，其卒也亦後一日，衆以爲異。

論曰：曹彬以器識受知太祖，遂膺柄用。平居，於百蟲之蟄猶不忍傷，出使吳越，籍上私餽，悉用施予，而不留一錢；則其總戎專征，而秋毫無犯，不妄戮一人者，益可信矣。潘美素厚太祖，信任於得位之初，遂受征討之託。劉鋹遣使乞降，覩美所喻，辭義嚴正，得奉辭伐罪之體；則其威名之重，豈待平嶺表、定江南、征太原、鎭北門而後見哉？二人皆謚武惠，皆與配饗，兩家子孫，皆能樹立，享富貴。而光獻、章懷皆稱賢后，非偶然也。君子謂仁

恕清愼，能保功名，守法度，唯彬爲宋良將第一，豈無意哉？若李濬者，亦以材幹自結主知，遂歷清顯。謂爲陰德所致，理或然也。

校勘記

〔一〕樂平縣　原作「平樂縣」，據本書卷四八二北漢世家、長編卷四改。下文「樂平」同。

〔二〕玫進　同上二書同卷作「蔚進」。

〔三〕劉光毅　原名光義，因與宋太宗同名，改名廷讓，又避諱作「光乂」或「光毅」。見本書卷二五九劉廷讓傳。

〔四〕彰國　東都事略卷二七本傳作「彰德」。

〔五〕治坊床穰　原作「治坊床穰」，據本書卷八七地理志及元豐九域志卷三改。

〔六〕富州　原作「富川」，據本書卷二太祖紀、長編卷一一、琬琰集下編卷一潘武惠公美傳改。

〔七〕七年議征江南　「七年」原作「八年」，據本書卷三太祖紀、本卷曹彬傳改。

宋史卷二百五十九

列傳第十八

張美 郭守文 尹崇珂 劉廷讓 袁繼忠 崔彥進 張廷翰 皇甫繼明 張瓊

張美字玄圭，貝州清河人。少善書計，初爲左藏小吏，以强幹聞。三司薦奏，特補本庫專知，出爲澶州糧料使。周世宗鎭澶淵，每有求取，美必曲爲供給。周祖聞之怒，將譴責之，而恐傷世宗意，徙美爲濮州馬步軍都虞候。世宗卽位，召爲樞密承旨。時宰相景範判三司，被疾，世宗命美爲右領軍衞大將軍，權判三司。世宗征淮南，留美爲大內部署。一日，方假寐，忽覺心動，遽驚起行視宮城中。少頃，內醞署火起，旣有備，卽撲滅之。俄眞授三司使。

四年，世宗再幸淮上，皆爲大內都點檢。北征，又爲大內都部署。師還，爲左監門衞上

將軍，充宣徽北院使，判三司。美強力有心計，周知其利病，每有所條奏釐革，上多可之，常以幹敏稱。世宗連歲征討，糧餽不乏，深委賴焉。然以澶淵有所求假，頗薄之，美亦自愧。恭帝嗣位，加檢校太傅。

宋初，加檢校太尉。初，李筠鎭上黨，募亡命，多爲不法，漸倔強難制。美度筠必叛，陰積粟於懷、孟間。後筠果叛，太祖親討之，大軍十萬出太行，經費無闕，美有力焉。拜定國軍節度。縣官市木關中，同州歲出緡錢數十萬以假民，長吏十取其一，謂之率分錢，歲至數百萬，美獨不取。未幾，他郡有詣闕訴長吏受率分錢者，皆命償之。

乾德五年，移鎭滄州。太平興國初來朝，改左驍衞上將軍。美獻都城西河曲灣果園二、蔬圃六、亭舍六十餘區。八年，請老，以本官致仕。雍熙二年，卒，年六十八。淳化初，諡恭惠。子守瑛，至供備庫使。孫士宗，至內殿承制。士宗卒，士禹爲崇班，士安至閤門祗候，士宣爲禮賓副使。

郭守文，幷州太原人。父暉，仕漢爲護聖軍使，從周祖征河中，戰死。守文年十四，居喪哀毀，周祖憐之，召隸帳下。廣順初，補左班殿直，再遷東第二班副都知。

宋初，遷西頭供奉官。蜀平，選知簡州。時劍外多寇，守文悉招來集附。從潘美征嶺南，會擒劉鋹，遣守文馳傳告捷，遷翰林副使。從曹彬等平金陵，護送李煜歸闕下。時煜以拒命頗自歉，不欲生見太祖。守文察知之，因謂煜曰：「國家止務恢復疆土，以致太平，豈復有後至之責耶？」煜心遂安。改西京作坊使、領翰林司事。俄從党進破幷寇於團柏谷。

太平興國初，秦州內附，蕃部騷動，命守文乘傳撫諭，西夏悅伏。三年，遷西上閤門使。是夏，汴水決于寧陵，發宋、亳丁壯四千五百塞之，命守文董其役。是冬，又與閤門副使王侁、西八作副使石全振護塞靈河縣決河。

及征太原，守文與判四方館事梁迥分護行營馬步軍。會劉繼元降，其弟繼文據代州，依遼人之援以拒命，遣守文討平之。俄受詔護定州屯兵，大破遼人於滿城。以功遷東上閤門使、領澶州刺史。召還，擢拜內客省使。八年，滑州房村河決，發卒塞之，命守文董其役。遼人擾雄州，命守文率禁兵數萬人赴援，既至，遼人遁去。

雍熙二年，詔守文率兵屯三交，俄加領武州團練使。屬夏人擾攘，命守文帥師討之，破夏州鹽城鎭岌羅膩〔一〕等十四族，斬首數千級，俘獲生畜萬計。又破咩嵬族，殲焉。諸部畏懼，相率來降，凡銀、麟、夏三州歸附者百二十五族、萬六千餘戶，西鄙遂寧。三年春，大擧北伐，爲幽州道行營前軍步軍水陸都監。卒與遼人遇，爲流矢所中，氣色不撓，督戰益急，軍中服

其量。會大軍不利，坐違詔逗遛退軍，左遷右屯衞大將軍。事具曹彬傳。

明年復舊職，裁三月，拜宣徽北院使。又與田欽祚並爲北面排陣使，屯鎭州。端拱初，改南院使、鎭州路都部署。又爲北面行營都部署兼鎭定、高陽關兩路排陣使。是冬，遼騎南侵，大破之唐河。端拱二年〔三〕十月，卒，年五十五。太宗悼惜之，贈侍中，謚忠武，追封譙王，遣中使護喪，歸葬京師。

守文沈厚有謀略，頗知書，每朝退，習書百行，出言溫雅，未嘗忤人意。先是，將臣戍邊者多致寇以邀戰功，河朔諸州殆無寧歲，既敗岐溝關，乃命守文以內職總兵鎭常山以經略之。

守文旣喪月餘，中使自北邊來言：「守文死，軍士皆流涕。」帝問：「何以得此？」對曰：「守文得奉祿賜賚悉犒勞士卒，死之日，家無餘財。」帝嗟歎久之，賜其家錢五百萬，爲眞宗納其女爲夫人，卽章穆皇后也。

子崇德至太子中舍。崇信至西京左藏庫使、同知皇城司，贈福州觀察使。崇儼至崇儀使、全州刺史，贈潤州觀察使。諸司使無廢朝、贈官之例，崇信、崇儼咸以后兄故，特示優禮。崇德子承壽，至虞部員外郎。天禧五年，錄承壽子若水爲太常寺奉禮郎，崇仁爲解州團練使。

尹崇珂，秦州天水人，後徙居大名。父延勛，歷磁、同、滁三州刺史。崇珂初事周世宗於藩邸，以謹厚稱。及即位，補東西班都知。從戰高平，有勞績，遷本班副點檢。從征淮南，遷都虞候，轉都指揮使，改殿前都指揮使。

宋初，出爲淄州刺史。有善政，民詣闕請刻石頌德，太祖命殿中侍御史李穆撰文賜之。討湖南，爲行營前軍馬軍都指揮使。荆湘平，授朗州團練使。又與潘美、丁德裕克郴州。乾德中，征嶺表，以崇珂爲行營馬步軍副部署。克廣州，擒劉鋹，卽日詔與潘美同知廣州兼市舶轉運等使，錄功遷保信軍節度。未幾，南漢開府樂範、容州都指揮使鄧存忠、韶州賊帥周思瓊、春恩道都指揮使麥漢瓊等據五州之地以叛。崇珂討之，太祖遣中使李神祐督戰，數月，盡平其黨，還治所。

六年，卒〔三〕，年四十二。贈侍中。遣中使護其喪，歸葬洛陽。以其子昭吉、弟崇珪並爲西京作坊使，昭吉領會州刺史，崇珪領歙州刺史。

初，太宗在周朝娶崇珂妹，追謚淑德皇后。昭吉至洛苑使。次子昭輯，至供奉官、閤門祗候。

劉廷讓字光義，其先涿州范陽人。曾祖仁恭，唐盧龍軍節度。祖守文，襲滄州盧彥威，遂據其城，昭宗授以節鉞。後其弟守光囚父仁恭，守文舉兵討之，軍敗，爲守光所殺。廷讓與其父延進避難南奔。少有膂力，周祖鎭鄴，以隸帳下。廣順初，補內殿直押班，累遷龍捷都校。從世宗征淮南，以功領雷州刺史。再遷涪州團練使、領鐵騎右廂。

宋初，轉江州防禦使、領龍捷右廂。從征李筠，爲行營先鋒使。建隆二年，改侍衞馬軍都指揮使、領寧江軍節度。乾德二年春，詔領兵赴潞州，以備幷寇。冬，興師伐蜀，爲西川行營前軍兵馬副都部署，率禁兵步騎萬人、諸州兵萬人，由歸州進討。入其境，連破松木、三會、巫山等砦，獲蜀將南光海等五千餘人，擒戰棹都指揮使袁德宏等千二百人，奪戰艦二百餘艘。又獲水軍三千人，因度南岸，斬三千餘級。

初，夔州有鎖江爲浮梁，上設敵棚三重，夾江列礮具。廷讓等將行，太祖以地圖示之，指鎖江曰：「我軍至此，泝流而上，愼勿以舟師爭勝，當先以步騎陸行，出其不意擊之，俟其勢卻，卽以戰棹夾攻，取之必矣。」及師至，距鎖江三十里，舍舟步進，先奪其橋，復牽舟而上，破州城，守將高彥儔自焚，悉如太祖計。遂進克萬、施、開、忠四州，峽中郡縣悉下。

明年正月，次遂州，州將陳愈率吏民來降。盡出府庫金帛以給將士。初出師也，太祖命之曰：「所得郡縣，當傾帑藏，爲朕賞戰士，國家所取唯土疆爾。」故人皆效命，所至成功。蜀平，王全斌等皆坐縱部下掠奪子女玉帛及納賄賂左降，惟廷讓秋毫無犯。及全師雄等作亂，郡縣相應，寇盜蠭起。廷讓又與曹彬破之，以功改領鎮安軍節度，從征太原。開寶六年，出爲鎮寧軍節度。太平興國二年，入爲右驍衞上將軍。

雍熙三年，曹彬敗於岐溝關，諸將失律，多坐黜免。既而契丹擾邊，時議遣將，無愜上意者。時廷讓與宋偓、張永德並罷節鎮在環列，帝欲令擊契丹自效，乃遣分守邊郡，以廷讓知雄州，又徙瀛州兵馬都部署。是冬，契丹數萬騎來侵，廷讓與戰君子館。時天大寒，兵士弓弩皆不能彀，契丹圍廷讓數重。廷讓先分精兵屬李繼隆爲後殿，緩急爲援。至是，繼隆退保樂壽，廷讓一軍皆沒，死者數萬人，僅以數騎獲免。先鋒將賀令圖、楊重進皆陷於契丹。自是河朔戍兵無鬥志，又科鄉民爲兵以守城，皆未習戰鬥。契丹遂長驅而入，陷深、祁、德數州，殺官吏，俘士民，所在輦金帛而去。博、魏之北，民尤苦焉。太宗聞之，下哀痛之詔。

初，廷讓詣闕待罪，太宗知爲李繼隆所誤，不之責。四年，復命代張永德知雄州兼兵馬部署。是秋以疾聞，帝遣內醫診視，因上言求歸京師，不俟報，迺離屯所。帝怒，下御史按問，獄具。下詔曰：「右驍衞上將軍劉廷讓，朕以其宿舊，荐董軍政，擢自環尹，付之成師，俾

控邊關，式防寇鈔。而乃以病爲解，不俟報命，委棄戎重，俶裝上道。矧萬旅所集，實制於中權，列燧相望，或虞於外侮。事機一失，咎責安歸。有司議刑，當在不赦。錄其素效，特從寬典，可削奪在身官爵，配隸商州。」又黜其子如京使永德爲濠州團練副使，崇儀副使永和爲唐州刺史。廷讓旣黜，怏怏不食，行至華州卒，年五十九。帝錄其舊勳，贈太師。子永德至內殿崇班，永恭至西京作坊副使，永和爲內殿承制，永錫至崇班，永保、永昌、永規並至閤門祗候，永崇爲崇班，永寧及孫允忠並爲閤門祗候。

袁繼忠，其先振武人，後徙幷州。父進，仕周爲階州防禦使。繼忠以父任補右班殿直。太祖平澤、潞，討幷、汾，悉預攻戰。乾德中征蜀，隸大將劉廷讓麾下。旣克蜀，知雲安軍，歷嘉、蜀二州監軍。開寶中伐廣南，爲先鋒壕砦。廣南平，以功遷供奉官，護隰州白壁關屯兵。時河東拒命，繼忠累入其境，破三砦，擒將校二人，得生口、馬牛羊、鎧仗踰萬計。近戍主將懼無功受譴，以誠告繼忠，繼忠以所獲分與之，遂與都巡檢郭進略地忻、代州，改天平軍巡檢。

太宗卽位，以爲閤門祗候，令擊梅山洞賊，破之。又巡遏邊部於唐龍鎭。太宗征太原，

繼忠預破鷹揚軍，先登陷陣。契丹入代境，繼忠率兵擊走之。以功遷通事舍人，護高陽關屯兵。與崔彥進破契丹長城口，殺獲數萬衆，璽書褒美。時有勸繼忠自論其功者，繼忠不答。會趙保忠來朝獻其地，綏州刺史李克憲偃蹇不奉詔，遣繼忠諭旨，竟率克憲入朝。遷西上閤門副使。詔與田仁朗率兵定河西諸州，大破西人於葭蘆川〔四〕，遷引進副使，護定州屯兵。

雍熙二年，遷西上閤門使。三年，大將田重進征契丹，命繼忠爲定州路行營馬步軍都監。領師取飛狐，下靈丘，平蔚州，擒其帥大鵬翼以獻，事見重進傳。師還，繼忠爲後殿，行列甚整。至定州，重進欲斬降卒後期至者，繼忠諭以殺降不祥，皆救免之。遷判四方館事、領播州刺史，護屯兵如故。大將李繼隆以易州靜塞騎兵尤驍果，取隸麾下，留其妻子城中。繼忠言於繼隆曰：「此精卒，止可守城，萬一敵至，城中誰與捍者？」繼隆不從。既而契丹入寇，城陷，卒妻子皆爲所俘。繼隆疑此卒怨己，欲分隸諸軍。繼忠曰：「不可，但奏升其軍額，優以廩給，使之盡節可也。」從之，衆皆感悅。繼忠因自請以隸麾下。

會契丹騎大至，駐唐河北，諸將欲堅壁待之。繼忠曰：「今強敵在近，城中屯重兵不能剪滅，令長驅深入，侵略他郡，雖欲謀自安之計，豈折衝禦侮之用乎？我將身先士卒，死於寇矣！」辭氣慷慨，衆壯之。靜塞軍摧鋒先入，契丹兵大潰。太宗聞之，降璽書獎諭，賜予

甚厚。淳化初，遷引進使，護鎭定、高陽關兩路屯兵。三年，被病，召赴闕，卒，年五十五。繼忠長厚忠謹，士大夫多與遊，前後賜賚鉅萬計，悉以犒賞士卒。身死之日，家無餘財，搢紳稱之。子用咸，雍熙初登進士第，至太常博士。

崔彥進，大名人。純質有膽略，善騎射。漢乾祐中，隸周祖帳下。廣順初，補衞士。世宗鎭澶淵，令領禁兵以從。顯德初，爲控鶴指揮使。從征淮南，以功遷散員都虞候。從平瓦橋關，改東西班指揮使、領昭州刺史。

宋初，改控鶴右廂指揮使、領果州團練使。征李筠，爲先鋒部署，以功遷常州防禦使。從平李重進，改虎捷右廂。建隆二年，遷侍衞步軍都指揮使、領武信軍節度。大舉伐蜀，爲鳳州路行營前軍副都部署。蜀平，坐縱部下略玉帛、子女及諸不法事，左遷昭化軍節度觀察留後。太祖郊祀西洛，彥進來朝，授彰信軍節度。

太平興國二年，移鎭河陽。四年正月，遣將征太原，分命攻城，以彥進與鄆州防禦使尹勳攻其東，彰德軍節度李漢瓊、冀州刺史牛思進攻其南，桂州觀察使曹翰、翰林使杜彥圭攻其西，彰信軍節度劉遇、光州刺史史珪攻其北。彥進督戰甚急，太祖嘉之。晉陽平，從征幽

州，又與內供奉官江守鈞率兵攻城之西北。及班師，詔彥進與西上閤門副使薛繼興、閤門祗候李守斌領兵屯關南，以功加檢校太尉。是秋，契丹侵遂城，彥進與劉廷翰、崔翰等擊破之，斬首萬級。五年，車駕北巡，以彥進爲關南都部署，敗契丹於唐興口。

雍熙三年正月，命將北伐，分兵三路，詔彥進爲幽州道行營馬步軍水陸副都部署，與曹彬、米信出雄州。大軍失利，彥進坐違彬節制，別道回軍，爲敵所敗，召還，貶右武衞上將軍，事具彬傳。四年春，授保靜軍節度。端拱元年，被病，召歸闕，卒，年六十七。贈侍中。

彥進頻立戰功，然好聚財貨，所至無善政。沒後，諸子爭家財，有司攝治。太宗召見，爲決之，謂左右曰：「此細務，朕不宜親臨，但以彥進嘗任節制，不欲令其子辱於父耳。」

子懷遵至內殿崇班，懷淸至崇儀副使。懷遵子上賢，娶鎭王女崇安縣主。懷淸子從湜，娶岐王女永壽縣主，爲西京左藏庫副使，後坐事除名。

張廷翰，澤州陵川人。初爲漢祖親校。漢祖入汴，補內殿直，遷東西班軍使。周初，改護聖指揮使。從世宗平淮甸，以功遷鐵騎右第二軍都虞候。顯德末，改殿前散都頭都虞候。

宋初，權爲鐵騎左第二軍都校、領開州刺史。從平揚州，又以功遷控鶴左廂都指揮使、領果州團練使。未幾，轉龍捷左廂都指揮使、領春州團練使。乾德中，興師伐蜀，以廷翰爲歸州路行營馬軍都指揮使，隨劉廷讓由歸州路進討。師次夔州，廷讓頓兵白帝廟西，俄而夔州監軍武守謙率所部來拒戰，廷翰引兵逆擊，敗之於猪頭鋪，乘勝拔其城。蜀平，授侍衞馬步軍都虞候、領彰國軍節度。開寶二年，寢疾，太祖親臨問，未幾卒，年五十三。贈侍中。

皇甫繼明，冀州蓨人。父濟，汾川令。繼明身長七尺，善騎射，以膂力聞郡中。刺史張廷翰以隸左右，薦於太祖，補殿前指揮使，歷左右番押班都知。太宗卽位，累遷至捧日軍都指揮使、領檀州刺史。太平興國七年，坐秦王廷美事，出爲汝州馬步軍都指揮使。雍熙三年，召入爲馬步軍副都軍頭。四年，復爲捧日右廂第三軍都指揮使、領澶州刺史。田重進北征，繼明爲前鋒，以功加馬步軍都軍頭。端拱二年，轉龍、神衞四廂都指揮使、領羅州防禦使。卽日命副高瓊爲幷代部署。淳化二年，又副范廷召爲平虜橋砦兵馬都部署，改高陽關部署。

至道元年，改領洋州觀察使，充環慶路馬步軍都部署。繼明謹愿，御下嚴肅，士卒頗畏憚之。二年，受詔護送輜重赴靈州，繼明已先約靈州部署田紹斌率軍迎援，適被病，裨將白守榮謂繼明曰：「君疾甚，不可行，恐失期會，守榮當率兵先往。」繼明宿將，慮守榮等輕佻，與戎人接戰，因謂之曰：「我疾少間。」遂擐鞅被甲上馬，強行至淸遠軍，卒，年六十三，詔贈彰武軍節度。遷其子懷信爲供奉官。

張瓊，大名館陶人。世爲牙中軍。瓊少有勇力，善射，隸太祖帳下。周顯德中，太祖從世宗南征，擊十八里灘砦，爲戰艦所圍，一人甲盾鼓譟而前，衆莫敢當，太祖命瓊射之，一發而踣，淮人遂卻。

及攻壽春，太祖乘皮船入城濠。城上車弩遽發，矢大如椽，瓊亟以身蔽太祖，矢中瓊股，死而復蘇。鏃著髀骨，堅不可拔。瓊索杯酒滿飲，破骨出之，血流數升，神色自若。太祖壯之。及卽位，擢典禁軍，累遷內外馬步軍都軍頭、領愛州刺史。數日，太宗自殿前都虞候尹開封。太祖曰：「殿前衞士如狼虎者不啻萬人，非瓊不能統制。」卽命瓊代爲都虞候，遷嘉州防禦使。

瓊性暴無機，多所凌轢。時史珪、石漢卿方用事，瓊輕侮之，目爲巫媪。二人銜之切齒，發瓊擅乘官馬，納李筠隸僕，畜部曲百餘人，恣作威福，禁軍皆懼；又誣毁太宗爲殿前都虞候時事。建隆四年秋，郊禋制下，方欲肅靜京師，乃召訊瓊。瓊不伏，太祖怒，令擊之。漢卿即奮鐵撾亂下，氣垂絶，曳出，遂下御史案鞫之。瓊知不免，行至明德門，解所繫帶以遺母。獄具，賜死於城西井亭。太祖旋聞家無餘財，止有僕三人，甚悔之。因責漢卿曰：「汝言瓊有僕百人，今何在？」漢卿曰：「瓊所養者一敵百耳。」太祖遂優恤其家。以其子尚幼，乃擢其兄進爲龍捷副指揮使。

論曰：崔彥進與王全斌征蜀，黷貨殺降，以致蜀亂，惟劉廷讓一軍秋毫無犯，紀律嚴否於斯別矣。尹崇珂斤斤謹厚，臨淄攻守之績，嶺嶠廓清之勞，至於瘁事。皇甫繼明力疾以護軍行，純誠勇節，皆足嘉尚。張廷翰西征，未覩奇效。張美雖稱幹敏，而初有自愧之行。郭守文敦詩閱禮，輕財好施，愼保封疆，士卒樂用，終以勳舊蒙眷，聯姻戚里。宋初諸將，要終而論，臧否異趣，何昭昭若是哉。

校勘記

〔一〕岌羅膩　按本書卷二五七李處耘傳、卷四九一党項傳皆作「岌伽羅膩」，此處疑脫「伽」字。

〔二〕端拱二年　「二年」原作「三年」，據長編卷三〇、隆平集卷一一本傳改。

〔三〕六年卒　按長編卷一三、一四，尹訃樂範在開寶五年，死於開寶六年，此處失書「開寶」紀元。

〔四〕葭蘆川　原作「葭蘆州」，據本書卷四八五夏國傳、太平治蹟統類卷二改。

宋史卷二百六十

列傳第十九

曹翰　楊信弟嗣贇(一)　党進　李漢瓊　劉遇　李懷忠
米信　田重進　劉廷翰　崔翰

曹翰，大名人。少爲郡小吏，好使氣陵人，不爲鄉里所譽。乾祐初，周太祖鎭鄴，與語奇之，以隸世宗帳下。世宗鎭澶淵，署爲牙校，入尹開封，留翰在鎭。會太祖寢疾，翰不俟召，歸見世宗，密謂曰：「主上不豫，王爲冢嗣，不侍醫藥而決事於外廷，失天下望。」世宗悟，卽入侍，以府事屬翰總決。

及世宗卽位，補供奉官，從征高平，參豫謀畫。尋遷樞密承旨，護塞決河。世宗征淮南，留鎧甲千數在正陽，旣而得降卒八百，部送歸京師。時翰適從京師來詣，過正陽十數里許遇之，慮劫兵器爲叛，矯殺之。及見世宗，具言其事，世宗不悅。翰曰：「賊以困歸我，非

心服也，所得器甲，盡在正陽，苟爲所劫，是復生一淮南矣。」因不之罪。從征瓦橋關，會班師，留知雄州。世宗大漸，諭范質等以王著爲相，翰爲宣徽使。質以著嗜酒，翰飾詐而專，並寢之。改德州刺史。

宋初，從征澤、潞，還改濟州刺史。乾德二年，太祖親征西蜀，移刺均州，澗谷深險，翰令鑿石通道，師旋以濟；詔兼西南諸州轉運使，自石門徑趨歸州，餉運不乏，由夔、萬入會王全斌軍，成都以平。時全師雄擁衆十萬餘據郫縣叛，謀窺成都，翰率兵會劉光毅、曹彬等討平之。未幾，軍校呂翰殺武懷節，據嘉州以叛，翰及諸將奪其城。諜知賊約三鼓復來攻，翰戒知更使緩，向晨猶二鼓，賊衆不集而潰，因而破之，劍南遂平。師還，遷蔡州團練使。

開寶二年，從征太原，復爲行營都壕砦使。既班師，會河決澶州，令翰董其役，翰出銀器助役，沉所乘白馬以祭；復決陽武，再護役，皆有成績。將征江南，命翰率兵先赴荆南，改行營先鋒使，進克池州。金陵平，江州軍校胡德、牙將宋德明據城拒命。翰率兵攻之，凡五月而陷，屠城無噍類，殺兵八百。所略金帛以億萬計，僞言欲致廬山東林寺鐵羅漢像五百頭於京師，因調巨艦百艘，載所得以歸。錄功遷桂州觀察使、判潁州。

太平興國四年，從征太原，爲攻城南面都部署。與崔彥進、李漢瓊、劉遇三節度分部攻城，翰攻東北，而劉遇攻西北，與劉繼元直，城尤險固，遇欲與翰易處，翰言：「觀察使班次

下，當部東北。」遇堅欲易之，數日不決。上慮諸將不協，遣諭翰曰：「卿智勇無雙，西北面非卿不能當也。」翰乃奉詔，築土山瞰城中，數日而就，繼元甚恐。軍中乏水，城西十餘里谷中有娘子廟，翰往禱之，穿渠得水，人馬以給。又從征幽州，率所部攻城東南隅，卒掘土得蟹以獻。翰謂諸將曰：「蟹水物而陸居，失所也。且多足，彼援將至，不可進拔之象。況蟹者解也，其班師乎？」已而果驗。

五年，從幸大名，拜威塞軍節度，仍判潁州，復命爲幽州行營都部署。詔督役開南河，自雄達莫，以通漕運，議築大隄以捍之。翰遣徒數萬，伐巨木於漢境，遣騎五，授五色旗爲斥候，前遇丘陵、水澤、寇賊、煙火，則各舉其旗以爲應，又起烽燧于境上，敵疑不敢近塞，得巨木數萬以濟用，訖事歸鎮。

翰在郡歲久，征斂苛酷，政因以弛。上以其有功，每優容之。會汝陰令孫崇望詣闕，訴翰私市兵器，所爲多不法。詔遣御史滕中正乘傳鞫之，獄具，當棄市，上貸其罪，削官爵，流錮登州。雍熙二年，起爲右千牛衞大將軍、分司西京。四年，召入爲左千牛衞上將軍，賜錢五百萬，白金五千兩。淳化三年，卒，年六十九，贈太尉。上命遷其四子守謙、守能、守節、守貴官，其六子守讓、守贇、守澄、守恩、守英、守吉皆補殿直。

翰陰狡多智數，好夸誕，貪冒貨賂，飲酒至數斗不亂。每奏事上前，雖數十條，皆默識

不少差。嘗作退將詩曰：「曾因國難披金甲，恥爲家貧賣寶刀。」翰直禁日，因語及之。上憫其意，故有銀錢之賜。咸平元年，賜謚武毅。

楊信，瀛州人。初名義。顯德中，隸太祖麾下爲裨校。宋初，權內外馬步軍副都軍頭。建隆二年，領賀州刺史。改鐵騎、控鶴都指揮使，遷殿前都虞候，領漢州防禦使。乾德初，親郊，爲儀仗都部署。四年，信病瘖，上幸其第，賜錢二百萬。五年，改靜江軍節度。開寶二年，散指揮都知杜廷進等將爲不軌，謀泄，夜啓玄武門，召信逮捕，遲明，十九人皆獲，上親訊而誅之。六年，遷殿前都指揮使，改領建武軍節度。

太祖嘗令御龍直習水戰於後池，有鼓譟聲，信居玄武門外，聞之，遽入，服皁綈袍以見。上謂曰：「吾教水戰爾，非有他也。」出，上目送之，謂左右曰：「眞忠臣也。」九年，授義成軍節度。太平興國二年，改鎭寧軍，並領殿前都指揮使。三年春，以瘍疾在告，俄卒，贈侍中。

信雖瘖疾而質實自將，善部分士卒，指顧申儆，動有紀律，故見信任，而終始無疑焉。有童奴田玉者，能揣度其意，每上前奏事，及與賓客談論，或指揮部下，必迴顧玉，書掌爲字，玉因直達其意無失。信未死前一日，瘖疾忽愈，上聞而駭之，遽幸其第。信自言遭遇兩

朝，恩寵隆厚，敍謝感慨，涕泗橫集。上加慰勉，錫賚有差。信弟嗣、贊。

嗣，建隆初以信薦爲殿直，三遷崇儀副使、火山軍監軍。雍熙四年，就命知軍事。代還，以吏民借留再任，俄遷高陽關戰櫂都監。淳化二年，改知保州，門無私謁。轉運使言其治狀，優遷威虜軍，改崇儀使，與曹思進同爲靜戎軍、保州、長城、滿城緣邊都巡檢使〔三〕。改如京使，再知保州，有戰功。

眞宗卽位，加洛苑使。咸平初，領獎州刺史。三年，與敵人戰於廉良，斬首二千級，獲戰馬輜重甚衆，以功眞拜保州刺史。召還，授本州團練使。時楊延昭方爲刺史，嗣言：「嘗與延昭同官，驟居其上，不可，願守舊官。」上嘉其讓，乃遷延昭官。嗣與延昭久居北邊，俱以善戰聞，時謂之「二楊」。嗣以武人治郡，不屑細務，又兼領巡徼，在郡日少，城堞圮壞，有未葺者，詔供備庫副使趙彬代之，改深州團練都巡檢使兼保州鈐轄。

五年，邊人寇保州，嗣與楊延昭禦之，部伍不整，爲所襲，士馬多亡失，代還，特宥其罪。明年，與防秋之策，條陳北面利害，以其練達邊事，出爲鎭、定、高陽關三路後陣鈐轄，移定州副都部署，留其家京師，假官第以居。

景德初，改鎭州路副都部署。上以嗣耄年總軍政，慮有廢闕，旋命代之。連爲趙、貝、

深三州部署。大中祥符五年，復出爲天雄軍副都部署。六年，以左龍武大將軍致仕。明年卒，年八十一。錄其子承憲爲侍禁。

贊稍知書，無異能，以兄故得掌禁旅，累資朝著至牧守焉。

党進，朔州馬邑人。幼給事魏帥杜重威，重威愛其淳謹，及壯，猶令與姬妾雜侍。重威敗，進以膂力隸軍伍。周廣順初，補散指揮使，累遷鐵騎都虞候。宋初，轉本軍都校、領欽州刺史，遷馬步軍副都軍頭、領虔州團練使，改虎捷右廂都指揮使、領睦州防禦使。建隆二年，改領闐州。乾德初，改龍捷左廂都虞候、領利州觀察使。後四年，權步軍。杜審瓊卒，命進代領其務。五年，領彰信軍節度兼侍衞步軍都指揮使。

開寶元年，將征太原，以進將河東行營前軍。開寶二年，太祖師臨晉陽，置砦四面，命進主其東偏。師未成列，太原驍將楊業領突騎數百來犯，進奮身從數人逐業；業急入隍中，會援兵至，緣絙入城獲免。上激賞之。六年，改侍衞馬軍都指揮使、領鎭安軍節度。九年，又命將河東行營兵征太原，入其境，敗太原軍于城北。太祖崩，召還。太平興國二年，出爲

忠武軍節度。在鎭歲餘，一日自外歸，有大蛇臥榻上寢衣中，進怒，烹食之。遇疾卒，年五十一，贈侍中。

進出戎行，形貌魁岸，居常恂恂，每擐甲冑，毛髮皆竪。進名進，自稱曰暉，人問之，則曰：「吾欲從吾便耳。」先是，禁中軍校，自都虞候巳上，悉書所掌兵數於梃上，如笏記焉。太祖一日問進所掌幾何，進不識字，但舉梃以示於上曰：「盡在是矣。」上以其朴直，益厚之。嘗受詔巡京師，閭里間有畜養禽獸者，見必取而縱之，罵曰：「買肉不將供父母，反以飼禽獸乎。」太宗嘗令親吏臂鷹雛于市，進亟欲放之，吏曰：「此晉王鷹也。」進乃戒之曰：「汝謹養視。」小民傳以爲笑，其變詐又如此。杜重威子孫有貧困者，進分月俸給之，士大夫或有愧焉。子崇義閑廐使，崇貴閤門祗候。

李漢瓊，河南洛陽人。曾祖裕，祁州刺史。漢瓊體質魁岸，有膂力。晉末，補西班衞士，遷內殿直。周顯德中，從征淮南，先登，遷龍旗直副都知，改左射指揮使。宋初，再遷鐵騎第二軍都校、領饒州刺史，遷控鶴左廂都校、領瀘州刺史，改澄州團練使，轉虎捷左廂都指揮使、領融州防禦使，遷侍衞馬軍都虞候、領洮州觀察使。

王師征江南，命領行營騎軍兼戰櫂左廂都指揮使，自蘄春攻峽口砦〔三〕，斬首數千級，獲樓船數百艘，沿流拔池州，破銅陵，取當塗，作浮梁於牛渚以濟大軍。分圍金陵，率所部度秦淮，取巨艦實葦其中，縱火攻其水砦，拔之。江南平，以功領振武軍節度。

太平興國二年，出爲彰德軍節度。四年，太宗親征太原，改攻城都部署。漢瓊與牛思進主攻城南偏，漢瓊先登，矢集其腦，併中指，傷甚猶力疾戰。上召至幄殿，賜良藥以慰勞之。先是，攻城者以牛革冒木上，士卒蒙之而進，謂之洞子。上欲幸其中，以勞士卒，漢瓊極諫，以爲矢石之下，非萬乘之尊所宜輕往，上乃止。太原平，改鎭州兵馬鈐轄。

契丹數萬騎寇中山，漢瓊與戰于滿城〔四〕，大敗之，逐至遂城，俘斬萬計，加檢校太尉。車駕幸大名，漢瓊上謁，陳邊事稱旨，命爲滄州都部署，加賜戰馬、金甲、寶劍、戎具以寵之。六年，以病還京，賜白金萬兩，月餘卒，年五十五，贈中書令。

漢瓊性木強，使酒難近，然善戰有功。無子，弟漢贇、漢彬。太平興國初，漢贇補供奉官，嘗監高陽關、平戎軍，乘傳衢、婺二州，捕劇賊程白眉數十人，悉殲焉。累仕崇儀使、知寧州，大中祥符七年卒。漢彬至禮賓副使。

劉遇，滄州淸池人。少魁梧有膂力。周祖鎭大名，隸帳下。廣順初，補控鶴都頭，改副指揮使。宋初，遷御馬直指揮使，俄領漢州刺史，改領眉州。累遷控鶴右廂都指揮使、領瓊州團練使。從征太原，以功遷虎捷右廂，改領蔚州防禦使。開寶六年，轉侍衞步軍都虞候、領洮州觀察使。征江南，領步軍戰櫂都指揮使。時吳兵三萬屯皖口，遇會諸路兵破之，擒其將朱令贇、王暉等，獲戎器數萬，金陵以平，錄功加領大同軍節度。車駕雩祀西洛，命率禁衞以從。

太平興國二年，出爲彰信軍節度。四年，征太原，與史珪攻城北面，平之。進攻范陽，師還，坐所部失律，責授宿州觀察使。五年，從幸大名，復保靜軍節度、幽州行營都部署，護築保州、威虜、靜戎、平塞、長城五城。八年，徙鎭滑州。晨興方對客，足有灸瘡痛，其醫謂火毒未去，故痛不止。遇卽解衣，取刀割瘡至骨，曰：「火毒去矣。」談笑如常時，旬餘乃差。遇性淳謹，待士有禮，尤善射，太宗待之甚厚。雍熙二年，卒，年六十六，贈侍中，歸葬京師。

李懷忠，涿州范陽人。初名懷義。太祖掌禁兵時，隸帳下爲散都頭，累遷殿前都指揮使、都虞候、領開州刺史。乾德中，授東西班都指揮使，改領富州。開寶中，從太祖征晉陽，

累月未下。會盛暑，欲班師以休息士卒，懷忠謂：「賊嬰孤城，內無儲峙，外無援兵，其勢危困，若急攻之，破在旦夕，臣願奮銳爲士卒先。」會大熱，戰不利，懷忠中流矢，力疾戰益奮。還，授散指揮使，遷富州團練使，改日騎左右廂都指揮使。

上幸西京，愛其地形勢得天下中正，有留都之意。懷忠乘間進曰：「東京有汴渠之漕，歲致江、淮米數百萬斛，禁衞數十萬人仰給於此，帑藏重兵皆在焉。根本安固已久，一旦遽欲遷徙，臣實未見其利。」上嘉納之。

太宗卽位，改領本州防禦使，稍遷侍衞步軍都虞候、領大同軍節度。三年，改步軍都指揮使，五月，卒，贈侍中。錄其子紹宗等三人爲供奉官。大中祥符三年，又錄其子德鈞爲借職。

米信舊名海進，本奚族，少勇悍，以善射聞。周祖卽位，隸護聖軍。從世宗征高平，以功遷龍捷散都頭。太祖總禁兵，以信隸麾下，得給使左右，遂委心焉，改名信，署牙校。及卽位，補殿前指揮使，遷直長。平揚州日，信執弓矢侍上側，有游騎將迫乘輿，射之，一發而斃。遷內殿直指揮使。開寶元年，改殿前指揮使、領郴州刺史。

太宗卽位，轉散都頭指揮使，繼領高州團練使。太平興國三年，遷領洮州觀察使。四

年，征太原，命爲行營馬步軍指揮使，與田重進分督行營諸軍。幷人潛師來犯，信擊敗之，殺其將裴正。幷州平，遂移兵攻范陽。師還，以功擢保順軍節度使。時信族屬多在塞外，會其兄子全自朔州奮身來歸，召見，俾乘傳詣代州，伺間迎致其親屬，發勁卒護送之。既而全宿留踰年，邊境斥候嚴，竟不能致。信慷慨嘆曰：「吾聞忠孝不兩立，方思以身徇國，安能復顧親戚哉。」北望號慟，戒子姪勿復言。五年，命與郭守贇等同護定州屯兵。六年秋，遷定州駐泊部署。八年，改領彰化軍節度使。

雍熙三年，征幽薊，命信爲幽州西北道行營馬步軍都部署，敗契丹于新城。契丹率衆復來戰，王師稍却，信獨以麾下龍衞卒三百禦敵，敵圍之數重，矢下如雨，信射中數人，麾下士多死。會暮，信持大刀，率從騎大呼，殺數十人，敵遂小却，信以百餘騎突圍得免。坐失律，議當死，詔特原之，責授右屯衞大將軍。明年，復授彰武軍節度。

端拱初，詔置方田，以信爲邢州兵馬都部署以監之。二年，改鎭橫海軍。信不知書，所爲多暴横，上命何承矩爲之副，以決州事。及承矩領護屯田，信遂專恣不法，軍人宴犒甚薄，嘗私市絹附上計吏，稱官物以免關征，上廉知之。四年〔三〕，召爲右武衞上將軍。明年，判左右金吾街仗事。未踰月，吏卒以無罪被捶撻者甚衆。強市人物，妻死買地營葬，妄發居民冢墓。家奴陳贇老病，箠之致死，爲其家人所告。下御史鞫之，信具伏。獄未上而卒，

年六十七。贈橫海軍節度。子繼豐，內殿崇班、閤門祗候。

田重進，幽州人。形質奇偉，有武力。周顯德中，應募爲卒，隸太祖麾下。從征契丹，至陳橋還，遷御馬軍使，積功至瀼州刺史。太平興國四年，從征太原還，錄功擢爲天德軍節度使。六年，改侍衞步軍指揮使。八年，改領靜難軍節度使。九年，河決滑州韓、房村，重進總護其役，以劉吉爲之副，河遂塞。

雍熙中，出師北征，重進率兵傅飛狐城下，用袁繼忠計，伏兵飛狐南口，擒契丹驍將大鵬翼及其監軍馬贇、副將何萬通幷渤海軍三千餘人，斬首數千級，俘獲以萬計，逐北四十里，連下飛狐、靈丘〔六〕等城。進攻蔚州，其牙校李存璋等殺酋帥蕭啜理〔七〕、執耿紹忠，率吏民來附。會曹彬之師不利，乃命重進董師駐定州，遷定州駐泊兵馬都部署。三年，率師入遼境，攻下岐溝關，殺守城兵千餘及獲牛馬輜重以還。四年春，改彰信軍節度。淳化三年，改眞定尹、成德軍節度。未幾，移京兆尹、永興軍節度。五年，改知延州，復還鎭。至道三年，卒，年六十九，贈侍中。

重進不事學，太宗居藩邸時，愛其忠勇，嘗遺以酒炙不受，使者曰：「此晉王賜也，何爲

不受？」重進曰：「爲我謝晉王，我知有天子爾。」卒不受。上知其忠朴，故終始委遇焉。子守信六宅使，守吉閤門祗候。

劉廷翰，開封浚儀人。父紹隱，後唐末隸兵籍。晉天福中，以隊長戍魏博。范延光反，紹隱力戰死焉。周世宗鎮澶淵，廷翰以膂力隸帳下；卽位，補殿前指揮使，累從征伐，以戰功再遷至散指揮第一直都知。

宋初，預平上黨、維揚，遷鐵騎都指揮使、領廉州刺史。太宗卽位，遷右廂都指揮使、領本州團練使，遷雲州觀察使。太平興國四年，從征太原，領鎭州駐泊都鈐轄。

太宗北伐，旣班師，上以邊備在於得人，乃命廷翰、李漢瓊率兵屯眞定，崔彥進屯關南，崔翰屯定州。冬，契丹果縱兵南侵。廷翰先陣於徐河，彥進率師出黑蘆堤北，銜枚躡契丹後，崔翰、漢瓊兵繼至，合擊之，大敗其衆於滿城。廷翰以功領大同軍節度、殿前都虞候。八年，改領彰信軍節度。雍熙四年春，改鎭滑、邢。端拱中，鎭州駐泊馬步軍都部署郭守文卒，上特命廷翰代之。淳化三年，改大名尹、天雄軍節度。三年，以病求解官，還闕，上親臨問，賜賚有加。未幾卒，年七十，贈侍中。

廷翰自衞士至上將，頗以武勇自任，寬厚容衆，雖不事威嚴，而長於御下。爲殿前都指揮使，入朝，常行衆中，每歷宮殿門，少識之者。嘗與郊祀恩，當追封三世，廷翰少孤，其大父以上皆不逮事，忘其家諱，上爲撰名親書賜之。子贊元，宮苑使、澄州刺史；贊明，皇城使、勤州團練使。

崔翰字仲文，京兆萬年人。少有大志，風姿偉秀，太祖見而奇之，以隸麾下。從周世宗征淮南，平壽春，取關南，以功補軍使。宋初，遷御馬直副指揮使，從征澤、潞。開寶初，遷河東降民以實陝西地，晉人勇悍，多習武藝，命翰差擇之。及閱試河北鎭兵，取其驍果者以分配天武兩軍。九年，領端州刺史。

太宗卽位，進本州團練使。太平興國二年秋，講武於西郊，時殿前都指揮使楊信病瘖，命翰代之。翰分布士伍，南北綿亙二十里，建五色旗號令，將卒望其所舉，以爲進退，六師周旋如一。上御臺臨觀，大悅，以藩邸時金帶賜之，謂左右曰：「晉朝之將，必無如崔翰者。」

四年，從征太原，命總侍衞馬步諸軍，率先攻城，流矢中其頰，神色不變，督戰益急，上卽軍帳撫問之。太原平，時上將有事幽薊，諸將以爲晉陽之役，師罷餉匱，劉繼元降，賞賚

且未給，遽有平燕之議，不敢言。翰獨奏曰：「所當乘者勢也，不可失者時也，取之易。」上謂然，定議北伐。既而班師，命諸將整暇以還。至金臺驛，大軍南向而潰，上令翰率衞兵千餘止之。翰請單騎往，至則諭以師律，衆徐以定，不戮一人。既復命，上喜，因命知定州，得以便宜從事，緣邊諸軍並受節制，軍市租儲，得以專用。

冬，契丹兵數萬寇滿城，翰會李漢瓊兵於徐河，河陽節度崔彥進兵自高陽關繼至，因合擊之。契丹投西山坑谷中死者不可勝計，俘馘數萬，所獲他物又十倍焉。以功擢武泰軍節度使。

初，劉繼元降，上令翰往撫慰，俘略無得出城。時秦王廷美以數十騎將冒禁出，翰呵止之。至是，搆於上。明年夏，出爲感德軍節度使。至鎭時，盜賊充斥，翰誘其渠魁，戒以禍福，羣盜感悟，散歸農畝，境內肅然。

雍熙二年，移知滑州。三年，北伐不利，上追念徐河之功，召翰爲威虜軍行營兵馬都部署。四年春，改鎭定國軍。二年〔八〕，移鎭鎭安軍。淳化三年召還，以疾留京師。稍間，入見上曰：「臣既以身許國，不願死於家，得以馬革裹尸足矣。」上壯之，復令赴鎭，月餘卒，年六十三，贈侍中。

翰驍勇有謀，所至多立功。輕財好施，死之日家無餘貲。晚年酷信釋氏。子繼顒，虞

部員外郎。孫承業，內殿承制、閤門祗候；承祐，內殿崇班。

論曰：自曹翰而下，嘗任將帥居節鎮者凡十人，其初率由拳勇起家戎行，雖不事問學，而皆精白一心，以立事功。始終匹休，而無韓、彭之禍者，由制御保全之有道也。楊信以篤實，重進以忠朴，劉遇以淳謹，廷翰以武勇稱，故皆終始委遇而不替。漢瓊雖木強使酒，米信所爲雖多暴橫，党進恂恂類懷姦詐，懷忠論遷似昧大體；然以征太原、平江南、戰徐河觀之，皆不害其爲驍果也。至於好謀善戰，輕財好施，所至立功，則未有優於曹翰、崔翰者也。然不可與古之良將同日而語者，崔之論奏平燕，未免出於率爾；而曹之殺降卒，屠江州，則又過於忍者也。君子謂功莫優於二子，而過亦莫先於二子，信矣。

校勘記

〔一〕弟嗣贇　三字原脫，據本書目錄中補。

〔二〕靜戎軍保州長城滿城緣邊都巡檢使　「滿城」原作「蒲城」。按蒲城，宋代隸屬陝西之華州，不在緣邊；而本書卷八六地理志「保州」條下註：「太平興國六年，析易州滿城之南境入焉。」可見此

處「蒲城」當作「滿城」，據改。

〔三〕峽口砦　原作「岐口砦」，據本書卷二五八曹彬傳、長編卷一五改。

〔四〕滿城　原作「蒲城」，按下文說：「大敗之，逐至遂城。」遂城在河北西路，蒲城在陝西路，此戰不可能自蒲城追至遂城。又此次戰役劉廷翰、崔翰都參加，下文劉廷翰傳說：「廷翰先陣於徐河，（崔）彥進率師出黑蘆堤北，銜枚躡契丹後，崔翰、漢瓊兵繼至，合擊之，大敗其衆於蒲城。」崔翰傳說：「契丹兵寇蒲城，翰會李漢瓊於徐河。」長編卷二〇記此次戰役會師情況，與上述二傳基本相同，並說：「大軍次滿城，敵騎坌至。」按地理，徐河附近無蒲城，而有滿城，且滿城與遂城相近，當以長編爲是。此三傳之「蒲城」都應改爲「滿城」，下文不再出校。

〔五〕四年　上文的紀元是「端拱」，但端拱無四年。下文說明年米信死，據宋會要禮四一之五三，米死於淳化五年。則此處「四年」應是淳化四年，失書「淳化」紀元。

〔六〕靈丘　原作「靈州」，於地理上不合，據本書卷五太宗紀、長編卷二七、東都事略卷二八田重進傳改。

〔七〕蕭啜理　原作「蕭啜埋」，本書卷五太宗紀作「蕭啜理」，長編卷二七譯作「蕭多羅」，「理」、「羅」音近；又遼史卷一一聖宗紀作「蕭啜里」；作「理」是，據改。

〔八〕二年　上文已有雍熙四年，此處不應又出「二年」。按「雍熙」只有四年，其下的紀元是「端拱」，

疑此上脫「端拱」二字。

宋史卷二百六十一

列傳第二十

李瓊 郭瓊 陳承昭 李萬超 白重贊 王仁鎬 陳思讓 孫若拙 焦繼勳 子守節 劉重進 袁彥 祁廷訓 張鐸 李萬全 田景咸 王暉附

李瓊字子玉，幽州人。祖傳正，涿州刺史。父英，涿州從事。瓊幼好學，涉獵史傳。杖策詣太原依唐莊宗，屬募勇士，卽應募，與周祖等十人約爲兄弟。一日會飲，瓊熟視周祖，知非常人。因舉酒祝曰：「凡我十人，龍蛇混合，異日富貴無相忘，苟渝此言，神降之罰。」皆刺臂出血爲誓。周祖與瓊情好尤密，嘗過瓊，見其危坐讀書，因問所讀何書，瓊曰：「此閫外春秋，所謂以正守國，以奇用兵，較存亡治亂，記賢愚成敗，皆在此也。」周祖令讀之，謂瓊曰：「兄當敎我。」自是周祖出入常袖以自隨，遇暇輒讀，每問難瓊，謂瓊爲師。及討河中，乃

解瓊兵籍，令參西征軍事。賊平，表於朝，授朝散大夫、大理司直。歲中，遷太子洗馬。周祖鎭鄴，表爲大名少尹。廣順初，拜將作監，充內作坊使，賜金紫。連知亳、陝二州，改濟州刺史。世宗初，遷洺州團練使，改安州防禦使，治郡寬簡，民請立碑頌德，詔中書舍人竇儀撰文賜之。宋初，召爲太子賓客。建隆三年，上章請老，改右驍衞上將軍致仕。瓊信釋氏，明年四月八日，詣佛寺，遇疾歸，至暮卒，年七十三，贈太子少師。

郭瓊，平州盧龍人。祖海，本州兩冶使。父令奇，盧臺軍使。瓊少以勇力聞，事契丹，爲蕃漢都指揮使。後唐天成中，挈其族來歸，明宗以爲亳州團練使，改刺商州，遷原州。清泰初，移階州，城壘未葺，蜀人屢寇，瓊患之，因徙城保險，民乃無患。受詔攻文州，拔二十餘砦，生擒數百人。

晉天福中，移刺嶲州，屬羌、渾騷動，朔方節度張希崇表瓊爲部署，將兵共討平之。連領滑、坊、虢、衞四州。開運初，爲北面騎軍排陣使。陽城之役，戰功居多。改沂州刺史，充荆口砦主兼東面行營都虞候。擒莫州刺史趙思以獻，改刺懷州。俄爲北面先鋒都監。契

丹陷中原，盜賊蠭起，山東爲甚，契丹主命瓊復刺沂州以禦盜，瓊即日單騎赴郡。盜聞瓊威名，相率遁去。

漢乾祐中，淮人攻密州，以爲行營都部署，未至，淮人解去。會平盧節度劉銖恃佐命之舊，稱疾不朝，將相大臣，懼其難制，先遣瓊與衞州刺史郭超以所部兵屯青州。銖不自安，置酒召瓊，伏壯士幕下，欲害瓊。瓊知其謀，屏去從者，從容就席，略無懼色，銖不敢發。瓊因爲陳禍福，銖感其言，遂治裝。俄詔至，即日上道。瓊改潁州團練使，又加防禦使。時朗州結荆、淮、廣南合兵攻湖南，詔瓊以州兵合王令温大軍攻光州，尋以內難不果。罷歸朝，遣詣河北計度兵甲芻糧。

周祖祀南郊，召權知宗正卿事。世宗征劉崇，爲北面行營都監，歷絳、蔡、齊三州防禦使。在齊州，民饑，瓊以己俸賑之。人懷其惠，相率詣闕頌其德政，詔許立碑。

宋建隆三年，告老，加右領軍衞上將軍致仕，歸洛陽。乾德二年，卒，年七十二。瓊雖起卒伍，而所至有惠政，尊禮儒士，孜孜樂善，蓋武臣之賢者也。

陳承昭，江表人。始事李景爲保義軍節度，周世宗征淮南，景以承昭爲濠、泗、楚、海水

陸都應援使。世宗既拔泗州，引兵東下，命太祖領甲士數千爲先鋒，遇承昭於淮上擊敗之，追至山陽北，太祖親禽承昭以獻。世宗釋之，授右監門衞上將軍，賜錦袍、銀帶，改右領軍衞上將軍，分司西京。

宋初入朝，太祖以承昭習知水利，督治惠民、五丈二河以通漕運，都人利之。建隆二年，河成，賜錢三十萬。承昭言其壻王仁表在南唐，帝爲致書於李景，令遣歸闕，歷左右神武統軍。

四年春，大發近甸丁壯數萬，修畿內河堤，命承昭董其役。又令督諸軍子弟數千，鑿池於朱明門外，以習水戰。從征太原，承昭獻計請壅汾水灌城，城危甚，會班師，功不克就。乾德五年，遷右龍武軍統軍。開寶二年，卒，年七十四。贈太子太師，中使護喪。大中祥符元年，錄其孫宗義爲三班借職。

李萬超，并州太原人。幼孤貧，負販以養母，晉祖起并門，萬超應募隸軍籍。戰累捷，稍遷軍校。從李守貞討楊光遠於青州，奮勇先登，飛石中其腦，氣不屬者久之。開運中，從杜重威拒契丹於陽城，流矢貫手，萬超拔矢復戰，神色自若。以功遷肅銳指揮使。

契丹入中原，時萬超以本部屯潞州，主帥張從恩將棄城歸契丹，會前驍衞將軍王守恩服喪私第，從恩即委以後事，遁去。及契丹使至，專領郡務，守恩遂無所預。萬超奮然謂其部下曰：「我輩垂餌虎口，苟延旦夕之命，今欲殺使，保其城。非止逃生，亦足建勳業，汝曹能乎？」衆皆踴然喜曰：「敢不唯命。」遂率所部大譟入府署，殺其使，推守恩爲帥，列狀以聞。漢祖從其請，仍命史弘肇統兵先渡河至潞，見萬超，語之曰：「得復此州，公之力也。吾欲殺守恩，以公爲帥，可乎？」萬超對曰：「殺契丹使以推守恩，蓋爲社稷計爾。今若賊害於人，自取其利，非宿心也。」弘肇大奇之，表爲先鋒馬步軍都指揮使。路經澤州，刺史翟令奇堅壁拒命，萬超馳至城下，諭之曰：「今契丹北遁，天下無主，并州劉公仗大義，定中土，所向風靡，後服者族，盍早圖之。」令奇乃開門迎納。弘肇即留萬超權州事，漢祖遂以爲刺史。及征李守貞，以萬超爲行營壕砦使。河中平，拜懷州刺史。

周祖開國，從征慕容彥超，又爲都壕砦使，以功授洺州團練使，預收秦、鳳，改萊州。從平淮南，連移蘄、登二州，所至有善政。屬有詔重均田租，前牟平令馬陶，籍隸文登縣，隱苗不通，命繫之，將斬而後聞。陶懼遁去，由是境內肅然。

宋初，入爲右武衞大將軍，遷左驍衞大將軍。開寶八年，卒，年七十二。

白重贊，憲州樓煩人，其先沙陀部族。重贊少從軍，有武勇。漢初，自散員都虞候三遷護聖都指揮使。乾祐中，李守貞據河中叛，隱帝以重贊爲行營先鋒都指揮使。河中平，以功領端州刺史。周初，轉護聖左廂都指揮使。未幾，出爲鄭州防禦使，改相州留後。廣順中，授義成軍節度。在鎭日，河屢決，重贊親部丁壯，塞大程、六合二堤，詔書褒美。

世宗征劉崇，以重贊爲河東道行營馬軍都指揮使，重贊與李重進居陣西偏，樊愛能、何徽居陣東偏。旣合戰，愛能與徽皆遁走，惟重贊與重進率所部力戰，世宗自督親軍合勢薄之，幷人大敗。旣誅愛能等，重贊以功授保大軍節度使。及世宗征太原，以河陽劉詞爲隨駕都部署，命重贊副之。其忻州監軍殺刺史趙臯及契丹大將楊耨姑，以城降，而契丹兵猶盛，命重贊及符彥卿擊走之。世宗還京，改河陽三城節度、檢校太尉。及征淮南，命重贊率親兵三千軍于潁上。未幾，改淮南道行營馬步軍都虞候。俄遷彰義軍節度。

宋初，加檢校太師，改鎭涇州。有馬步軍教練使李玉，本燕人，凶狡，與重贊有隙。遂與部下閻承恕謀害重贊，密遣人市馬纓，僞造制書云重贊構逆，令夷其族。乃自持僞制幷馬纓，以告都校陳延正曰：「使者致而去矣。」延正具白重贊，重贊封其書以聞。太祖大駭，令驗視之，率皆誕謬，遂命六宅使陳思誨馳赴涇州，禽玉及承恕鞫問，伏罪棄市。

延正擢領刺史以賞之，仍詔諸州，凡被制書有關機密，則詳驗印文筆迹。俄改泰寧軍節度。乾德四年，又爲定國軍節度。開寶二年，改左千牛衞上將軍，奉朝請。三年，卒，年六十二。

王仁鎬，邢州龍岡人。後唐明宗鎭邢臺，署爲牙校，卽位，擢爲作坊副使，累遷西上閤門使。淸泰中，改右領軍衞將軍。晉天福中，靑州楊光遠將圖不軌，以仁鎬爲節度副使，伺其動靜。歷二年，或譖仁鎬于朝，改護國軍行軍司馬。仁鎬至河中數月，光遠反書聞。漢乾祐中，歷昭義、天雄二軍節度副使。

周祖鎭鄴，表仁鎬爲副留守。及起兵，仁鎬預其謀。周祖卽位，仁鎬爲王峻所忌，出爲唐州刺史，遷棣州團練使，入爲右衞大將軍，充宣徽北院使兼樞密副使。顯德初，出爲永興軍節度使。世宗嗣位，移河中。會殿中丞上官瓚使河中還，言河中民多匿田租，遂遣瓚按視均定。百姓苦之，多逃亡他郡，仁鎬抗論其事，乃止。丁繼母憂，去官。

五年，拜安國軍節度，制曰：「眷惟襄國，實卿故鄉。分予龍節之權，成爾錦衣之美。」郡民扶老攜幼，迎於境上，有獻錦袍者四，仁鎬皆重衣之，厚酬以金帛。視事翌日，省其父祖

之墓，周視松檟，涕泗嗚咽，謂所親曰：「仲由以為不如負米之樂，信矣。」時人美之。郡有羣盜，仁鎬遣使遺以束帛，諭之，悉遁去，不復為盜。恭帝嗣位，移山南東道節度。宋初，加檢校太師。建隆二年，以疾召還，次唐州，卒於傳舍，年六十九。

仁鎬性端謹儉約，崇信釋氏，所得俸祿，多奉佛飯僧，每晨誦佛經五卷，或至日旰方出視事。從事劉謙責仁鎬曰：「公貴為藩侯，不能勤恤百姓，孜孜事佛，何也？」仁鎬斂容遜謝，無慍色。當時稱其長者。

陳思讓字後己，幽州盧龍人。父審確，仕後唐至晉，歷檀、順、涿、均、沁、唐、祁、城八州刺史。預征蜀，權利州節度，終金州防禦使。思讓初隸莊宗帳下，即位，補右班殿直。晉天福中，改東頭供奉官，再遷作坊使。安從進叛於襄陽，以思讓為先鋒右廂都監，從武德使焦繼勳領兵進討。遇從進之師於唐州花山下，急擊大破之，從進僅以身免。以功領獎州刺史。從進平，授坊州刺史。

八年冬，契丹謀入寇，以思讓監澶州軍，賜鞍勒馬、器帛。討楊光遠於青州也，又為行營右廂兵馬都監，兵罷，改磁州刺史。會符彥卿北征契丹，思讓表求預行。未幾，改衞州。

連丁內外艱。時武臣罕有執喪禮者，思讓不俟詔，去郡奔喪，聞者嘉之。起復隨州刺史。漢初，移淄州，罷任歸朝。會淮南與朗州馬希萼合兵淮南〔二〕，攻湖南，馬希廣來乞師，旋屬內難，又周祖北征，乃分兵令思讓往郢州赴援，兵未渡而希廣敗。思讓留於郢。周祖卽位，遣供奉官邢思進召思讓及所部兵還。劉崇僭號太原，周祖思得方略之士以備邊，遣思讓率兵詣磁州，控扼澤、潞。未幾，授磁州刺史，充北面兵馬巡檢。未行，陞磁州爲團練，卽以思讓充使。

廣順元年九月，劉崇遣大將李瓌領馬步軍各五都，鄉兵十都，自團柏軍於鸂子店。思讓與都監向訓、張仁謙等率龍捷、吐渾軍，至虒亭西，與瓌軍遇，殺三百餘人，生禽百人，獲崇偏將王璠、曹海金，馬五十匹。俄遣王峻援晉州，以思讓與康延沼〔三〕分爲左右廂排陣使，令率軍自烏嶺路至絳州與大軍合。崇燒營遁去，思讓又與藥元福襲之。俄命權知絳州。明年春，遷絳州防禦使。

顯德元年九月，改亳州防禦使，充昭義軍兵馬鈐轄，屢敗幷人及契丹援兵，遷安國軍節度觀察留後，充北面行營馬步軍排陣使。五年，敗幷軍千餘於西山下，斬五百級。是秋，邢州官吏、耆艾邢鉄等四十人詣闕，求借留思讓，詔褒之。十二月，改義成軍節度觀察留後。六年春，世宗將北征，命先赴冀州以俟命。及得瓦橋關，爲雄州，命思讓爲都部署，率

兵戍守。世宗不豫還京，留思讓爲關南兵馬都部署。恭帝嗣位，授橫海軍〔三〕節度。宋初，加檢校太傅。乾德二年，又爲保信軍節度。時皇子興元尹德昭納思讓女爲夫人。開寶二年夏，改護國軍節度、河中尹。七年，卒，年七十二。贈侍中。

思讓累歷方鎭，無敗政，然酷信釋氏，所至多禁屠宰，奉祿悉以飯僧，人目爲「陳佛子」。身沒之後，家無餘財。弟思誨，至六宅使。子欽祚，累遷至香藥庫使、長州刺史。欽祚子若拙。

若拙字敏之。幼嗜學，思讓嘗令持書詣晉邸，太宗嘉其應對詳雅，將縻以府職，若拙懇辭。太平興國五年，進士甲科，解褐將作監丞、通判鄂州，改太子右贊善大夫、知單州。以能政，就改太常丞，遷監察御史，充鹽鐵判官。益州繫囚甚衆，太宗覽奏訝之，召若拙面諭委以疏決，遷殿中侍御史、通判益州。淳化三年，就命爲西川轉運副使，未幾，改正使，召歸。會李至守洛都，表若拙佐治，改度支員外郎，通判西京留司。久之，柴禹錫鎭涇州，復奏爲通判，遷司封員外郎，部送芻糧至塞外，優詔獎之。

入爲鹽鐵判官，轉工部郎中。與三司使陳恕不協，求徙他局，改主判開拆司。車駕北巡，命李沆留守東京，以若拙爲判官。河決鄆州，朝議徙城以避水患，命若拙與閻承翰往規度，

尋命權京東轉運使，因發卒塞王陵口，又於齊州浚導水勢，設巨隄於采金山，奏免六州所科梢木五百萬，民甚便之。河平，眞授轉運使。召還，拜刑部郎中、知潭州。時三司使缺，若拙自謂得之。及是大失望，因請對，言父母年老，不願遠適，求納制命。上怒，謂宰相曰：「士子操修，必須名實相副，頗聞若拙有能幹，特遷秩委以藩任，而貪進擇祿如此。往有黃觀者，或稱其能，選爲西川轉運使，輒訴免，當時黜守遠郡。今若拙復爾，亦須譴降。凡用人，豈以親疎爲間，苟能盡瘁奉公，有所樹立，何患名位之不至也。」乃追若拙所授告敕，黜知處州，徙温州。代還，復授刑部郎中，再爲鹽鐵判官，改兵部郎中、河東轉運使，賜金紫。

會親祀汾陰，若拙以所部緡帛、芻粟十萬，輸河中以助費，經度制置使陳堯叟言其幹職，擢拜右諫議大夫，徙知永興軍府。時鄰郡歲饑，前政拒其市糴，若拙至，則許貿易，民賴以濟。又移知鳳翔府，入拜給事中、知澶州。蝗旱之餘，勤于政治，郡民列狀乞留。天禧二年，卒，年六十四。錄其子映爲奉禮郎。

若拙多誕妄，寡學術，當時以第二人及第者爲牓眼，若拙素無文，故目爲「瞎牓」云。

焦繼勳字成績，許州長社人。少讀書有大志，嘗謂人曰：「大丈夫當立功異域，取萬戶侯。豈能孜孜事筆硯哉？」遂棄其業，游三晉間爲輕俠，以飲博爲務。晉祖鎭太原，繼勳以儒服謁見，晉祖與語，悅之，留帳下。天福初，授皇城兼宮苑使，遷武德使。安重榮反鎭州，安從進自襄陽舉兵爲應。晉祖命繼勳督諸將進討。至唐州南，遇從進軍萬餘，設伏擊敗之，禽其牙將安洪義、鮑洪等五十餘人，得山南東道印，從進單騎奔還。從進弟從貴率兵千餘人，援均州刺史蔡行遇，繼勳殺其衆七百，生禽百，獲從貴，斷腕放入城中，從進自此不能復鎭。繼勳以功就拜齊州防禦使。少帝卽位，從進平，藉繼勳威名鎭之，徙襄陽防禦使。歲餘，入爲右千牛衞大將軍，拜宣徽北院使，遷南院使。

西人寇邊，朝議發師致討，繼勳抗疏請行，拜秦州觀察使兼諸蕃水陸轉運使。既至，推恩信、設方略招誘，諸郡酋長相率奉玉帛、牛酒乞盟，邊境以安。俄徙知陝州，就遷保義軍兵馬留後。

漢初，鳳翔軍校陽彥昭據城叛，命繼勳率師討之，以功授保大軍節度。召入，會漢祖幸大名，留爲京城右廂巡檢使，俄改右羽林統軍。隱帝末，命繼勳領兵北征。及周祖舉兵向闕，繼勳奉隱帝逆戰於留子陂，戰不利，遂歸周祖。

廣順初，改右龍武統軍。世宗征淮南，爲左廂排陣使，又改右羽林統軍、左屯衞上將

軍，以戰功拜彰武軍節度。

宋初，召爲右金吾衞上將軍，改右武衞上將軍。乾德三年，權知延州。四年，判右街仗杜審瓊卒，命繼勳代之。時向拱爲西京留守，多飲燕，不省府事，羣盜白日入都市劫財，拱被酒不出捕逐。太祖選繼勳代之，月餘，京城肅然。太祖將幸洛，遣莊宅使王仁珪、內供奉官李仁祚部修洛陽宮，命繼勳董其役。車駕還，嘉其幹力，召見褒賞，以爲彰德軍節度，仍知留府事。仁珪領義州刺史，仁祚爲八作副使。繼勳以太平興國三年卒，年七十八，贈太尉。

繼勳獵涉史傳，頗達治道，所至有善政。然性吝嗇，多省公府用度，時論少之。子守節。

守節字秉直，初補左班殿直，選爲江、淮南路採訪。還奏稱旨，擢閤門祗候。李順餘黨擾西川，命與上官正討平之。高、溪州蠻內寇，又命往圖方略，守節言：「山川回險，非我師之利。」詔許招納。

咸平中，置江淮南、荆湖路兵馬都監，首被選擢。又討施、夔州叛蠻，以大義諭其酋長，皆悔過內附，因爲之畫界定約。還遷閤門通事舍人，監香藥榷易院，三司言歲課增八十

餘萬。時守節已爲衣庫副使，當遷閤門副使，眞宗謂輔臣曰：「守節緣財利羨餘而遷橫行，何以勸邊陲効命者？」止以爲宮苑副使。

奉使契丹，館伴丁求說指遠山謂曰：「此黃龍府也。」守節應聲曰：「燕然山距此幾許？」求說慚服。久之，遷皇城副使，管勾軍頭引見司。坐以白直假樞密院副承旨尹德潤治第，免所居官。三遷東上閤門使，加榮州刺史。數請補外，歷知襄、鄧、汝三州，遷四方館使，以右神武大將軍致仕卒。

劉重進，幽州人，本名晏僧。梁末隸軍籍。晉初，以習契丹語，應募使北邊，改右班殿直，因賜是名。遷西頭供奉官，再使契丹。契丹主以其敏慧，留爲帳前通事；俄南侵，署重進忠武軍節度。

漢初，移鎮鄧州。漢法，禁牛革甚嚴，州民崔彥、陳寶選八人自本鎮持革詣漢祖廟鞔鼓，重進杖遣之。判官史在德謂重進不善用法，宜置極典。及大理、刑部詳覆，重進所斷爲是。在德坐故入，杖死之。

乾祐末，罷鎮來朝。周祖起兵至封丘，詔重進與左神武統軍袁義率兵拒之，重進望塵

退走。周廣順初，從征兗州。未幾，封薛國公。俄召爲右神武統軍，累加檢校太師。世宗南征，爲右廂排陣使。顯德三年，世宗聞揚州無備，遣宣祖、韓令坤與重進等往襲取之，又爲先鋒都部署，進克泰州。初，楊行密子孫居海陵，號永寧宮，周師渡淮，盡爲李景所殺。重進入其家，得玉硯、玉杯盤、水晶盞、瑪瑙盌、翡翠瓶以獻。俄命判廬州行府事兼行營都部署，敗淮人千餘于州境，又敗五百衆于白城湖。及世宗再巡，吳師潰于紫金山，有至東山口者，重進殺三千餘衆。及下壽州，以功授武勝軍節度。淮南平，改鎭邠州。世宗北征，爲先鋒都指揮使。恭帝卽位，封開府。

宋初，進封燕國公。建隆二年秋，授右羽林統軍。乾德五年，改左領軍衞上將軍。重進徒善譯語，無他才能，値契丹入中原，遂至方鎭。及在環衞，嘗從幸玉津園，太祖召與語。旣退，謂左右曰：「觀重進應對不逮常人，前朝以爲將帥，何足重耶？」六年，卒，年七十。

袁彥，河中河東人。少以趫勇應募從事，隸奉國營。漢乾祐中，周祖領軍討李守貞，以彥置麾下，及鎭鄴，以爲部直小將。周廣順中，世宗在澶淵，遷爲親事都校。世宗尹京，改開封府步直指揮使。顯德初，授內外步軍都軍頭，領泉州刺史。未幾，改岳州防禦使。從

征壽州，爲城北造竹龍都部署。竹龍者，以竹數十萬竿，圍而相屬，上設版屋，載甲士數百人，以攻其城。又命於渦口修橋，橋成，世宗幸焉，因立爲鎭淮軍。李繼勳以淮上失律，罷軍職，命彥爲武信軍節度，權侍衞步軍都指揮使。又命爲淮南道行營馬步軍副都指揮使，賜衣服、金帶、鞍勒馬、鎧甲、器仗，遣赴軍前。

太祖下滁陽，禽皇甫暉、姚鳳，彥皆有勞績，詔褒之。又令率師屯下蔡以逼壽春。及劉仁贍降，從世宗攻濠、泗，又禽南唐將許文縝、邊鎬等以獻。師還，眞授步軍都指揮使，領彰信軍節度。六年春，發近畿丁壯浚五丈河，命彥董其役。恭帝嗣位，移保義軍節度。宋初，加檢校太尉。是秋來朝，改鎭曹州。乾德六年，爲靜難軍節度。開寶二年，移鄜州。五年，罷鎭歸闕，卒，年六十六。景德四年，特詔錄其孫昭慶爲借職。大中祥符八年，昭慶上彥周朝所受告敕有二聖名諱者，特遷殿直。

祁廷訓本名廷義，避太宗舊名改焉。河南洛陽人。父珪，梁左監門衞大將軍。廷訓善書計、騎射，隸周祖帳下。廣順中，歷東西班右番行首〔四〕、鐵騎都虞候。世宗卽位，改東西班都指揮使，遷內殿直都指揮使，繼領蘭、睦二州刺史。從征淮南，賜以明光細甲，令董舟

師巡江界。吳人伏兵三江口葭菼中，掩擊廷訓，廷訓力戰大破之，俘馘千人，餘黨遁去。江北平，以功遷吉州團練使，領鐵騎左廂都指揮使。月餘，遷嵐州防禦使，領龍捷右廂都指揮使。宋初，爲安遠軍節度觀察留後，是秋，改河陽。乾德二年，又改彰德軍節度留後，俄權知鄧州。五年，就拜義武軍節度。

開寶二年，太祖征太原，以廷訓爲北面副都部署。太平興國元年來朝。二年冬，改左領軍衞上將軍。五年，坐私販竹木貴鬻入官，責本衞大將軍。未幾，復舊官。六年，卒，年五十八。

廷訓形質魁岸，無才略，臨事多規避，時人目爲「祁橐駝」，以其龐大而無所取也。

張鐸，河朔人，少以材武應募隸軍籍。漢初，爲奉國右第六軍都指揮使，領澧州刺史。周祖以樞密使鎭鄴，鐸以所部從行，及起兵，鐸預焉。廣順初，鐸爲奉國左廂都指揮使，韓通爲右廂都指揮使；俄並兼防禦使，鐸領永州，通領睦州。會改奉國爲虎捷，鐸仍領其職。是冬，出爲密州防禦使，改亳州。三年，授鎭國節度。郊祀畢，加檢校太傅。世宗初，移彰義軍，未幾，加檢校太尉。顯德三年，又移河中尹、護國軍節度。

宋初，加檢校太師，俄復鎮涇州。州官歲市馬，鐸厚增其直而私取之，累至十六萬貫，及擅借公帑錢萬餘緡，侵用官麴六千四百餅。事發，召歸京師，本州械繫其子保常及親吏宋習。太祖以鐸宿舊，釋不問，罷鎮爲左屯衞上將軍，奉朝請而已。其所盜用，仍蠲除之，保常、習亦得釋。鐸又嘗假晉邸錢百六十萬，太宗卽位，詔貰之。俄命判左金吾街仗。及駕征河東，以鐸爲京城內外都巡檢，鄜州刺史高繼充、閑廐副使張守明分爲裏城左右廂巡檢。雍熙三年，卒，年七十二。贈太傅。

子熙載至左千牛衞大將軍。熙載子禹珪字天錫，粗知書，有方略，幼事太宗藩邸，卽位，補東西班承旨，改殿直，帶御器械。以材勇擢居禁衞，殿前散祗候都虞候。咸平初，授內殿直都虞候，領恩州刺史。三年，出爲滁州刺史，知洺、瀛、霸三州，並兼兵馬鈐轄，徙嵐州。西人勒厥麻誘衆叛，禹珪率衆討之，俘六千餘人，獲名馬孳畜甚衆。

景德初，授高陽關行營副都部署。契丹既請和，帝思守臣有武幹能鎮靜邊郡者，親錄十餘人名付中書，禹珪預焉。遂知石州，徙代、兗州，又移澶州，頗勤政治，以瑞麥生、獄空，連詔嘉獎。會河堤決溢，禹珪率徒塞之，宰相王旦使兗州還，言其狀，優詔褒之。就拜洺州團練使，尋知廣信軍。天禧初，復爲高陽關副都部署兼知瀛州。明年召還，將授四廂之職，卒，年五十九。錄其二子。

李萬全，吐谷渾部人。善左右射，隸護聖軍爲騎士，累遷至本軍都校，與田景咸、王暉等從周祖入汴，號十軍主。顯德中，爲彰武軍節度。宋初，加檢校太尉、橫海軍節度。乾德中代歸，太祖數召於苑中宴射。萬全無將略，惟挽強弓，老而不衰，帝亦以此賞之。

田景咸、王暉，皆太原人。景咸仕漢，爲奉國右廂都校，從周祖入汴，爲龍捷左廂都校，改安國軍留後。俄眞拜，陞本軍節度。世宗時，拜武勝軍節度。宋初，爲左驍衞上將軍。開寶三年卒。

景咸性鄙吝，務聚斂，每使命至，惟設肉一器，賓主共食。後罷鎭，常忽忽不樂。妻識其意，引景咸徧閱囊儲，景咸方自釋。在邢州日，使者王班至，景咸勸班酒曰：「王班請滿飮。」典客曰：「是使者姓名也。」景咸悟曰：「我意『王班』是官爾，何不早諭我。」聞者笑之。

暉性亦吝嗇，貲甚富，而妻子飯疏糲，縱部曲誅求，民甚苦之。世宗以先朝功臣，知而弗問焉，至右神武統軍。建隆四年，終右領軍衞上將軍。

論曰：太祖事漢、周，同時將校多聯事兵間，及分藩立朝，位或相亞。宋國建，皆折其猛悍不可屈之氣，俛首改事，且爲盡力焉。揚雄有言：「御之得其道，則狙詐咸作使。」此太祖之英武而爲創業之君也歟。

校勘記

〔一〕會淮南與朗州馬希蕚合兵淮南　按舊五代史卷一〇三隱帝紀、通鑑卷二八九後漢紀都說是荆南、淮南（通鑑作「江南」）、廣南（通鑑作「嶺南」）合謀，欲分割湖湘（通鑑作「湖南」），乾祐三年十月丙午，馬希廣請漢發兵援助，通鑑並有「乞發兵屯澧州以扼江南、荆南援朗州之路」一語，同此處所說不合，疑「合兵」下之「淮南」二字有誤。

〔二〕康延沼　原作「康延昭」，據本書卷二五五本傳、通鑑卷二九〇改。

〔三〕橫海軍　原作「廣海軍」，按舊五代史卷一二〇周恭帝紀作「陳思讓爲滄州節度使」，滄州自後唐至宋都是橫海軍節度使駐地，見五代會要卷二四、本書卷八六地理志。據改。

〔四〕東西班右蕃行首　「右蕃」，本書卷二七八馬全義傳作「右番」，當是。參考該傳校勘記〔二〕。

宋史卷二百六十二

列傳第二十一

李穀　昝居潤　竇貞固　李濤弟澣　孫仲容　王易簡
趙上交子曮　張錫　張鑄　邊歸讜　劉溫叟子燁　孫几
劉濤　邊光範　劉載　程羽

李穀字惟珍，潁州汝陰人。身長八尺，容貌魁偉。少勇力善射，以任俠爲事，頗爲鄉人所困，發憤從學，所覽如宿習。年二十七，舉進士，連辟華、泰二州從事。晉天福中，擢監察御史。少帝領開封尹，以穀爲太常丞，充推官。晉祖幸鄴，少帝居守，加穀虞部員外郎，仍舊職。少帝爲廣晉尹，穀又爲府推官。及卽位，拜職方郎中，俄充度支判官，轉吏部郎中，罷職。天福九年春，少帝親征契丹，詔許扈從，充樞密直學士，加給事中。爲馮玉、李彥韜所排。會帝再幸河北，改三司副使，權判留司三司事。

開運二年秋，出爲磁州刺史、北面水陸轉運使。契丹入汴，少帝蒙塵而北，舊臣無敢候謁者，穀獨拜迎於路，君臣相對泣下。穀曰：「臣無狀，負陛下。」因傾囊以獻。會契丹主發使至州，穀擒斬之，密送款於漢祖，潛遣河朔酋豪梁暉入據安陽，契丹主患之，即議北旋。

會有告契丹以城中虛弱者，契丹還攻安陽，陷其城，穀自郡候契丹，遂見獲。契丹主先設刑具，謂之曰：「爾何背我歸太原？」穀曰：「無之。」契丹主因引手車中，似取所獲文字，而穀知其詐，因請曰：「如實有此事，乞顯示之。」契丹國制，人未伏者不卽置死。自後凡詰穀者六次，穀詞不屈。契丹主病，且曰：「我南行時，人云爾謂我必不得北還，爾何術知之？今我疾甚，如能救我，則致爾富貴。」穀曰：「實無術，蓋爲人所陷耳。」穀氣色不撓，卒寬之。

俄而德光道殂，永康繼立，署穀給事中。時契丹將麻荅守眞定，而李崧、和凝與家屬皆在城中。會李筠、何福進率兵逐麻荅，推護聖指揮使白再榮權知留後。再榮利崧等家財，令甲士圍其居以求賂，旣得之，復欲殺崧等滅口。穀遽見再榮謂之曰：「今國亡主辱，公輩握勁兵，不能死節，雖逐一契丹將，城中戰死者數千人，非獨公之力也。一朝殺宰相，卽日中原有主，責公以專殺，其將何辭以對？」再榮甚懼，崧等獲免。

漢初，入拜左散騎常侍。舊制，罷外郡歸本官，至是進秩，奬之也。俄權判開封府。時京畿多盜，中牟尤甚，穀誘邑人發其巢穴。有劉德輿者，梁時屢攝畿佐，居中牟，素有幹材，

穀即署攝本邑主簿。浹旬，穀請侍衞兵數千佐德興，悉禽賊黨，其魁一郎縣佐史，一御史臺吏。搜其家，得金玉財貨甚衆，自是行者無患。俄遷工部侍郎。

周祖西征，爲西南面行營水陸轉運使。關右平，改陳州刺史。會有內難，急召赴闕。周祖兵入汴，命權判三司。廣順初，加戶部侍郎。未幾，拜中書侍郎、平章事，仍判三司。初，漢乾祐中，周祖討河中，穀掌轉運，時周祖已有人望，屬漢政紊亂，潛貯異志，屢以諷穀，穀但對以人臣當盡節奉上而已。故開國之初，倚以爲相。是歲，淮陽吏民數千詣闕請立生祠，許之，穀懇讓得止。

先是，禁牛革法甚峻，犯者抵死。穀乃校每歲用革之數，凡田十頃歲出一革，餘聽民私用。又奏罷屯田務，以民隸州縣課役，盡除宿弊。穀父祖本居河南洛陽，經巢之亂，園廬蕩盡，穀生於外。既貴，訪得舊地，建蘭若，又立垣屋，凡族人之不可仕者分田居之。詔改淸風鄉高陽里爲賢相鄉勳德里。

二年，晨起仆階下，傷右臂，在告，旬中三上表辭相位，周祖不允，免朝參，視事本司，賜白藤肩輿，召至便殿勉諭。穀不得已，起視事。征兗州，爲東京留守、判開封府事。顯德初，加右僕射、集賢殿大學士。從世宗征太原，遇賊於高平，匿山谷中，信宿而出，追及乘輿，世宗慰撫之。世宗將趨太原，命穀先調兵食，又代符彥卿判太原行府事。師還，

進位司空、門下侍郎，監修國史。穀以史氏所述本於起居注，喪亂以來遂廢其職，上言請令端明、樞密直學士編記言動，爲內廷日曆，以付史官。是歲，河大決齊、鄆，發十數州丁壯塞之，命穀領護，刻期就功。

二年冬，議伐南唐，以穀爲淮南道行營前軍都部署，兼知廬、壽等州行府事，忠武軍節度王彥超副之〔二〕，韓令坤以下十二將率從。穀領兵自正陽渡淮，先鋒都將白延遇敗吳軍數千于來遠，又破千餘人于山口鎮，進攻上窰，又敗千餘衆，獲其小校數十人，長圍壽春。南唐遣大將劉彥貞來援，穀召將佐謀曰：「今援軍已過來遠，距壽陽二百里，舟楫將及正陽。我師無水戰之備，萬一斷橋梁，隔絕王師，則腹背受敵矣。不如退守浮梁，以待戎輅之至。」初，世宗至圉鎮，已聞此謀，亟走內侍乘馹止之。穀已退保正陽，仍焚芻糧，回軍之際，遞相掠奪，淮北役夫數百悉陷于壽春。世宗聞之怒，亟命李重進率師伐之，以穀判壽州行府。是秋，詔歸闕，得風痺疾，告滿百日，累表請致仕，優詔不允。每軍國大事，令中使就第問之。

四年春，吳人壁紫金山，築甬道以援壽春，不及者數里。師老無功，時請罷兵爲便，世宗令范質、王溥就穀謀之。穀手疏請親征，有必勝之利者三，世宗大悅，用其策。及淮南平，賞賜甚厚。出穀疏，令翰林學士承旨陶穀爲贊以賜之。是夏，世宗還，穀扶疾見便殿，

詔令不拜，命坐御坐側。以抱疾既久，請辭祿位。世宗怡然勉之，謂曰：「譬如家有四子，一人有疾，棄而不養，非父之道也。朕君臨萬方，卿處輔相之位，君臣之間，分義斯在，奈何以祿奉爲言。」穀愧謝而退。俄以平壽州，敍功加爵邑。是秋，穀抗表乞骸骨，罷相，守司空，加邑封，令每月肩輿一詣便殿，訪以政事。

五年夏，世宗平淮南回，賜穀錢百萬、米麥五百斛、芻粟薪炭等。恭帝卽位，加開府儀同三司，進封趙國公。求歸洛邑，賜錢三十萬，從其請。太祖卽位，遣使就賜器幣。建隆元年，卒，年五十八。太祖聞之震悼，贈侍中。

穀爲人厚重剛毅，深沉有城府，雅善談論，議政事能近取譬，言多詣理，辭氣明暢，人主爲之聳聽。人有難必救，有恩必報。好汲引寒士，多至顯位。與韓熙載善，熙載將南渡，密告穀曰：「若江東相我，我當長驅以定中原。」穀笑曰：「若中原相我，下江南探囊中物耳。」穀後果如其言。李昉嘗爲穀記室，在淮上被病求先歸。穀視之曰：「子他日官祿當如我。」昉後至宰相、司空。

周顯德中，扈載以文章馳名，樞密使王朴薦令知制誥。除書未下，朴詣中書言之。穀曰：「斯人薄命，慮不克享耳。」朴曰：「公在衡石之地，當以材進人，何得言命而遺才。」載遂知制誥，遷翰林學士，未幾卒。世謂朴能薦士，穀能知人。穀歸洛中，昭義李筠以穀周朝名

相，遺錢五十萬，他物稱是，轂受之。既而筠叛，轂憂恚而終。子吉至補闕，拱至太子中允。

昝居潤，博州高唐人。善書計。後唐長興中，隸樞密院爲小吏，以謹愿稱。晉初，出掌滑州廩庾，遂補牙職。會景延廣留守西洛，署爲右職。延廣卒，居潤往依陝帥白文珂，文珂致仕，乃表薦居潤於周祖。

時世宗尹京，詔以補府中要職。卽位，擢爲軍器庫使。從征高平，以功遷客省使，知靑州。從向拱西征，爲行營都監，秦、鳳平，以居潤爲秦州，歷知鳳翔〔三〕、河中府。顯德三年秋，遷內客省使，代王朴知開封府。四年，再幸壽州，命爲副留守。十月，幸淮上，以居潤爲宣徽北院使兼副留守。五年夏，南征還，復判開封府。六年，征關南，爲東京副留守。及吳廷祚出塞河，命居潤權知開封府事。廷祚爲樞密使，眞判開封府，改左領軍衞上將軍。恭帝嗣位，加檢校太傅。

太祖立，加檢校太尉。及征澤、潞，命赴澶州巡警。師還，權知鎭州，加左領軍衞上將軍。建隆二年，又權知澶州。八月，拜義武軍節度，在鎭數年，得風痺，詔還京師。乾德四年，卒，年五十九，贈太師。

居潤性明敏，有節槩，篤於行義。初，晉室將亡，景延廣委其族自洛赴難，至則爲遼人所執。遼人在洛者遽欲恣摽掠，延廣僚吏部曲悉遁，獨居潤力保護，其家以安。居潤與太祖同事世宗，情好款洽，嘗薦沈倫於太祖，以爲純謹可用，後至宰相，世稱其知人。子惟質至內園使，弟居濟至水部員外郞。大中祥符三年，錄其孫建中爲三班借職。

竇貞固字體仁，同州白水人。父專，後唐左諫議大夫。貞固幼能屬文，同光中舉進士，補萬全主簿。丁內艱去官，服除，授河東節度推官。時晉祖在藩，以貞固廉介，甚重之。及卽位，擢爲戶部員外郞、翰林學士，就拜中書舍人。

天福三年，詔百僚各上封事，貞固疏曰：「臣聞舉善爲明，知人則哲。聖君在位，藪澤豈有隱淪；昭代用材，政理固無紊亂。求賢若渴，從諫如流，鄭所以譽子皮；□□□□，□□□□，魯所以譏文仲。爲國之要，進賢是先。陛下方樹丕基，宜求多士。乞降詔百僚，令各司議定一人，有何能識，堪何職官，朝廷依奏用之。若能符薦引，果謂當才，所奏之官，望加獎賞；如乖其舉，或涉徇私，所奏之官，宜加殿罰。自然官由德序，位以才升。三人同行，尙聞擇善；十目所視，必不濫知。臣職在論思，敢陳狂狷。」書奏，帝深嘉之，命所司著爲令

典。明年，改御史中丞，與太常卿崔棁、刑部侍郎呂琦、禮部侍郎張允同詳定正冬朝會禮節、樂章及二舞行列。歷刑部、門下二侍郎。

少帝卽位，拜工部尙書。遷禮部尙書，知貢舉。舊制，進士夜試，繼以三燭。長興二年改令晝試，貞固以晝晷短，難盡士材，奏復夜試。擇士平允，時論稱之。改刑部尙書，出爲潁州團練使。歲餘，復拜刑部尙書。

漢祖入汴，貞固與禮部尙書王松率百官見于滎陽西，漢祖駐駕，勞問久之。初營宗廟，帝以姓自漢出，遂襲國號，尊光武爲始祖，并親廟爲五。詔羣臣議，貞固上言曰：「按王制：『天子七廟，諸侯五，大夫三，士一。』正義曰：『周之制七廟者，太祖及文王、武王之祧與親廟四也。』又曰：『七廟者，據周也。有其人則七，無其人則五。』至光武中興，及魏、晉、宋、齊、隋、唐，或立六廟，或立四廟，蓋建國之始，未盈其數也。禮曰『德厚者流光』，此天子可以祀六世之義也。今陛下大定寰區，重興漢祚，旁求典禮，用正宗祧，伏請立高、曾、祖、禰四親廟。及自古聖王祖有功、宗有德，更立始祖在四廟之外，不拘定數，所以或五廟或七廟。今請尊高皇帝、光武皇帝爲始祖，法文王、武王不遷之制，用歷代六廟之規，庶合典禮。」漢祖從之。論者以天子建國，各從其所起，堯自唐侯，禹生大夏是也。立廟皆祖其有功，商之契，周之后稷，魏之武帝，晉之三廟是也。高祖起於晉陽，而追嗣兩漢，徒以同姓爲遠祖，甚非

其義；貞固又以四親匹庶，上合高、光，失之彌遠矣。但援立親廟可也，餘皆非禮。俄遷吏部尚書。

初，帝與貞固同事晉祖，甚相得。時蘇逢吉、蘇禹珪自霸府僚佐驟居相位，思得舊臣冠首，以貞固持重寡言，有時望，乃拜司空、門下侍郎、平章事、弘文館大學士。貞固少時中蠱，若贅在喉中，常鯁悶。及爲相日，因大吐，有物狀蜥蜴落銀盤中，毒氣衝盤，焚於中衢，臭聞百步外，人皆異之。隱帝卽位，加司徒，改本貫永安鄉爲賢相鄉，班瑞里爲勳貴里。楊邠、史弘肇、王章樹黨恣横，專權凌上，貞固但端莊自持，不能規救。周祖兵起，貞固與蘇逢吉奉隱帝兵次于野，敗。逢吉倉黄自殺，貞固遂詣周祖。周祖稱太后制，委貞固與蘇禹珪、王峻同掌軍國政事。周祖登位，加兼侍中。會以馮道爲首相，改監修國史。俄罷相，守司徒，封沂國公。世宗卽位，以范質爲司徒，貞固遂歸洛陽，輸課役，齒爲編民。貞固不能堪，愬於留守向拱，拱不聽。

宋初，以前三公赴闕陪位，詣范質，求任東宮三少，預朝請，質不爲奏。乃還洛，放曠山水，與布衣輩攜妓載酒以自適。開寶二年病困，自爲墓誌，卒，年七十八。

李濤字信臣，京兆萬年人。唐敬宗子郇王瑋十一世孫。祖鎮，臨濮令。父元，將作監。朱梁革命，元以宗室懼禍，挈濤避地湖南，依馬殷，署濤衡陽令。濤從父兄郁仕梁爲閤門使，上言濤父子旅湖湘，詔殷遣歸京師，補河陽令。

後唐天成初，舉進士甲科，自晉州從事拜監察御史，遷右補闕。宋王從厚鎮鄴，以濤爲魏博觀察判官。歲餘，入爲起居舍人。

晉天福初，改考功員外郎、史館修撰。晉祖幸大梁，張從賓〔三〕以盟津叛，陷洛陽，扼虎牢。故齊王全義子張繼祚者實黨之，晉祖將族其家。濤上疏曰：「全義歷事累朝，頗著功劾。當巢、蔡之亂，京師爲墟，全義手披荆棘，再造都邑，垂五十年，洛民賴之。乞以全義之故，止罪繼祚妻子。」從之。嘗奉詔爲宋州括田使，前雄州刺史袁正辭齎束帛遺濤，以田園爲託，濤表其事，晉祖嘉之。正辭坐降一階，濤遷浚儀令。改比部郎中、鹽判官〔四〕，改刑部郎中。

涇帥張彥澤殺記室張式，奪其妻，式家人詣闕上訴。晉祖以彥澤有軍功，釋其罪。濤伏閤抗疏，請置於法。晉祖召見諭之，濤植笏叩階，聲色俱厲，晉祖怒叱之，濤執笏如初。晉祖曰：「吾與彥澤有誓約，恕其死。」濤厲聲曰：「彥澤私誓，陛下不忍食其言；范延光嘗賜鐵劵，今復安在？」晉祖不能答，卽拂衣起，濤隨之，諫不已。晉祖不得已，召式父鐸、弟守

貞、子希範等皆拜以官，罷彥澤節制。濤歸洛下，賦詩自悼，有「三諫不從歸去來」之句。先是，范延光據鄴叛，晉祖賜鐵券許以不死，終亦不免，故濤引之。晉祖崩，濤坐不赴臨，停。未幾，起爲洛陽令，遷屯田職方郎中、中書舍人。

會契丹入汴，彥澤領突騎入京城，恣行殺害，人皆爲濤危之。濤詣其帳，通刺謁見。彥澤曰：「舍人懼乎？」濤曰：「今日之懼，亦猶足下昔年之懼也。向使先皇聽僕言，寧有今日之事。」彥澤大笑，命酒對酌，濤神氣自若。

漢祖起義至洛，濤自汴奉百官表入對，漢祖問京師財賦，從契丹去後所存幾何，濤具對稱旨，漢祖嘉之。至汴，以爲翰林學士。杜重威據鄴叛，高祖命高行周、慕容彥超討之，二帥不協。濤密疏請親征。高祖覽奏，以濤堪任宰輔，卽拜中書侍郎兼戶部尙書、平章事。隱帝卽位，楊邠、周祖共掌機密，史弘肇握兵柄，與武德使李鄴等中外爭權，互作威福。濤疏請出邠等藩鎭，以淸朝政。隱帝不能決，白于太后，太后召邠等諭之。反爲所構，免相歸第。時中書廚釜鳴者數四，濤晝寢閤中，夢嚴飾廳事，羣吏趨走，云迎新宰相帶諸司使，旣寤，心異之。數日濤罷，以邠爲相兼樞密使。及周祖擧兵，太后倉皇涕泣曰：「不用李濤之言，宜其亡也。」

周初，起爲太子賓客，歷刑部、戶部二尙書。世宗晏駕，爲山陵副使。恭帝卽位，封莒

國公。

宋初，拜兵部尚書。建隆二年，濤被病。有軍校尹勳董浚五丈河，陳留丁壯夜潰，勳擅斬隊長陳琲等十人，丁夫七十人皆杖一百，刵其左耳。濤聞之，力疾草奏，請斬勳以謝百姓。家人謂濤曰：「公久病，宜自愛養，朝廷事且置之。」濤憤言曰：「人孰無死，但我爲兵部尚書，坐視軍校無辜殺人，烏得不奏？」太祖覽奏嘉之，詔削奪勳官爵，配隸許州。濤卒，年六十四，贈右僕射。

濤慷慨有大志，以經綸爲己任。工爲詩，筆札遒媚，性滑稽，善諧謔，亦未嘗忤物，居家以孝友聞。景德三年，其孫惟勤詣闕自陳，詔授許州司士參軍。子承休至尚書水部郎中，承休子仲容。

濤弟澣字日新。幼聰敏，慕王、楊、盧、駱爲文章。後唐長興初，吳越王錢鏐卒，詔兵部侍郎楊凝式撰神道碑，令澣代草，凡萬餘言，文彩遒麗，時輩稱之。秦王從榮召至幕中，從榮敗，勒歸田里。久之，起爲校書郎、集賢校理。晉天福中，拜右拾遺，俄召爲翰林學士。會廢學士院，出爲吏部員外郎，遷禮部郎中、知制誥。復置翰林，遷中書舍人，再爲學士。時濤在西掖，縉紳榮之。

契丹入汴，澣與同職徐台符俱陷塞北。永康王兀欲襲位，置澣宣政殿學士〔三〕。兀欲死，述律立，以其妻族蕭海貞爲幽州節度使。海貞與澣相善，澣乘間諷海貞以南歸之計，海貞納之。

周廣順二年，澣因定州孫方諫密表言契丹衰微之勢，周祖嘉焉，遣諜者田重霸賫詔慰撫，仍命澣通信。澣復表述契丹主幼弱多寵，好擊鞠，大臣離貳，若出師討伐，因與通好，乃其時也，請速行之。屬中原多事，不能用其言。

澣在契丹嘗逃歸，爲其所獲，防禦彌謹。契丹應曆十二年六月卒，時建隆三年也。濤收澣文章編之爲丁年集。澣二子，承確主客郎中，承續職方郎中。

仲容字儀父，舉進士甲科，除大理評事、知三原縣。累擢監察御史，爲殿試進士考官。眞宗問題義，對稱旨，詔試中書，擢左司諫、直史館。天聖中，以起居郎爲知制誥，累遷右諫議大夫。在西掖八年，次當補學士，而不爲宰相張士遜所喜，罷爲給事中、集賢院學士、判史館、司農寺，復知制誥。及石中立、張觀補學士，始以爲翰林侍讀學士。久之，兼龍圖閣學士，至戶部侍郎卒。

仲容性醇易，喜飲酒，不與物忤，與人言，未嘗及勢利。三弟早卒，字其諸孤十餘人如

己子，當世稱其長者。然於吏事非所長。自集制草爲冠鳳集十二卷。

王易簡字國寶，京兆萬年人。性介特寡合。曾祖朏，唐劍州刺史。祖遠，連州刺史。父貫，唐州刺史。易簡少好學，工詩。會僖宗幸蜀，長安兵亂，避地山谷。梁乾化中，邵王友誨鎭陜，易簡舉進士，詣府拔解，友誨贈錢二十萬。明年遂擢第，復隱華山。邠帥韓恭辟觀察支使。府罷，華帥李保衡復辟從事。踰年，尹皓代保衡，易簡仍在幕府。會朱友謙以河中叛歸莊宗，攻華州甚急，城中危懼，咸請築月城以自固。皓恃勇不聽，下令曰：「有敢復言者斬。」易簡固請，乃許。板築始畢，外城果壞，軍民賴之。會夜不能攻，友謙遂遁去。皓卒，易簡歸田里。久之，召爲著作郎，數月棄去。復召爲右拾遺，上書忤旨，出爲鄧州節度推官。

後唐同光中，遣魏王繼岌伐蜀，以宰相郭崇韜爲招討使，辟易簡爲巡官，改魏王都督府記室參軍。明宗卽位，周帥羅周恭辟爲掌書記。府罷，退居華陰，作小隱詩二十首幷序以見志，好事者多傳誦。秦王從榮聞而重之，謂宰相馮道、李愚曰：「易簡有才，豈宜久居外地。」卽召爲祠部員外郎，改水部郎中、知制誥，拜中書舍人。

晉初，賜金紫，判弘文館、史館事。晉祖爲治務求速效，易簡上漸治論以諫之，詔書褒答，以論付史館。及廢翰林學士，易簡兼知內制，又拜御史中丞，歷右丞、吏部侍郎、左丞、判吏部銓。嘗上言：「選門格敕條件具存，藩府官僚習熟者少，凡給文解，未曉規程，以致選人詣都，親求解樣，往來跋涉，重可傷閔，傳寫少差，旋復驗放。乞自今委南曹詳定解樣，兼錄長定格取解條，下諸州，板置州院門，每取解時，準條式遵行。」從之。晉祖在大梁，臺省湫隘，易簡奏舉故事，一歲得光省錢二百萬，繕治省署及造器物，號爲舉職。

周朝諱「簡」，易止名易。廣順初，遷禮部尚書。是冬，合三銓爲一，令易簡權判，俄改刑部尚書。周祖將親郊，命判兵部，會册四廟，命爲副使。周祖晏駕，爲山陵副使。顯德四年，告老，以太子少保致仕，歸鄉里。

宋初，召加少傅。所居華陰，構一鳴堂、二品樓，優游自適。建隆四年四月，無疾卒，年七十九。子景讓，進士及第，至尚書郎。

趙上交，涿州范陽人。本名遠，字上交，避漢祖諱，遂以字稱。祖光鄴，鄂州錄事參軍。父簡章，涿州司馬。上交身長七尺，黑色，美風儀，善談論，負才任氣，爲鄉里所推。

後唐同光中，嘗詣中山干王都。有和少微者亦在都門下，忌之，頗毀訾上交，都遂不爲禮。上交不得志，因南游洛陽，與中官驃騎大將軍馬紹宏善。紹宏領北面轉運制置大使，表爲判官，遷殿中丞。秦王從榮開府兼判軍衞，以上交爲虞部員外郎，充六軍諸衞推官。李澣、張沆、魚崇遠皆白衣在秦府，悉與上交友善。累遷司封郎中，充判官。從榮性豪邁，不遵禮法，好暱羣小。上交從容言曰：「王位尊崇，當修令德以慰民望，王忍爲此，獨不見恭世子、戾太子之事乎？」從榮怒出之，歷涇、秦二鎭州節度判官。從榮及禍，僚屬皆坐斥，上交由是知名。

晉初，召爲左司郎中、度支判官，歷右諫議大夫。會廢翰林學士，以上交爲中書舍人、知內外制，遷刑部侍郎。嘗上言：「伏覩長興中詔書：『州縣官在任詳讞刑獄、昭雪人命者，不限歲月赴選，許令超資注官，仍賜章服。諸道州府給付公驗，躬赴行部投狀〔六〕，隨給優牒，庶絕欺罔，以存激勸。』載詳元詔，止言州縣，未該內外職司。乞自今但能雪活寃獄，不限中外官，並加旌賞。諸道州縣委長吏抄案以聞。俟本人考滿，卽詣刑部投狀，毋得隔越年歲，庶使內外同律。」詔從之。俄遷戶部侍郎，拜御史中丞，彈舉無所阿避。

契丹入汴，立明宗幼子許王從益爲帝，以禮部尚書王崧爲左丞相，上交爲右丞相。契丹去，上交請去僞號，稱梁王。漢祖將至，從益遣上交馳表獻款，授檢校禮部尚書、太僕卿，

遷秘書監。周祖監國，命太師馮道迎湘陰公于徐州，以上交副之。廣順初，拜禮部侍郎。會將試貢士，上交申明條制，頗爲精密，始復糊名考校。擢扈載甲科，及取梁周翰、董淳之流，時稱得士。轉戶部侍郎。明年再知舉，謗議紛然。時樞密使王峻用事，常薦童子，上交拒之。峻怒，奏上交選士失實，貶商州司馬，朝議以爲太重，會峻貶乃止，但坐所取士李觀、侯璨賦落韻，改太子詹事。

顯德初，遷賓客。二年，拜吏部侍郎，多請告不朝，時出游別墅。世宗因問陶穀曰：「上交豈衰老乎？」穀對曰：「上交昔掌貢舉，放鬻市家子李觀及第，受所獻名園，多植花卉，優游自適。」世宗怒，免其官。

宋初，起爲尙書右丞。建隆二年正月，卒，年六十七。上交所蒞官以幹聞，當時稱有公輔器。尤好吟詠，有集二十卷，張昭爲序。

子囑字可畏。七歲喪母，過哀。十二能屬文，與兄唆同舉進士，未成名而兄夭，遂以蔭補千牛備身，歷秘書郎、殿中丞、著作郎。卒，年二十六。有集十卷，太宗嘗取以入內。

張錫，福州閩縣人。梁末，劉君鐸任棣州刺史，辟爲軍事判官。棣爲鄆之屬郡，郡有麴務，鄆以牙將主之，頗橫恣，民有犯麴三斤，牙將欲置于死，君鐸力不能救。旣而牙將盜麥百斛私造麴，事覺，錫判曰：「麴犯三斤，求生不克，麥盜百斛，免死誠難。」時郡吏以使府牙將乞免，錫不允，固置于法。

同光末，趙在禮舉兵於鄴，瀕河諸州多構亂，錫權知州事，卽出省錢賞軍，皆大悅，一郡獨全，棣人賴之。後爲淄川令，不畏強禦，專務愛民，刺史有所徵，不答，由是銜之。及代，白其事於宰相馮道。道知錫介直，卽奏召爲監察御史，出爲陝、虢觀察判官。晉開運二年，拜右補闕，歷起居郎、刑部員外郎、開封府判官、浚儀令、司門駕部二郎中，並以淸節聞。周顯德中，以老疾求解官，授右諫議大夫致政。

宋初，改給事中。錫無子，宰相范質嘗兄事之，館於別墅。錫以執政之門，不欲久處，往依鄉人鄧州觀察判官黃保緖。建隆二年六月，卒于穰下。

張鑄字司化，河南洛陽人。性淸介，不事生產。曾祖居卿，祖禓，父文蔚，在唐俱舉進士。禓至翰林學士承旨、天平軍節度、檢校吏部尙書。文蔚，中書侍郎、平章事，五代史有傳。

鑄，梁貞明三年舉進士，補福昌衞〔七〕、集賢校理，拜監察御史，遷殿侍御史。仕後唐，歷起居郎、金部員外郎，賜緋，改右司員外郎。

明宗初，轉金部郎中，賜金紫。嘗上言曰：「國家以務農爲本，守令以勸課爲先，廣闢田疇，用資倉廩。竊見所在鄉村浮戶，方事墾闢，甫成生計，種田未至二頃，植木未及十年，縣司以定色役，民畏責斂，捨之而去，殊乖撫恤之方，徒設招攜之令。望令諸州應有荒田縱民墾蒔，俟及五頃已上，三年外始聽差科。」從之。使兩浙還，遷考功郎中。

晉天福初，福州王延羲奉表稱藩，遣鑄持節册爲閩國王。少帝卽位，改河南令。開運二年，召爲太常少卿，避曾祖諱不拜，改秘書少監、判太常寺事。踰年，轉右庶子，分司西京。周廣順初，入爲左諫議大夫、給事中，使朗州。顯德三年，授檢校禮部尙書、光祿卿，又以祖名請避，改秘書監、判光祿寺。宋初，加檢校刑部尙書。建隆四年，卒，年七十三。

鑄美姿儀，善筆札，老能燈下細書如蠅頭。由晉以來，天地、宗廟及上徽號、封拜王公册文，皆詔鑄書之。及卒，身無兼衣，家人鬻其服馬、園圃，得錢十萬以葬。

邊歸讜字安正，幽州薊人，父退思，檀州刺史。歸讜弱冠以儒學名。後唐末，客遊幷、邠。晉祖鎭太原，召置門下，表爲河東節度推官、試秘書省校書郎，改太原府推官、試大理評事。

天福初，拜監察御史。歷殿中侍御史、禮部員外郎，充戶部判官。遷水部郎中，賜金紫，拜比部郎中、知制誥。歷右諫議大夫、給事中。嘗上言：「使臣經過州縣，券料外妄自徵需，以豐僕從，多索人驢，用遞行李。挾命爲勢，凌下作威，供億稍遲，卽加鞭箠，吏民受辱，寧免怨嗟。欲望察訪得情，嚴示懲戒。」從之。俄遷右散騎常侍。

漢初，歷禮部、刑部二侍郎。時史弘肇怙權專殺，閭里告訐成風。歸讜言曰：「邇來有匿名書及言風聞事，構害善良，有傷風化，遂使貪吏得以報復私怨，讒夫得以肆其虛誕。請明行條制，禁遏誣罔。凡顯有披論，具陳姓名。其匿名書及風聞事者並望止絕。」論者韙之。

周廣順初，遷兵部、戶部二侍郎。世宗聞其亮直，擢爲尙書右丞、樞密直學士，以備顧問。就轉左丞，世宗以累朝以來憲綱不振，命爲御史中丞。

歸讜雖號廉直，而性剛介，言多忤物。顯德三年冬，大宴廣德殿，歸讜酒酣，揚袂言曰：「至於一杯而已。」世宗命黃門扶出之。歸讜回顧曰：「陛下何不決殺趙守微。」守微者，本村民，因獻策擢拾遺，有妻復娶，又言涉指斥，坐決杖配流，故歸讜語及之。翌日，伏閤請

罪，詔釋之，仍於閤門復飲數爵，以愧其心。五年秋，歸讜與百官班廣德殿門外，忽厲聲聞於帝，詔奪一季奉。

宋初，遷刑部尚書。建隆三年，告老，拜戶部尚書致仕。乾德二年，卒，年五十七。子定，雍熙二年進士及第。

劉温叟字永齡，河南洛陽人。性重厚方正，動遵禮法。唐武德功臣政會之後。叔祖崇望，相昭宗。父岳，後唐太常卿。温叟七歲能屬文，善楷隸。岳時退居洛中，語家人曰：「吾兒風骨秀異，所未知者壽耳。今世難未息，得與老夫皆爲温、洛之叟足矣。」故名之温叟。以蔭補國子四門助教，河南府文學。清泰中，爲左拾遺、內供奉。以母老乞歸就養，改監察御史，分司。時臺署廢弛，温叟作新之。未幾，召爲右補闕。

晉初，王松權知青州，表爲判官，加朝散階。入爲主客員外郎。少帝領開封尹，奏爲巡官，命典文翰，又改廣晉府巡官。少帝卽位，拜刑部郎中，賜金紫。改都官郎中，充翰林學士。初，岳仕後唐，嘗居內署，至是温叟復居斯任，時人榮之。温叟既受命，歸爲母壽，候立堂下。須臾聞樂聲，兩青衣舉箱出庭，奉紫袍、兼衣，母命捲簾見温叟曰：「此卽爾父在禁中

日內庫所賜者。」溫叟拜受泣下，退開影堂列祭，以文告之。母感愴累日，不忍見溫叟。歲滿，加知制誥。

契丹入汴，溫叟懼，隨契丹北遷，與承旨張允共上表求解職。契丹主怒，欲出允等爲縣令。趙延壽曰：「若學士才不稱職求解者，守本官可也，不可加貶出。」遂得罷職出院。漢祖南下，溫叟自洛從至鄭州，稱疾不行。及入汴，溫叟久之方至，授駕部郎中。

周初，拜左諫議大夫，踰年，改中書舍人，加史館修撰，判館事。顯德初，遷禮部侍郎、知貢舉，得進士十六人。有譖于帝者，帝怒，黜十二人，左遷太子詹事。溫叟實無私，後數年，其被黜者相繼登第。溫叟與張昭同修漢隱帝及周祖實錄，恭帝卽位，遷工部侍郎兼判國子祭酒事。

宋初，改刑部。建隆九年〔八〕，拜御史中丞。丁內艱，退居西洛，旋復本官。三年，兼判吏部銓。因上言曰：「伏見兩京百司，漸乏舊人，多隳故事。雖檢閱具存於往册，而舉行須在於攸司。蓋因年限得官，歸司者例與減選；多集赴調，授任者尋又出京。兼有裁滿初官，不還舊局，但稱前資，用圖免役。又有嘗因停任，切欲歸司，而元敕不該，無由復職。遂使在司者失於敎習，歷事者難於追還。伏望自今諸司職掌，除官勒留及歸司者，如理減外欠三選以下，仍須在司執行公事，及三十月卽許赴集；如理減外欠三選以上〔九〕，及在官不成

資考者，卽准元敕處分。若在任停官及在司停職者，經恩後於刑部出給雪牒，却勒歸司，如無闕員，卽令守闕，餘依敕格處分。」

一日晚歸由闕前，太祖方與中黃門數人偶登明德門西闕，前騶者潛知之，以白溫叟。溫叟令傳呼如常過闕。翌日請對，具言：「人主非時登樓，則近制咸望恩宥，輦下諸軍亦希賞給。臣所以呵導而過者，欲示衆以陛下非時不御樓也。」太祖善之。憲府舊例，月賞公用茶，中丞受錢一萬，公用不足則以贓罰物充。溫叟惡其名不取。任臺丞十二年，屢求代。太祖難其人，不允。開寶四年被疾，太祖知其貧，就賜器幣，數月卒，年六十三。

溫叟事繼母以孝聞，雖盛暑非冠帶不敢見。五代以來，言執禮者惟溫叟焉。立朝有德望，精賞鑒，門生中尤器楊徽之、趙鄰幾，後皆爲名士。范杲幼時，嘗以文贄溫叟，大加稱獎，以女妻之。

太宗在晉邸，聞其清介，遣吏遺錢五百千，溫叟受之，貯廳西舍中，令府吏封署而去。明年重午，又遣角黍、執扇〔一〇〕，所遣吏卽送錢者，視西舍封識宛然，還以白太宗。太宗曰：「我錢尙不用，況他人乎？昔日納之，是不欲拒我也；今周歲不啓封，其苦節愈見。」命吏輦歸邸。是秋，太宗侍宴後苑，因論當世名節士，具道溫叟前事，太祖再三賞歎。

雍熙初，子炤罷徐州觀察推官待選，以貧詣登聞求注官。及引對，太宗問誰氏子，炤以溫叟對。太宗愀然，召宰相語其事，且言當今大臣罕有其比。因問：「炤當得何官？」宰相言：「免選以爲厚恩。」帝曰：「其父有清操，錄其子登朝，庶足示勸。」擢炤太子右贊善大夫，歷判三司理欠、憑由司，江南轉運司，入朝爲司封郎中。炳、燁並進士及第。

燁字耀卿，進士及第。積官秘書省著作郎。知龍門縣，羣盜殺人，燁捕得之，將械送府，恐道亡去，皆斬之。衆服其果。通判益州，召還，時王曙治蜀，或言其政苛暴。眞宗問：「曙治狀與淩策孰愈？」燁曰：「策在蜀，歲豐事簡，故得以寛假民。比歲小歉，盜賊竊發，非誅殺不能禁。然曙所行，亦未嘗出陛下法外。」帝善之。

天禧元年，始置諫官〔三〕。帝謂宰相曰：「諫官御史，當識朝廷大體。」於是以燁爲右正言。會歲荐饑，河決滑州，大興力役，饑殍相望。燁請策免宰相，以應天變。都城東南有泉出，民爭傳可以已疾，詔卽其地建祥源觀。燁言其詭妄不經，且亢旱，不可興土木以營不急；又請罷提點刑獄，禁民棄父母事佛老者。皆不報。

表請補外，帝以燁屢言事，乃以判三司戶部勾院，出安撫京西。還，直集賢院，同修起居注，遷右司諫。以尚書工部員外郎兼侍御史知雜事，權判吏部流內銓。請京朝官遭父母

憂，官司毋得奏留，故事當起復者如舊。因詔益、梓、利、夔路長吏，仍舊奏裁，餘乞免持服者論其罪。改三司戶部副使，擢龍圖閣待制，提舉諸司庫務，權發遣開封府事。累遷刑部郎中、龍圖閣直學士、知河南府，徙河中府，卒。

初，王曙坐寇準貶官，在朝無敢往見者。燁歎曰：「友朋之義，獨不行於今歟？」往餞之，經宿而還。嘗善河中處士李瀆，瀆死，爲陳其高行，詔以著作郎贈之。

唐末五代亂，衣冠舊族多離去鄉里，或爵命中絕而世系無所考。惟劉氏自十二代祖北齊中書侍郎環儁以下，仕者相繼，而世牒具存焉。子几。

几字伯壽，以燁任爲將作監主簿。生而豪儁，長折節讀書，第進士。從范仲淹辟，通判邠州。邠地鹵，民病遠汲，几浚渠引水注城中。役興，客曰：「自郭汾陽城此州，苟外水可釃，何待今日？無爲虛費勞人也！」几不答。未幾，水果至，鑿五池于通逵，民大便利。

孫沔薦其才堪將帥，換如京使、知寧州。俗喜巫，軍校仗妖法結其徒，亂有日。几使他兵伏壘門以伺，夜半盡禽之。加本路兵馬鈐轄，知邠州。

儂智高犯嶺南，几上書願自效，以爲廣東、西捉殺。道聞蔣偕、張忠戰沒，疾馳至長沙，

見狄青曰：「賊若退守巢穴，瘴毒方興，當班師以俟再舉。若恃勝求戰，此成擒耳。」賊果悉衆來，大戰于歸仁鋪。前鋒孫節死，几以右軍搏鬥，自辰至巳，勝負未決。几言於青，出勁騎五千，張左右翼擣其中堅，賊駭潰。

進皇城使、知涇州。陛見，辭以母老，丐復文階歸養。仁宗諭之曰：「涇，內地也，將母莫便焉。」命特賜冠帔。領循州刺史，遷西上閤門使，再歸郎中班。曾公亮薦之，復以嘉州團練使爲太原、涇原路總管。

夏人寇周家堡，轉運使陳述古攝渭帥，几移文索援兵，不聽，率諸將偕請，又不聽，乃趣以手書。述古怒，移几爲鳳翔，且劾生事。朝廷以總管非轉運使所得徙置，遣御史出按，述古黜，几亦改鄜州。召判三班院。邊吏告夏人趨大順，英宗問几。几曰：「大順天險，非夏人可得近，正恐與趙明爲讎爾。」帝曰：「明之子奔馬入城，幾爲所掩，卿料敵一何神也。」以爲秦鳳總管。

神宗卽位，轉四方館使、知保州，治狀爲河北第一。踰六年，卽請老，還爲秘書監致仕。元豐三年，祀明堂，大臣言几知音，詔詣太常定雅樂。几曰：「古樂備四淸聲，沿五季亂離廢，請增之。」樂成，予一子官。

几得謝二十年，放曠嵩、少間，遇唐末異人靖長官者得養生訣，故益老不衰。間與人語

邊事，謂張耒曰：「比見詔書禁邊吏夜飮。此曹一旦有急，將使輸其肝腦，而平日禁其爲樂，爲今役者不亦難乎？夫椎牛釃酒，豐犒而休養之，非欲以醉飽爲德，所以增士氣也。」耒敬識其語。再加通議大夫，卒，年八十一。

几篤於風義，推父遺恩官從兄，已得任子，必先兄弟子之孤者。其議樂律最善，以爲：「律主於人聲，不以尺度求合。古今異時，聲亦隨變，猶以古冠服加於今人，安得而稱。儒者泥古，致詳於形名度數間，而不知淸濁輕重之用，故求於器雖合，而考於聲則不諧。」嘗游佛寺，聞鐘聲，曰：「聲澌而悲，主者且不利。」是夕，主僧死。在保州，聞角聲，曰：「宮徵而商離，至秋，守臣憂之。」及期，几遇疾。然所學頗雜鄭、衞云。

劉濤字德潤，徐州彭城人，後唐天成中，舉進士，釋褐爲鳳翔掌書記，拜右拾遺，賜緋。時太常丞史在德上章，詞理鄙俗，仍犯廟諱。濤上言請正其罪，雖不允，時論是之。出爲山南東道節度判官，召爲左補闕，遷起居舍人。

晉天福初，改司勳員外郎、史館修撰，遷工部郎中，賜金紫。歷度支、職方二郎中，掌左藏庫。時少帝奢侈，常以銀易金，廣其器皿。李崧判三司，令上庫金之數。及崧以元簿較

之，少數千鎰。崧責曰：「帑庫通式，一日不受虛數，毫氂則有重典。」濤曰：「帑司常有報不盡數，以備宣索。」崧令有司劾濤，濤事迫，以情告樞密使桑維翰，乃止罰一月奉。漢初，宰相蘇禹珪薦爲中書舍人。

周廣順中，坐令子監察御史項代草誥命，左遷少府少監，分司西京；項亦貶復州司戶。顯德初，就改太常少卿，俄拜右諫議大夫。四年，再知貢舉。樞密使王朴嘗薦童子劉譜於濤，濤不納，朴銜之。時世宗南征在迎鑾，濤引新及第人赴行在。朴時留守上都，飛章言濤取士不精。世宗命翰林學士李昉覆試，出者七人。濤坐責授太子右贊善大夫。恭帝卽位，遷右詹事。濤性剛毅不撓，素與宰相范質不協，常鬱鬱不得志，遂退居洛陽之淸化里，杜門以書史自娛。

太祖素知濤履行，開寶二年召赴闕，以老病求退，授秘書監致仕。年七十二卒。淸泰初，中書舍人盧導受詔主文，將鎖宿，濤力薦薛居正，以爲文章器業必至台輔，導取之，後果爲相。世稱其知人。

項子晟，晟子訥、譚，並進士及第。晟至屯田員外郎，訥爲殿中侍御史。

邊光範字子儀，幷州陽曲人。性謙退和雅，有吏材。父仁嗣，忠武軍節度副使。光範，後唐天成二年，起家楡次令，召爲殿中丞，賜緋。長興四年，改太常丞。丁內艱。晉天福初，服闋，授檢校戶部員外郎、北京留守判官兼侍御史。二年，拜太府少卿。上書曰：「臣聞唐太宗有言：『朕居深宮之中，視聽不能及遠，所委者惟都督、刺史。』則知此官實繫治亂，必須得人。今則刺史或因緣世祿，或貢奉家財，或徼立軍功，或但循官序。實恐撫民無術，御吏無方，以此牧民，而民受其賜鮮矣。望選能吏以蘇民瘼，用致升平。」奏入，留中不出。俄爲冊秦王李從曮副使。張從恩以外戚爲河南尹，奏授判官。遷秘書監兼御史中丞，入拜大理少卿。

少帝尹京，改衞尉少卿，充開封府判官，又改光祿少卿，廣晉府判官，賜金紫。少帝卽位，拜右諫議大夫，權知開封府事，遷給事中。會蝗災，遣使亳州括借軍糧，稱爲平允。時與契丹失歡，河朔連兵，命光範出使修好。會契丹復南入，光範行至趙州，召還。開運元年，權知鄭州，拜左散騎常侍。二年，入爲樞密直學士。少帝以光範藩邸舊僚，待遇尤厚。因遊宴，見光範位翰林學士下，卽日拜尙書禮部侍郎、知制誥，充翰林學士，仍直樞密院。

漢初，改檢校刑部尙書、衞尉卿。上言：「伏見朝廷除刺史，不限年月，或未及期年，又聞除代。往來跋涉，豈暇撫懷。望愼選良牧，立定年限，以責緝綏之効。」疏入，不報。乾祐

二年，連使宋州虞城、汝州襄城，按視民田之傷稼者。是冬，爲吳越加恩使。周廣順初，出知陳州，遷秘書監，俄召拜御史中丞，賜襲衣、銀器、繒綵、鞍勒馬，復爲禮部侍郎。時禮部侍郎於貢部或掌或否，光範拜官，將及秋試，乃言於執政曰：「單門偶進，何言名第。若他曹公事，光範不敢辭；若處文衡，校閱名賢，品藻優劣，非下走所能。」執政曰：「公晉末爲翰林、樞密直學士，勿避事也。」及期，光範辭疾不出，乃以翰林學士承旨徐台符掌之，時論多其自知。

世宗卽位，改刑部侍郎、權知開封府，俄遷戶部。顯德三年，命往大名檢民田。五年，遣使普均租稅，光範詣宋州。時韓通掌禁兵，領宋師修汴堤，訪郡民，皆言光範均平之狀，乃具以聞，世宗嘉之。

宋初，征澤、潞，命光範爲前軍轉運，計度鄭、洛、汝、孟、懷芻糧。秋，拜太常卿。時張昭爲吏部尙書，朝議以其耆老，令光範簽判選事。

建隆四年，襄州節度慕容延釗征湖南，以光範權知州事，路當衝會，餉饋無闕。是冬郊祀，召還。會延釗卒，復知襄州。大軍數萬由陝路討蜀，出漢上，光範復當供億，人不知勞。嘗擧本鎭判官李檝爲殿中侍御史，檝後坐事除籍，光範左遷太子賓客，仍知襄州。

五年，兼橋道使，朝廷遣使督治道，常六七輩，一使所調發民皆數百人，吏緣爲姦，多私

取民課，所發不充數，而道益不修。光範計其工，以州卒代民，官給器用，役不淹久，人以無擾。詔書褒美。開寶四年，復判吏部銓曹。御史中丞劉温叟卒，以光範判御史臺事，數月，眞拜中丞。六年，以疾解銓曹任。卒，年七十三。

光範性至孝，謙退和易，雅有吏幹。母病疽，光範嘗吮之。景德中，錄其孫易從同學究出身。

劉載字德輿，涿州范陽人。唐盧龍節度濟之六世孫。父昭，下蔡令。載，後唐淸泰中舉進士。晉初，解褐校書郎，遷著作佐郎，賜緋，拜左拾遺、集賢殿直學士。漢初，爲殿中侍御史，丁內艱，服闋，復拜舊官。判西京留臺，改倉部員外郎。嘗著五論，曰爲君、爲相、爲將、去讒、納諫，頗爲文士所稱。

周世宗初，擢知制誥。顯德三年，拜右諫議大夫，與右拾遺鄭起、尙書博士李寧同校道書。遷給事中，使許州定田租。俄賜金紫，爲魏王符彥卿加恩國信使。

宋初，浚五丈河，自陳橋達曹州之西境，命護其役。建隆四年，貝州節度使張光翰來朝，遣載權知州事。光翰歸鎭，載還，知貢舉。乾德初，掌建安榷貨務。六年，就爲江南國

主生辰使，召還，令知鎭州。

開寶四年，坐與何繼筠不協，改山南東道行軍司馬。十年不召，嘗受詔權點檢州事。太平興國初，復入爲給事中。三年，出知襄州，六年，代還。告老，改工部侍郎致仕，乃賜一子出身。八年，卒，年七十一。

載尤好學，博通史傳，善屬文。嘗受詔撰明憲皇后謚册文，又作弔戰國賦萬餘言行於世。雅信釋典，敦尚名節。

子宗言，至比部郎中。宗望，景德二年進士及第。大中祥符四年，其孫介以載文集來獻，以爲試將作主簿。

程羽字沖遠，深州陸澤人。少好學，能屬文。晉天福中，擢進士第，授陽穀主簿。歷虞鄉、醴泉、新都令，皆有政績。開寶中，選爲兩使判官，入對，太祖詢以時事，敷奏稱旨，擢著作郎，出知興州。踰年，改知興元府。八年，詔歸闕，以本官領開封府判官。

羽性淳厚，蒞事恪謹。時太宗尹京，頗以長者待之。及卽位，拜給事中，知開封府。未幾，出知成都府，爲政寬簡，蜀人便之。入朝，拜禮部侍郎。上欲優以淸職。故事，端明殿

設學士二員，居翰林學士上，專備顧問，馮道、趙鳳始居是職，累朝因之。及是，卽殿名以羽爲文明殿學士，位在樞密副使下，且卽泰寧坊營第以賜之。

太平興國五年，典試貢士，御試得人居多。六年，以老疾求解職，拜兵部侍郎，未幾致仕，仍給全奉。雍熙元年，卒，年七十二。贈禮部尙書。

子希振，以蔭至尙書虞部員外郎。大中祥符元年卒。其子遹，賜同學究出身。從孫琳，別傳。

論曰：五季爲國，不四、三傳輒易姓，其臣子視事君猶傭者焉，主易則他役，習以爲常。故唐方滅卽北面于晉，漢甫稱禪已相率下拜于周矣。君子傷之，此雜臣傳所繇立也。李穀、邊歸讜、竇貞固、李濤輩，或在廟堂，或侍帷幄，世主之所寵任，社稷之所倚賴，而更事異姓，不能以名節生死，倫義廢矣。且穀以籌策自名，乃不能料藝祖有容人之量，及受李筠餽遺，懼其見殺，遂以憂死，又何繆耶？嗚呼，魏范粲、齊顏見遠，宜見褒於前史也。

校勘記

〔一〕忠武軍節度王彥超副之　「超」字原脫，據本書卷二五五本傳、舊五代史卷一一五周世宗紀、通

鑑卷二九二補。

〔二〕鳳翔　原作「鳳陽」，據東都事略卷二一昝居潤傳改。

〔三〕張從賓　原作「張從賞」，據舊五代史卷九七本傳、通鑑卷二八一改。

〔四〕鹽判官　據本書卷一六二職官志，宋承前代設三司之職，包括鹽鐵、度支、戶部三部。職官分紀卷一三說：「國朝初承舊制，三司每部置判官一員。」可見當時鹽鐵合爲一部，「鹽」下應有一「鐵」字。

〔五〕宣政殿學士　「殿」字原置「學士」下，據遼史卷六穆宗紀乙正。通鑑卷二九〇作「勤政殿學士」。

〔六〕躬赴行部投狀　據文義和下文「卽詣刑部投狀」，疑「行」當作「刑」。

〔七〕補福昌衞　按唐、五代、宋的縣官，都無縣衞之名，「衞」、「尉」音近，疑當作「補福昌尉」。

〔八〕建隆九年　按建隆無九年，東都事略卷三〇劉溫叟傳作「建隆初」；長編卷三，建隆三年四月，劉溫叟已以御史中丞繫銜上疏。疑「九」爲「元」字之誤。

〔九〕如理減外欠三選以上　「減」原作「選」。按上文有「理減外欠三選以下」語，按文義此處應作「理減外欠三選以上」；長編卷三所載正如此。據改。

〔一〇〕執扇　長編卷一二作「紈扇」，疑以「紈扇」爲是。

〔一一〕天禧元年始置諫官　「諫官」原作「監官」。據下文和河南先生文集卷一三劉燁墓表、長編卷八九、東都事略卷三〇劉燁傳改。

宋史卷二百六十三

列傳第二十二

張昭　竇儀弟儼　偁　呂餘慶　劉熙古子蒙正　蒙叟
石熙載子中立　李穆弟肅

張昭字潛夫，本名昭遠，避漢祖諱，止稱昭。自言漢常山王耳之後，世居濮州范縣。祖楚平，壽張令。楚平生直，卽昭父也。初，楚平赴調長安，値巢寇亂，不知所終。直幼避地河朔，旣冠，以父失所在，時盜賊蠭起，道路榛梗，乃自秦抵蜀，徒行丐食，求父所在，積十年不能得。乃發哀行服，躬耕海濱。靑州王師範開學館，延置儒士，再以書幣招直，署賓職。師範降梁，直脫難北歸，以周易、春秋教授，學者自遠而至，時號逍遙先生。

昭始七歲，能誦古樂府、詠史詩百餘篇；未冠，徧讀九經，盡通其義。處儕類中，緩步闊視，以爲馬、鄭不己若也。後至贊皇，遇程生者，專史學，以爲專究經旨，不通今古，率多

拘滯，繁而寡要；若極談王霸，經緯治亂，非史不可。因出班、范漢書十餘義商榷，乃授昭荀紀、國志等，後又盡得十三代史，五七年間，能馳騁上下數千百年事。又注十代興亡論。處亂世，躬耕負米以養親。

後唐莊宗入魏，河朔游士，多自效軍門，昭因至魏，攜文數十軸謁興唐尹張憲。憲家富文籍，每與昭燕語，講論經史要事，恨相見之晚，卽署府推官。同光初，奏授眞秩，加監察御史裏行。憲爲北京留守，昭亦從至晉陽。莊宗及難，聞鄴中兵士推戴明宗，憲部將符彥超合戍兵將應之。昭謂憲曰：「得無奉表勸進爲自安之計乎？」憲曰：「我本書生，見知主上，位至保釐，乃布衣之極。苟靦顏求生，何面目見主於地下？」昭曰：「此古人之志也，公能行之，死且不朽矣。」相泣而去，憲遂死之，時論重昭能成憲之節。

時有害昭者，昭曰：「明誠所至，期不再生，主辱臣亡，死而無悔。」衆執以送彥超，彥超曰：「推官正人，無得害之。」又逼昭爲牓安撫軍民。事寧，以昭爲北京留守推官，加殿中侍御史、內供奉官，賜緋。天成三年，改安義軍節度掌書記。

時以武皇、莊宗實錄未修，詔定國軍節度盧質、西川節度副使何瓚、祕書監韓彥輝纘錄事迹。瓚上言：「昭有史材，嘗私撰同光實錄十二卷，又聞其欲撰三祖志，幷藏昭宗朝賜武皇制詔九十餘篇，請以昭所撰送史館。」拜昭爲左補闕、史館修撰，委之撰錄。昭以懿祖、獻

祖、太祖並不踐帝位，仍補爲紀年錄二十卷，又撰莊宗實錄三十卷上之。優詔褒美，遷都官員外郎。

時皇子競尚奢侈，昭疏諫曰：

帝王之子，長於深宮，安於逸樂，紛華之玩，絲竹之音，日接於耳目，不與驕期而驕自至。儻非天資英敏，識本淸明，以此蕩心，焉能無惑。苟不豫爲教道，何以置之盤牙？臣見先帝時，皇子、皇弟盡喜無稽玩物之言，厭聞致治經邦之論，入則務飾姬姜，出則廣增僕馬；親賓滿坐，食客盈門，箴規者少，諂諛者多。以此而欲託以主鬯，不亦難乎？臣請諸皇子各置師傅，陛下令皇子屈身師事之，講論道德。使一日之中，止記一事，一歲之內，所記漸多，每月終，令師傅具錄聞奏。或皇子上謁之時，陛下更令侍臣面問，十中得五，爲益良多，博識安危之理，深知成敗之由。

臣又聞古之人君，卽位而封太子、拜諸王，究其所由，蓋有深旨。使庶不亂嫡，疏不間親，禮秩有常，邪慝不作。近代人君，失於此道，以至邦家構患，釁隙萌生。昔隋祖聰明，煬帝亦傾楊勇；太宗齊聖，魏王終覆承乾。臣每讀古書，深悲其事。願於聖代，杜此厲階。其於卜貳封宗，在臣未敢輕議。臣請諸皇子於恩澤賜與之間，婚姻省侍之際，依嫡庶而爲禮秩，據親疏而定節文，示以等威，絕其徼幸，保宗之道，莫大於

斯。

明宗覽疏而不能用。

四年，上武皇以來功臣列傳三十卷，以本官知制誥。明宗好畋獵，昭疏諫曰：

太祖初鎭太原，每年打鹿於北鄙；先帝在位，暇日射鴈於近郊。此蓋軍務之餘，畋遊自適。洎先帝膺圖啓祚，嚮明御宇，則宜易彼諸侯之事，肅乎萬乘之儀。而猶因習舊風，失其威重，馳逐原獸，殆無虛日。

臣愚以爲事有可畏者四焉。洛都舊制，宮城與禁苑相連，人君宴遊，不離苑囿，御馬來往，輦路坦夷，不涉荒郊，何憂蹶失。今則驅馳騁服，涉歷榛蕪，此後節氣嚴凝，徑塗凍滑，萬一有銜橛之變，陛下縱自輕，奈宗廟社稷何？所可畏者一也。又陛下新有四海，宜以德服萬邦。今則江、嶺未平，淮夷尙梗，彼初聞陛下革先朝之失政，還太古之淳風，御物以慈，節財以儉，有典有則，不矜不驕，彼必有三苗率服之心，七旬來格之意。如聞陛下暫遊近甸，彼卽以爲復好畋遊。所可畏者二也。臣又聞「作法於涼，其弊猶貪，作法於貪，弊將如何？」且打鹿射鴈之事新，敗軌傾輈之轍在，常宜取鑒，不可因循。所可畏者三也。臣又聞「作事可法，貽厥孫謀」。若以陛下齊聖廣淵之機，聰明神武之量，其可以宴遊蒐狩之事，少累聖明，所謂「城中好廣眉，城外加半額」，爲法之

弊，靡不由茲。所可畏者四也。

伏望陛下居高慮遠，愼始圖終，思創業之艱難，知守成之不易，念老氏馳騁之戒，樹文王忠厚之基，約三驅之舊章，定四時之遊幸。始出有節，後不敢違。

疏奏，明宗嘉納之。

長興二年，丁內艱，賻絹布五十匹，米麥五十石。昭性至孝，明宗聞其居喪哀毀，復賜以錢幣。服除，改職方員外郎、知制誥，充史館修撰。上言乞復本朝故事，置觀察使察民疾苦，御史彈事，諫官月給諫紙。並從之。又奏請勸農耕及置常平倉等數事。明宗方務聽納，昭復上疏曰：「臣聞『安不忘危，治不忘亂』者，先儒之丕訓；『靡不有初，鮮克有終』者，前經之至戒。究觀列辟，莫不以驕矜怠惰，有虧盛德。恭惟太宗貞觀之初，玄宗開元之際，焦勞庶政，以致太平。及國富兵消，年高志逸，乃忽守約之道，或貽執簡之譏。陛下以慈儉化天下，以禮法檢臣隣，絀姦邪之黨，延正直之論，務遵純儉，以節浮費，信賞必罰，至公無私。其創業垂統之規，如貞觀、開元之始，然陛下有始有終，無荒無怠。臣又伏念保邦之道，有八審焉，願爲陛下陳之：夫委任審於材器，聽受審於忠邪，出令審於煩苛，興師審於德力，賞罰審於喜怒，毀譽審於愛憎，議論審於賢愚，嬖寵審於姦佞。推是八審，以決萬機，庶可以臻至治。」明宗覽之稱善。

清泰初，改駕部郎中、知制誥，撰皇后册文，遷中書舍人，賜金紫。二年，加判史館兼點閱三館書籍，校正添補。預修明宗實錄，成三十卷以獻。三年，遷禮部侍郎，改御史中丞。

晉天福初，從幸汴州。昭請創宮闕名額及振舉朝綱、條疏百司廨舍。二年，改戶部侍郎，宰相桑維翰薦爲翰林學士。內署故事，以先後入爲次，不繫官序。特詔昭立位次承旨崔梲。晉祖嘗幸內署，與昭語及并、魏舊事，甚重之，錫賚頗厚。直以昭故，授著作佐郎致仕，至是卒。歸西洛，賻賜加等。五年，服闋，召爲戶部侍郎。以唐史未成，詔與呂琦、崔梲等續成之，別置史院，命昭兼判院事。昭又撰唐朝君臣正論二十五卷上之。改兵部侍郎。八年，遷吏部，判東銓，兼史館修撰、判館事。開運二年秋，唐書成二百卷，加金紫階，進爵邑。三年，拜尙書右丞，判流內銓，權知貢舉。

漢初，復爲吏部侍郎。時追尊六廟，定謚號、樂章、舞曲，命昭權判太常卿事，月餘卽眞。乾祐二年，加檢校禮部尙書。少帝年十九，猶有童心，昵比羣小。昭上言請聽政之暇，數召儒臣講論經義。

周廣順初，拜戶部尙書。子秉陽，爲陽翟主簿，抵罪，昭自以失教，奉表引咎，左遷太子賓客。歲餘，復舊官。嘗奏請興制舉，設賢良方正能直言極諫、經學優深可爲師法、詳閑吏治達於教化三科，職官、士流、黃衣、草澤並許應詔。諸州依貢舉體式，量試策論三道，共以

三千字以上爲準，考其文理俱優，解送尚書吏部，其登朝之官亦聽自舉。從之。

顯德元年，遷兵部尚書。世宗以昭舊德，甚重焉。二年，表求致仕，優詔不允，促其入謁。嘗詔撰制旨兵法十卷，又撰周祖實錄三十卷，及梁郢王均帝、後唐閔帝廢帝、漢隱帝五朝實錄；梁二主年祀寖遠，事皆遺失，遂不克修，餘三帝實錄，皆藏史閣。

世宗好拔奇俊，有自布衣及下位上書言事者，多不次進用。昭疏諫曰：「昔唐初，劉洎、馬周起於徒步，太宗擢用爲相；其後，柳璨、朱朴方居下僚，昭宗亦加大用。此四士者，受知於明主；然太宗用之而國興，昭宗用之而國亡，士之難知如此。臣願陛下存舊法而用人，當以此四士爲鑒戒。」世宗善之。詔令詳定經典釋文、九經文字、制科條式，及問六璽所出，幷議三禮圖祭玉及鼎釜等。昭援引經據，時稱其該博。恭帝卽位，封舒國公。

宋初，拜吏部尚書。乾德元年郊祀，昭爲鹵簿使，奏復宮闕、廟門、郊壇夜警晨嚴之制。禮畢，進封鄭國公，與翰林承旨陶穀同掌選。穀嘗誣奏事，引昭爲證，昭免冠抗論。太祖不說，遂三拜章告老，以本官致仕，改封陳國公。開寶五年，卒，年七十九。

昭博通學藝，書無不覽，兼善天文、風角、太一、卜相、兵法、釋老之說，藏書數萬卷。尤好纂述，自唐、晉至宋，專筆削典章之任。嶺南平，擒劉鋹，將獻俘，莫能知其禮。時昭已致政，太祖遣近臣就其家問之，昭方臥病，口占以授使者。著嘉善集五十卷、名臣事迹五卷。

子秉圖進士及第，秉謙至尚書郎。

竇儀字可象。薊州漁陽人。曾祖遜，玉田令。祖思恭，嬀州司馬。父禹鈞，與兄禹錫皆以詞學名。禹鈞，唐天祐末起家幽州掾，歷沂、鄧、安、同、鄭、華、宋、澶州支使判官。周初，爲戶部郎中，賜金紫。顯德中，遷太常少卿、右諫議大夫致仕。

儀十五能屬文，晉天福中舉進士。侍衞軍帥景延廣領夔州節度，表爲記室。延廣後歷滑、陝、孟、鄆四鎭，儀並爲從事。

開運中，楊光遠以青州叛，時契丹南侵，博州刺史周儒以城降，光遠與儒遣人引契丹輕騎於馬家渡渡河。時延廣掌衞兵，顏衎知州事，卽遣儀入奏。儀謂執政曰：「昨與衎論事勢，有所預慮，所以乘驛晝夜不息而來。國家若不以良將重兵控博州渡，必恐儒引契丹踰東岸與光遠兵合，則河南危矣。」俄而儒果導契丹渡河，增置壘栅。少帝軍河上，卽遣李守貞等率兵萬人，水陸並進，守汶陽，據要害。契丹果大至，擊走之。漢初，召爲右補闕、禮部員外郎。

周廣順初，改倉部員外郎、知制誥。未幾，召爲翰林學士。周祖幸南御莊宴射，坐中賜

金紫。歷駕部郎中、給事中，並充職。

劉温叟知貢舉，所取士有覆落者，加儀禮部侍郎，權知貢舉。儀上言：「請依晉天福五年制，廢明經、童子科。進士省卷，令納五軸以上，不得有神道碑誌之類；帖經對義，有三通爲合格；卻復晝試〔一〕。其落第者，分爲五等：以詞理紕繆之甚者爲第五等，殿五舉；其次爲第四等，殿三舉；以次稍可者爲第三、第二、第一等，並許次年赴舉。其學究，請併周易、尙書爲一科，各對墨義三十道；毛詩依舊爲一科，亦對墨義六十道。及第後，並減爲七選集。諸科舉人，第一場十否，殿五舉；第二、第三場十否，殿三舉；三場內有九否，殿一舉。解試之官坐其罪。進士請解，加試論一首，以五百言以上爲準。」奏可。

俄以父病，上表解官。世宗親加慰撫，手封金丹，俾賜其父。父卒，歸葬洛陽。詔賜錢三十萬，米麥三百斛。終喪，召拜端明殿學士。從征淮南，判行在三司，世宗以其餉饋不繼，將罪之，宰相范質救解得免。淮南平，判河南府兼知西京留守事。恭帝即位，遷兵部侍郎，充職。俄使南唐，既至，將宣詔，會雨雪，李景請於廡下拜受，儀曰：「儀獲將國命，不敢失舊禮。儻以霑服失容，請俟他日。」景即拜命於庭。

建隆元年秋，遷工部尙書，罷學士，兼判大理寺。奉詔重定刑統，爲三十卷。會翰林學士王著以酒失貶官，太祖謂宰相曰：「深嚴之地，當待宿儒處之。」范質等對曰：「竇儀淸介重

厚，然已自翰林遷端明矣。」太祖曰：「非斯人不可處禁中，卿當諭以朕意，勉令就職。」即日再入翰林爲學士。

乾德二年，范質等三相並罷。越三日，始命趙普平章事。制書既下，太祖問翰林學士曰：「質等已罷，普敕何官當署？」承旨陶穀時任尙書，乃建議相位不可以久虛，今尙書乃南省六官之長，可以署敕。儀曰：「穀所陳非承平之制，皇弟開封尹、同平章事，卽宰相之任。」太祖曰：「儀言是也。」卽命太宗署敕賜之。俄加禮部尙書。

時御史臺議，欲以左右僕射合爲表首，太常禮院以東宮三師爲表首。儀援典故，以僕射合爲表首者六，而謂三師無所據。朝議是之。四年秋，知貢舉。是冬卒，年五十三，贈右僕射。

儀學問優博，風度峻整。弟儼、侃、偁、僖，皆相繼登科。馮道與禹鈞有舊，嘗贈詩，有「靈椿一株老，丹桂五枝芳」之句，縉紳多諷誦之，當時號爲竇氏五龍。

初，周祖平兗州，議將盡誅脅從者。儀白馮道、范質，同請於周祖，皆得全活。顯德中，太祖克滁州，世宗遣儀籍其府庫。太祖復令親吏取藏中絹給麾下，儀曰：「太尉初下城，雖傾藏以給軍士，誰敢言者。今旣著籍，乃公帑物也，非詔不可取。」後太祖屢對大臣稱儀有執守，欲相之。趙普忌儀剛直，乃引薛居正參知政事。及儀卒，太祖憫然謂左右曰：「天何奪我竇儀之速耶！」蓋惜其未大用也。

子譔、謁、誥，俱登進士第，譔至都官員外郎，謁至祕書丞。

侃，漢乾祐初及第，至起居郎。僖，周廣順初及第，至左補闕。

儼字望之，幼能屬文。既冠，舉晉天福六年進士，辟滑州從事。府罷，授著作佐郎、集賢校理，出爲天平軍掌書記，以母憂去職。服除，拜左拾遺。開運中，諸鎭恣用酷刑，儼上疏曰：「案名例律，死刑二，絞、斬之謂也。絞者筋骨相連，斬者頭頸異處，大辟之目，不出兩端。淫刑之興，近聞數等，蓋緣外地不守通規，或以長釘貫人手足，或以短刀臠人肌膚，遷延信宿，不令就死。冤聲上達，和氣有傷，望加禁止。」從之。

儼仕漢爲史館修撰。周廣順初，遷右補闕，與賈緯、王伸同修晉高祖少帝、漢祖三朝實錄。改主客員外郎、知制誥。時儀自閣下入翰林，兄弟同日拜命，分居兩制，時人榮之。俄加金部郎中，拜中書舍人。

顯德元年，加集賢殿學士，判院事。父憂去職，服闋，復舊官。時世宗方切於治道，儼上疏曰：「歷代致理，六綱爲首：一曰明禮，禮不明則彝倫不敍。二曰崇樂，樂不崇則二儀不和。三曰熙政，政不熙則羣務不整。四曰正刑，刑不正則亘姦不懾。五曰勸農，農不勸則資澤不流。六曰經武，武不經則軍功不盛。故禮有紀，若人之衣冠；樂有章，若人之喉舌；

政有統，若人之情性；刑有制，若人之呼吸；農爲本，若人之飲食；武爲用，若人之手足。斯六者，不可斯須而去身也。陛下思服帝猷，寤寐獻納，亟下方正之詔，廓開藝能之路。士有一技，必得自効。故小臣不揆，輒陳禮、樂、刑、政、勸農、經武之言。」世宗多見聽納。

南征還，詔儼考正雅樂，俄權知貢舉。未幾，拜翰林學士，判太常寺。儼校鍾磬筦籥之數，辨淸濁上下之節，復舉律呂旋相爲宮之法，迄今遵用。

會詔中外臣僚，有所聞見，並許上章論議。儼疏曰：「設官分職，授政任功，欲爲政之有倫，在位官之無曠。今朝廷多士，省寺華資，無事有員，十乃六七，止於計月待奉，計年待遷。其中廉幹之人，不無愧恥之意。如非歷試，何展公才。請改兩畿諸縣令及外州府五千戶以上縣令爲縣大夫，升爲從五品下。畿大夫見府尹如赤令之儀，其諸州府縣大夫見本部長如賓從之禮。郎中、員外郎、起居、補闕、拾遺、侍御史、殿中侍御史、監察御史、光祿少卿以下四品，太常丞以下五品等，並得衣朱紫。滿日，準在朝一任，約舊官遷二等。自拾遺、監察除授回日，即爲起居、侍御史、中行員外郎。若前官不是三署，即罷後一年方得求仕。如此，則士大夫足以陳力，賢不肖無以駕肩，各繫否臧，明行黜陟，利民益國，斯實良規。」又以爲：「家國之方，守穀帛而已，二者不出國而出於民。其道在天，其利在地，得其理者蕃阜，失其理者耗嗇。民之顓蒙，宜有勸教。請於齊民要術及四時纂要、韋氏月錄中，采其關

於田蠶園圃之事，集爲一卷，鏤板頒行，使之流布。」疏奏不報。

宋初，就轉禮部侍郎，代儀知貢舉。當是時，祠祀樂章、宗廟謚號多儼撰定，議者服其該博。車駕征澤、潞，以疾不從。卒，年四十二。

儼性夷曠，好賢樂善，優游策府凡十餘年。所撰周正樂成一百二十卷，詔藏於史閣；其通禮未及編纂而卒。有文集七十卷。儼與儀尤爲才俊，對景覽古，皆形諷詠，更迭唱和至二百篇，多以道義相敦勵，並著集。

儼顯德中奉使荆南。荆南自唐季以來，高氏據有其地，雖名藩臣，車服多僭侈踰制，以至司賓賤隸、候館小胥，皆盛服彯纓，與王人亢禮。儼諷以天子在上，諸侯當各守法度，悉令去之，然後宣達君命。

尤善推步星歷，逆知吉凶。盧多遜、楊徽之同任諫官，儼嘗謂之曰：「丁卯歲五星聚奎，自此天下太平，二拾遺見之，儼不與也。」又曰：「儼家昆弟五人，皆登進士第，可謂盛矣，然無及相輔者，唯偁稍近之，亦不久居其位。」卒如其言。儼有子早卒，以姪說爲嗣。

偁字日章，漢乾祐二年舉進士。周廣順初，補單州軍事判官，遷祕書郎，出爲絳州防禦判官。宋初，歷武寧軍掌書記、西京留守判官、天雄歸德軍節度判官。開寶六年，拜右補

闕，知宋州。嘗作遂命賦以自悼。太宗領開封尹，選偁判官。時賈琰爲推官，偁不樂其爲人。太宗嘗宴諸王，偁、琰預會，琰言矯誕，偁叱之曰：「巧言令色，心不獨愧乎。」上愕然，因罷會，出偁爲彰義軍節度判官。

太平興國五年，車駕幸大名府，召至行在所，拜比部郎中。時議北征，偁請休兵牧馬，以徐圖之，上從其言。歸，以偁爲樞密直學士，賜第一區。六年，遷左諫議大夫，充職。七年，參知政事。上謂偁曰：「汝何能臻此？」偁曰：「陛下不忘舊臣。」太宗曰：「非也，卿能以公正責賈琰，朕旌直臣爾。」是秋卒，年五十八。車駕臨哭，贈工部尙書。

初，偁在涇州，與丁顥同官，顥子謂方幼，偁見之曰：「此兒必遠到。」以女妻之。後爲宰相、三公。太祖嘗謂宰相曰：「近朝卿士，竇儀質重嚴整，有家法，閨門敦睦，人無讕語，諸弟不能及。偁亦中人材爾，偁有操尙，可嘉也。」

呂餘慶，幽州安次人，本名胤，犯太祖偏諱，因以字行。祖兗，橫海軍節度判官。父琦，晉兵部侍郎。餘慶以蔭補千牛備身，歷開封府參軍，遷戶曹掾。晉少帝弟重睿領忠武軍節度，以餘慶爲推官。仕漢歷周，遷濮州錄事參軍。太祖領同州節制，聞餘慶有材，奏爲從事。

世宗問曰：「得非嘗爲濮州糾曹者乎？」卽以爲定國軍掌書記。世宗嘗鎭澶淵，濮爲屬郡，故知其爲人也。

太祖歷滑、許、宋三鎭，餘慶並爲賓佐。及卽位，自宋、亳觀察判官召拜給事中，充端明殿學士。淸泰中，琦亦居是職，官秩皆同，時人榮之。未幾，知開封府。太祖征潞及揚，並領上都副留守。建隆三年，遷戶部侍郎。丁母憂。荆湖平，出知潭州，改襄州，遷兵部侍郎、知江陵府。召還，以本官參知政事。

蜀平，命知成都府。時盜賊四起，軍士恃功驕恣，大將王全斌等不能戢下。一日，藥市始集，街吏馳報有軍校被酒持刃奪賈人物。餘慶立捕斬之以徇，軍中畏伏，民用按堵。就加吏部侍郎。歸朝，兼劍南、荆南等道都提舉、三司水陸發運等使。開寶六年，與宰相更知政事印，旋以疾上表求解機務，拜尙書左丞。九年，卒，年五十。贈鎭南軍節度。

餘慶重厚簡易，自太祖繼領藩鎭，餘慶爲元僚。及受禪，趙普、李處耘皆先進用，餘慶恬不爲意。未幾，處耘黜守淄州，餘慶自江陵還，太祖委曲問處耘事，餘慶以理辨釋，上以爲實，遂命參知政事。會趙普忤旨，左右爭傾普，餘慶獨辨明之，太祖意稍解，時稱其長者。至道中，以弟端爲宰相，特詔贈侍中。

劉熙古字義淳，宋州寧陵人，唐左僕射仁軌十一世孫。祖實進，嘗爲汝陰令。

熙古年十五，通易、詩、書；十九，通春秋、子、史。避祖諱，不舉進士。後唐長興中，以三傳舉。時翰林學士和凝掌貢舉，熙古獻春秋極論二篇、演例三篇，凝甚加賞，召與進士試，擢第，遂館於門下。

清泰中，驍將孫鐸以戰功授金州防禦使，表熙古爲從事。晉天福初，鐸移汝州，又辟以隨。熙古善騎射，一日，有鶚集戟門槐樹，高百尺，鐸惡之，投以瓦石不去，熙古引弓一發，貫鶚于樹。鐸喜，令勿拔矢，以旌其能。後二歲，鐸卒，調補下邑令。俄爲三司戶部出使巡官，領永興、渭橋、華州諸倉制置發運。仕漢，爲盧氏令。周廣順中，改亳州防禦推官，歷澶州支使。秦、鳳平，以爲秦州觀察判官。

太祖領宋州，爲節度判官。卽位，召爲左諫議大夫，知青州。車駕征惟揚，追赴行在。建隆二年，受詔制置晉州榷礬，增課八十餘萬緡。乾德初，遷刑部侍郎、知鳳翔府。未幾，移秦州。州境所接多寇患，熙古至，諭以朝廷恩信，取蕃部酋豪子弟爲質，邊鄙以寧。轉兵部侍郎，徙知成都府。六年，就拜端明殿學士。丁母憂。開寶五年，詔以本官參知政事，選名馬、銀鞍以賜。歲餘，以足疾求解，拜戶部尙書致仕。九年，卒，年七十四。贈右僕射。

熙古兼通陰陽象緯之術，作續聿斯歌一卷、六壬釋卦序例一卷。性淳謹，雖顯貴不改寒素。歷官十八，登朝三十餘年，未嘗有過。嘗集古今事迹爲歷代紀要五十卷。頗精小學，作切韻拾玉二篇，摹刻以獻，詔付國子監頒行之。子蒙正、蒙叟。

蒙正字頤正，善騎射。乾德中，以蔭補殿直，遷供奉官。王師征江南，命乘傳軍中承奉事。盧絳以舟師來援潤州，蒙正白部署丁德裕，請分精甲百人，出與絳戰，矢中左臂，戰愈力。及下潤州，獲知州劉澄、監軍崔諒，部送闕下。

嶺南陸運香藥入京，詔蒙正往規畫。蒙正請自廣、韶江泝流至南雄；由大庾嶺步運至南安軍，凡三鋪，鋪給卒三十人；復由水路輸送。

又掌朝服法物庫，會重製繡衣、鹵簿，多其規式。太平興國四年，轉內藏庫副使，進崇儀使。自創內藏庫，即詔蒙正典領，凡二十餘年。

眞宗初，改如京使，出知滄、冀、磁三州。戎人犯境，蒙正調丁男乘城固守，有勞。未幾，以擅乘驛馬，責授亳州團練副使。咸平四年，卒，年七十二。

蒙叟字道民，乾德中，進士甲科。歷岳、宿二州推官，以所知論薦，授太子中允、知乾

興，拜監察御史，徙知濟州。俄以秦王子德恭判州事，就命爲通判，郡事皆決於蒙叟。遷右補闕，轉起居舍人、戶部鹽鐵判官。再遷屯田郎中，歷知廬、濠、滁、汝四州，遷都官。咸平中，上疏曰：「陛下已周諒闇，方勤萬務，望崇儉德、守前規，無自矜能，無作奢縱，厚三軍之賜，輕萬姓之徭，使化育被於生靈，聲教加於中外。且萬國已覩其始，惟陛下愼守其終，思鮮克之言，戒性習之漸，則天下幸甚。」上嘉之，以本官直史館。車駕北巡，令知中宮名。表獻宋都賦，述國家受命建號之地，宜建都，立宗廟。時雖未遑，後卒從之。會詔直館各獻舊文，以蒙叟所著爲嘉，改職方郎中。景德中，以足疾，拜太常少卿致仕。卒，年七十三。

蒙叟好學，善屬辭，著五運甲子編年曆三卷。子宗儒，太子中舍；宗弼、宗誨，並進士及第。

石熙載字凝績，河南洛陽人。周顯德中，進士登第。疎俊有量，居家嚴謹，有禮法。宋初，太宗以殿前都虞候領泰寧軍節制，辟爲掌書記。及尹京邑，表爲開封府推官。授右拾遺，遷左補闕。丁外艱，將起復，以讒出爲忠武、崇義二軍掌書記。太宗卽位，復以左補闕

召，同知貢舉。時梅山洞蠻屢爲寇，以熙載知潭州。召還，擢爲兵部員外郎，領樞密直學士。未幾，簽書樞密院事，詔賜官第一區。

太平興國四年，親征河東，以給事中充樞密副使從行，還，遷刑部侍郎。五年，拜戶部尙書、樞密使，以病足在告，寢疾久之未愈。八年，上表求解職，詔加慰撫，授尙書右僕射。九年，卒，年五十七。贈侍中，謚元懿。上爲悲歎累日，且謂其事君之心，純正無他，適當委用，而奄忽至此，深爲可惜。國朝大臣謝事而卒，車駕臨視者唯熙載焉。

熙載性忠實，遇事盡言，是非好惡，無所顧避。人有善，卽推薦之，時論稱其長者。初，游學時，爲養負米。嘗行嵩陽道中，遇一叟，熟視熙載曰：「眞人將興，子當居輔弼之位。」言訖不見。及居太宗幕下，頗盡誠節。典樞務日，上眷注甚篤，方將倚以爲相，俄遘疾不起。

熙載事繼母牛氏以孝聞。弟熙導，牛氏前夫子，隨母歸石氏。以熙載故，奏補殿直。從弟熙古、幼弟熙政，皆登進士第，熙載撫之如一。熙載卒時，子中孚、中立皆幼，熙政惡熙導以異姓居己上，乃詐傳上旨，令己籍熙導家財，由是交訟。有司歸罪熙導，上召問中孚、中立，令有司再鞫得實。熙導還本姓，中孚亦養子勿問，熙政坐除名。上素知熙載以母故育熙導甚厚，雖令還宗，而不奪其官，復以財產量給之。

咸平二年八月，熙載配饗太宗廟庭。熙政後至供備庫副使。中孚至尙書虞部員外郎，

子行簡，大中祥符進士。

中立字表臣，年十三而孤。性疎曠，好諧謔，人不以爲忤。初補西頭供奉官，後五年，改光祿寺丞。家財悉推與諸父，無所愛。擢直集賢院，與李宗諤、楊億、劉筠、陳越相厚善。校讎祕書，凡吏中立者，人爭傳之。判三司理欠、憑由司。

帝幸亳，命修所過圖經。爲鹽鐵判官，累遷尚書禮部侍郎，判吏部南曹。注釋御集，爲檢閱官。改判戶部句院，遷戶部郎中、史館修撰，糾察在京刑獄。以吏部郎中、知制誥領審官院。又同知禮部貢舉，判集賢院。坐舉官不當，落史館修撰，罷審官院。頃之，復糾察刑獄，領三班院。歷右諫議大夫、給事中，入爲翰林學士，判祕閣。會知制誥並知貢舉，詔中立與張觀兼行外制，遷尚書禮部侍郎，爲學士承旨兼龍圖閣學士。景祐四年，拜參知政事。明年，災異數見，諫官韓琦言：「中立在位，喜詼笑，非大臣體。」與王隨、陳堯佐、韓億皆罷，以戶部侍郎爲資政殿學士，領通進、銀臺司，判尚書都省，進大學士。遷吏部侍郎、提舉祥源觀，以太子少傅致仕，遷少師。卒，贈太子太傅，諡文定。

中立練習臺閣故事，不汲汲近名。喜賓客，客至必與飲酒，醉乃得去。初，家產歲入百萬錢，末年費幾盡。帝聞其病，賜白金三百兩。既死，其家至不能辦喪。子居簡，至太子中

允、集賢校理。

李穆字孟雍，開封府陽武人。父咸秩，陝州大都督府司馬。穆幼能屬文，有至行。行路得遺物，必訪主歸之。從酸棗王昭素受易及莊、老書，盡究其義。昭素謂曰：「子所得皆精理，往往出吾意表。」且語人曰：「李生異日必爲廊廟器。」以所著易論三十三篇授之。

周顯德初，以進士爲郢、汝二州從事，遷右拾遺。

宋初，以殿中侍御史選爲洋州通判。旣至，剖決滯訟，無留獄焉。移陝州通判，有司調郡租輸河南，穆以本鎭軍食闕，不卽應命，坐免。又坐舉官，削前資。時弟肅爲博州從事，穆將母就肅居，雖貧甚，兄弟相與講學，意泊如也。

開寶五年，以太子中允召。明年，拜左拾遺、知制誥。五代以還，詞令尙華靡，至穆而獨用雅正，悉矯其弊。穆與盧多遜爲同門生，太祖嘗謂多遜：「李穆性仁善，辭學之外無所豫。」對曰：「穆操行端直，臨事不以生死易節，仁而有勇者也。」上曰：「誠如是，吾當用之。」時將有事江南，已部分諸將，而未有發兵之端。乃先召李煜入朝，以穆爲使。穆至諭旨，煜辭以疾，且言「事大朝以望全濟，今若此，有死而已」。穆曰：「朝與否，國主自處之。然朝廷

甲兵精鋭，物力雄富，恐不易當其鋒，宜熟思之，無自貽後悔。」使還，具言狀，上以爲所諭要切。江南亦謂其言誠實。

太平興國初，轉左補闕。三年冬，加史館修撰、判館事，面賜金紫。四年，從征太原還，拜中書舍人。預修太祖實錄，賜衣帶、銀器、繒綵。七年，以與盧多遜款狎，又爲秦王廷美草朝辭笏記，爲言者所劾，責授司封員外郎。

八年春，與宋白等同知貢舉，及侍上御崇政殿親試進士，上憫其顏貌癯瘁，即日復拜中書舍人、史館修撰、判館事。五月，召爲翰林學士。六月，知開封府，剖判精敏，姦猾無所假貸，由是豪右屏迹，權貴無敢干以私，上益知其才。十一月，擢拜左諫議大夫、參知政事。月餘，丁母憂，未幾，起復本官。穆三上表乞終制，詔強起之，穆益哀毁盡禮。九年正月，晨起將朝，風眩暴卒，年五十七。

穆自責授員外郎，復中書舍人，入翰林，參知政事，以至于卒，不及周歲。上聞其死，哭謂近臣曰：「穆國之良臣，朕方倚用，遽茲淪沒，非斯人之不幸，乃朕之不幸也。」贈工部尚書。

穆性至孝，母嘗臥疾，每動止轉側，皆親自扶掖，乃稱母意。初，穆坐秦王事屬吏，其子惟簡紿祖母以穆奉詔鞫獄臺中。及責授爲省郎，還家，亦不以白母。每隔日，陽爲入直，即

訪親友，或游僧寺。免歸，暨于牽復，母終弗之知。及居喪，思慕以至滅性。穆善篆隸，又工畫，常晦其事。質厚忠恪，謹言慎行，所爲純至，無有矯飾。深信釋典，善談名理，好接引後進，多所薦達。尤寬厚，家人未嘗見其喜慍。所著文章，隨卽毁之，多不留稿。

子惟簡，以父任將作監丞，多材藝，性沖澹，不樂仕進。去官家居二十餘年，人多稱之。眞宗素聞其有履行，景德三年，詔授惟簡子郯將作監主簿。大中祥符七年冬，召惟簡入對，特拜太子中允致仕，後加太常丞。天禧四年，卒，賜其家錢十萬，仍給郯月奉終制。郯後爲太子中舍。

肅字季雍，七歲誦書知大義，十歲爲詩，往往有警語。舉進士，登甲科。性嗜酒。歷濮、博二州從事，遷保靜軍節度推官。詔方下，一夕與親友會飲，酣寢而卒，年三十三。嘗作大宋樂章九首，取九成、九夏之義，以頌國家盛德，其文甚工。又作代周顒答北山移文、弔幽憂子文、病雞賦，意皆有所規焉。

論曰：張昭居五季之末，專以典章譔述爲事，博洽文史，旁通治亂，君違必諫，時君雖嘉尙之而不能從。宋興，敦獎碩儒，多所詢訪，庶幾獲稽古之效矣。竇氏弟昆以儒學進，並馳時望。儀之剛方淸介，有應務之才，將試大用而遽淪亡。儼優游文藝，修起禮樂。太宗尹京，偁實元僚，沖淡回翔，晚著忠讜。若其門族宦業之盛，世或以爲陰德之報，其亦義方之效也。餘慶當太祖居潛，歷任幕府，名亞趙普、李處耘；及二人登用，一不介意，其後相繼爲衆所傾，乃能爲之辯釋。熙古居大任，自處如寒素。熙載立朝，言無顧避，喜薦善人。穆以文學孝行見稱於時。數賢雖當創業之始，而進退之際，藹然承平多士之風焉。宜宋治之日進於盛也。

校勘記

〔一〕晝試　當作「晝試」。本書卷二六二竇貞固傳說：「舊制進士夜試，繼以三燭。長興二年改令晝試，貞固以晝晷短難盡士材，奏復夜試。」「晝試」，殿、局本改作「盡試」，非。

宋史卷二百六十四

列傳第二十三

薛居正 子惟吉　沈倫 子繼宗　盧多遜 父億　宋琪 宋雄

薛居正字子平，開封浚儀人。父仁謙，周太子賓客。居正少好學，有大志。清泰初，舉進士不第，爲遣愁文以自解，寓意倜儻，識者以爲有公輔之量。踰年，登第。晉天福中，華帥劉遂凝辟爲從事。遂凝兄遂淸領邦計，奏署鹽鐵巡官。開運初，改度支推官。宰相李崧領鹽鐵，又奏署推官，加大理司直，遷右拾遺。桑維翰爲開封府尹，奏署判官。

漢乾祐初，史弘肇領侍衞親軍，威權震主，殘忍自恣，無敢忤其意者。其部下吏告民犯鹽禁，法當死。獄將決，居正疑其不實，召詰之，乃吏與民有私憾，因誣之，逮吏鞫之，具伏抵法。弘肇雖怒甚，亦無以屈。周廣順初，遷比部員外郎，領三司推官，旋知制誥。周祖征

兗州，詔居正從行，以勞加都官郎中。顯德三年，遷左諫議大夫，擢弘文館學士，判館事。六年，使滄州定民租。未幾，以材幹聞於朝，擢刑部侍郎，判吏部銓。

宋初，遷戶部侍郎。太祖親征李筠及李重進，並判留司三司，俄出知許州。建隆三年，入爲樞密直學士，權知貢舉。初平湖湘，以居正知朗州。會亡卒數千人聚山澤爲盜，監軍使疑城中僧千餘人皆其黨，議欲盡捕誅之。居正以計緩其事，因率衆翦滅羣寇，擒賊帥汪端，詰之，僧皆不預，賴以全活。

乾德初，加兵部侍郎。車駕將親征太原，大發民餽運。時河南府饑，逃亡者四萬家，上憂之，命居正馳傳招集，浹旬間民盡復業。以本官參知政事。五年，加吏部侍郎。開寶五年，兼淮南、湖南、嶺南等道都提舉三司水陸發運使事，又兼判門下侍郎事，監修國史；又監修五代史，踰年畢，錫以器幣。六年，拜門下侍郎、平章事。八年二月，上謂居正等曰：「年穀方登，庶物豐盛，若非上天垂佑，何以及斯。所宜共思濟物，或有闕政，當與振舉，以成朕志。」居正等益修政事，以副上意焉。

太平興國初，加左僕射、昭文館大學士。從平晉陽還，進位司空。因服丹砂遇毒，方奏事，覺疾作，遽出。至殿門外，飲水升餘，堂吏掖歸中書，已不能言，但指廡間儲水器。左右取水至，不能飲，偃閤中，吐氣如煙燄，輿歸私第卒，六年六月也，年七十。贈太尉、中書令，

謚文惠。

居正氣貌瓌偉，飲酒至數斗不亂。性孝行純，居家儉約。爲相任寬簡，不好苛察，士君子以此多之。自參政至爲相，凡十八年，恩遇始終不替。

先是，太祖嘗謂居正曰：「自古爲君者鮮克正己，爲臣者多無遠略，雖居顯位，不能垂名後代，而身陷不義，子孫罹殃，蓋君臣之道有所未盡。吾觀唐太宗受人諫疏，直詆其非而不恥。以朕所見，不若自不爲之，使人無異詞。又觀古之人臣多不終始，能保全而享厚福者，由忠正也。」開寶中，居正與沈倫並爲相，盧多遜參知政事，九年冬，多遜亦爲平章事。及居正卒，而沈倫責授，多遜南流，論者以居正守道蒙福，果符太祖之言。

居正好讀書，爲文落筆不能自休。子惟吉集爲三十卷上之，賜名文惠集。咸平二年，詔以居正配饗太宗廟庭。

惟吉字世康，居正假子也。居正妻妬悍，無子，婢妾皆不得侍側，故養惟吉，愛之甚篤。少有勇力，形質魁岸，與京師少年追逐，角抵蹴踘，縱酒不謹。雅好音樂，嘗與伶人游，居正不能知。蔭補右千牛衞備身，歷太子通奉舍人，改西頭供奉官。

太宗卽位，三相子皆越次拔擢，沈倫、盧多遜子並爲尙書郎，惟吉以不習文，故爲右千

牛衞大將軍。及居正卒，太宗親臨，居正妻拜於喪所，上存撫數四，因問：「不肖子安在，頗改行否？恐不能負荷先業，奈何！」惟吉伏喪側，竊聞上語，懼赧不敢起。自是盡革故態，謝絕所與游者，居喪有禮。既而多接賢士大夫，頗涉獵書史，時論翕然稱之。上知其改行，令知澶州，改揚州。上表自陳，遷左千牛衞大將軍。丁內艱，卒哭，起復本官，懇求終制，不許。俄詔知河南府，又知鳳翔府。

淳化五年，秦州温仲舒以伐木爲蕃戶攘奪，驅其部落徙居渭北，頗致騷動。詔擇守臣安撫之，乃命惟吉與仲舒對易其任。未幾，遷左領軍衞大將軍。至道二年，移知延州，未行，卒，年四十二。

惟吉既知非改過，能折節下士，輕財好施，所至有能聲。然御家無法，及其死，家人爭財致訟，妻子辨對於公庭云。

沈倫字順宜，開封太康人。舊名義倫，以與太宗名下字同，止名倫。少習三禮於嵩、洛間，以講學自給。漢乾祐中，白文珂鎭陝，倫往依之。周顯德初，太祖領同州節度，宣徽使昝居潤與倫厚善，薦於太祖，留幕府。太祖繼領

滑、許、宋三鎭，皆署從事，掌留使財貨，以廉聞。及受周禪，自宋州觀察推官召爲戶部郎中。奉使吳越歸，奏便宜十數事，皆從之。道出揚、泗，屬歲饑，民多死，郡長吏白於倫曰：「郡中軍儲尙百餘萬斛，儻貸於民，至秋復收新粟，如此則公私俱利，非公言不可。」還具以白。朝論沮之曰：「今以軍儲振饑民，若荐饑無徵，孰任其咎？」太祖以問，倫曰：「國家以廩粟濟民，自當召和氣，致豐稔，豈復有水旱耶？此當決於宸衷。」太祖卽命發廩貸民。

建隆三年，遷給事中。明年春，爲陝西轉運使。王師伐蜀，用爲隨軍水陸轉運使。先是，王全斌、崔彥進之入成都也，競取民家玉帛子女，倫獨居佛寺蔬食，有以珍異奇巧物爲獻者，倫皆拒之。東歸，篋中所有，纔圖書數卷而已。太祖知之，遂貶全斌等，以倫爲戶部侍郎、樞密副使。親征太原，領大內都部署、判留司三司事。

先是，倫第庳陋，處之晏如。時權要多冒禁市巨木秦、隴間，以營私宅，及事敗露，皆自啓於上前。倫亦嘗爲母市木營佛舍，因奏其事。太祖笑謂曰：「爾非踰矩者。」知其未葺居第，因遣中使按圖督工爲治之。倫私告使者，願得制度狹小，使者以聞，上亦不違其志。

開寶二年，丁母憂，起復視事。六年，拜中書侍郎、平章事、集賢殿大學士兼提點荆南、劍南水陸發運事。雩祀西洛，以倫留守東京兼大內都部署。俄召赴行在，令預大禮。

太平興國初，加右僕射兼門下侍郎，監修國史。親征太原，復以倫爲留守、判開封府

事。師還，加左僕射。五年，史官李昉、扈蒙撰太祖實錄五十卷，倫爲監修以獻，賜襲衣、金帶。六年，加開府儀同三司。是歲疾作，自是多請告。

盧多遜事將發，倫已上表求致仕。明年多遜敗，以倫與之同列，不能覺察，詔加切責，降授工部尚書。其子都官員外郎繼宗，本由父蔭，不宜更在朝行，可落班簿。時倫病不能興，上表謝。未幾，倫再奉章乞骸骨，復授左僕射致仕。上以倫國初舊臣，遽復繼宗官以慰其心。雍熙四年，卒，年七十九。贈侍中。

倫清介醇謹，車駕每出，多令居守。好釋氏，信因果。嘗盛夏坐室中，恣蚊蚋嚌其膚，童子秉箑至，輒叱之，冀以徼福。在相位日，値歲饑，鄉人假粟者皆與之，殆至千斛，歲餘盡焚其券。

微時娶閻氏，無子，妾田氏生繼宗。及貴，閻以封邑固讓田，倫乃爲閻治第太康，田遂爲正室，搢紳非之。

初，有司議謚倫曰恭惠，繼宗上言曰：「亡父始從冠歲，卽事儒業，未遑從賊，遽赴賓招，叨遇明時，陟於相位。伏見國朝故相，薛居正謚文惠，王溥謚文獻，此雖近制，實爲典常。若以臣父起家不由文學，卽嘗歷集賢、修史之職，伏請改謚曰文。」

判太常禮儀院趙昂、判考功張洎駁曰：「沈倫逮事兩朝，早升台弼，有祗畏謹守之美，有

矜恤周濟之心。案謚法：不懈于位，與夫謹事奉上、執事堅固、執禮御賓、率事以信、接下不驕、能遠恥辱、賢而不伐、尊賢貴讓、愛民長悌、不懈爲德、旣過能改，數者皆謂之『恭』。又云，慈民好與，與夫柔質慈民、愛民好柔、寬裕不苛、和質受諫，數者皆謂之『惠』。由漢以來，皆爲美謚。如唐相溫彥博之出納明允，止謚曰『恭』；竇易直之公舉無避，乃謚曰『恭惠』。而沈倫備位台衡，出於際會，徒能謹飭以自保全，以『恭』配『惠』，厥美居多。又按謚法：道德博聞曰『文』，忠信接禮曰『文』，寬不慢、廉不劌曰『文』，堅強不暴曰『文』，敏而好學、不恥下問曰『文』，德美才秀曰『文』，修治班制曰『文』。昔張說之謚文正，楊綰之謚文簡，人不謂然。蓋行義有所未充，雖蒙特賜，誠非至公。若夫大臣子孫，許其爲父陳請，則曲臺、考功之司爲虛器，而彰善癉惡之義微矣。繼宗以其父曾任集賢殿學士及監修國史之職，輒引薛居正、王溥爲比，則彼皆奮跡辭場，歷典誥命，以『文』爲謚，允合國章。至於集賢、國史，皆宰相兼領之任，非必由文雅而登。其沈倫謚，伏望如故。」從之。

繼宗字世卿，倫爲樞密副使，以蔭補西頭供奉官。倫作相，授水部員外郎，加朝散大夫。遷都官、職方，知浚儀縣，轉屯田郎中，出知單州。代歸，命使京東計度財賦。濮州土貢銀，課民織造，不折省稅；鄆州節度配屬縣納藥物，皆爲民病。繼宗歸，歷言於上以除其

弊。至道末，領淮南轉運使。

繼宗貴家子，倦於從吏，旣因疾，以將作少監致仕。東封歲，求扈從，復授職方郞中。禮畢，改太僕少卿、判吏部南曹，遷光祿少卿、判三司三勾院。

繼宗善營產業，厚於養生，不飮酒，不嗜音律，而喜接賓客，終日宴集無倦。大中祥符五年，卒，年五十五。前後錄其子惟溫、惟淸、惟恭，並爲將作監主簿。惟溫後至祕書丞；惟淸娶密王女宜都縣主，至內殿承制。

盧多遜，懷州河內人。曾祖得一、祖眞啓皆爲邑宰。父億字子元，少篤學，以孝悌聞。舉明經，調補新鄉主簿。秩滿，復試進士，校書郞、集賢校理。晉天福中，遷著作佐郞，出爲鄆州觀察支使。節帥杜重威驕蹇黷貨，幕府賄賂公行，唯億淸介自持。會景延廣鎭天平，表億掌書記；留守西洛，又表爲判官。時國用窘乏，取民財以助軍，河南府計出二十萬緡，延廣欲並緣以圖羨利，增爲三十七萬緡。億諫曰：「公位兼將相，旣富且貴。今國帑空竭，不得已而取貲於民，公何忍利之乎？」延廣慚而止。

漢初，以魏王承訓爲開封尹，授億水部員外郎，充推官。時侍衞諸軍驕恣，朝廷姑息之，軍士成美以驢負鹽入都門，閽者不敢執，反擒平民孟柔送侍衞司。柔自誣伏，論當棄市。億察其寃，言於漢祖而釋之。

周初，爲侍御史。漢末兵亂，法書亡失。至是，大理奏重寫律令格式，統類編敕。乃詔億與刑部員外郎曹匪躬、大理正段濤同加議定。舊本以京兆府改同五府，開封、大名府改同河南府，長安、萬年改爲次赤縣，開封、浚儀、大名、元城改爲赤縣。又定東京諸門薰風等爲京城門，明德等爲皇城門，啓運等爲宮城門，昇龍等爲宮門，崇元等爲殿門。廟諱書不成文，凡改點畫及義理之誤字二百一十有四。又以晉、漢及周初事關刑法敕條者，分爲二卷，附編敕，自爲大周續編敕，詔行之。俄以本官知雜事，加左司員外郎，遷主客度支郎中，並兼弘文館直學士。世宗晏駕，爲山陵判官，出爲河南令。

宋初，遷少尹。億性恬退，聞其子多遜知制誥，卽上章求解。乾德二年，以少府監致仕。

多遜，顯德初，舉進士，解褐祕書郎、集賢校理，遷左拾遺、集賢殿修撰。建隆三年，以本官知制誥，歷祠部員外郎。乾德二年，權知貢舉。三年，加兵部郎中。四年，復權知貢舉。

六年，加史館修撰、判館事。

開寶二年，車駕征太原，以多遜知太原行府事。移幸常山，又命權知鎭州。師還，直學士院。三年春，復知貢舉。四年冬，命爲翰林學士。六年，使江南還，因言江南衰弱可圖之狀。受詔同修五代史，遷中書舍人、參知政事。丁外艱，數日起復視事。會史館修撰扈蒙請復修時政記，詔多遜專其事。金陵平，加吏部侍郎。

太平興國初，拜中書侍郎、平章事。四年，從平太原還，加兵部尙書。

多遜博涉經史，聰明強力，文辭敏給，好任數，有謀略，發多奇中。太祖好讀書，每取書史館，多遜預戒吏令白己，知所取書，必通夕閱覽，及太祖問書中事，多遜應答無滯，同列皆伏焉。

先是，多遜知制誥，與趙普不協，及在翰林日，每召對，多攻普之短。未幾，普出鎭河陽。太宗踐祚，普入爲少保。數年，普子承宗娶燕國長公主女，承宗適知潭州〔一〕，受詔歸闕成婚禮。未踰月，多遜白遣歸任，普由是憤怒。

初，普出鎭河陽，上言自愬云：「外人謂臣輕議皇弟開封尹，皇弟忠孝全德，豈有間然。矧昭憲皇太后大漸之際，臣實預聞顧命。知臣者君，願賜昭鑒。」太祖手封其書，藏於宮中。至是，普復密奏：「臣開國舊臣，爲權倖所沮。」因言昭憲顧命及先朝自愬之事。上於宮中訪

得普前所上表，因感悟，卽留承宗京師。未幾，復用普爲相，多遜益不自安。普屢諷多遜令引退，多遜貪固權位，不能決。

會有以多遜嘗遣堂吏趙白交通秦王廷美事聞，太宗怒，下詔數其不忠之罪，責授守兵部尚書。明日，以多遜屬吏，命翰林學士承旨李昉、學士扈蒙、衞尉卿崔仁冀、膳部郎中知雜事滕中正雜治之。獄具，召文武常參官集議朝堂，太子太師王溥等七十四人奏議曰：「謹案兵部尚書盧多遜，身處宰司，心懷顧望，密遣堂吏，交結親王，通達語言，咒詛君父，大逆不道，干紀亂常，上負國恩，下虧臣節，宜膏鈇鉞，以正刑章。其盧多遜請依有司所斷，削奪在身官爵，準法誅斬。秦王廷美，亦請同盧多遜處分，其所緣坐，望準律文裁遣。」

遂下詔曰：「臣之事君，貳則有辟，下之謀上，將而必誅。兵部尚書盧多遜，頃自先朝擢參大政，洎予臨御，俾正台衡，職在燮調，任當輔弼。深負倚毗，不思補報，而乃包藏姦宄，窺伺君親，指斥乘輿，交結藩邸，大逆不道，非所宜言。爰遣近臣，雜治其事，醜跡盡露，具獄已成，有司定刑，外廷集議，僉以梟夷其族，汚瀦其宮，用正憲章，以合經義。尚念嘗居重位，久事明廷，特寬盡室之誅，止用投荒之典，實汝有負，非我無恩。其盧多遜在身官爵及三代封贈、妻子官封，並用削奪追毁。一家親屬，並配流崖州，所在馳驛發遣，縱經大赦，不在量移之限。朞周已上親屬，並配隸邊遠州郡。部曲奴婢縱之。餘依百官所議。中書吏、

趙白、秦王府吏閻密、王繼勳、樊德明、趙懷祿、閻懷忠並斬都門外，仍籍其家，親屬流配海島。」

閻密初給事廷美左右，太宗卽位，補殿直，仍隸秦邸，恣横不法。王繼勳尤廷美所親信，嘗使求訪聲妓，繼勳因怙勢以取貨賄。德明素與趙白游處，多遜因之傳達機事，以結廷美。又累遣懷祿私召同母弟軍器庫副使趙廷俊與語。懷忠嘗爲廷美使詣淮海國王錢俶遺白金、釦器、絹扇等，廷美又嘗遣懷忠齎銀器、錦綵、羊酒詣其妻父潘璘營宴軍校。至是皆伏罪。多遜累世墓在河內〔三〕，未敗前，一夕震電，盡焚其林木，聞者異之。

多遜至海外，因部送者還，上表稱謝。雍熙二年，卒于流所，年五十二。詔徙其家於容州，未幾，復移置荆南。端拱初，錄其子雍爲公安主簿，還其懷州籍沒先塋。雍卒，諸弟皆特敕除州縣官。

初，億性儉素，自奉甚薄。及多遜貴顯，賜賚優厚，服用漸侈，愀然不樂，謂親友曰：「家世儒素，一旦富貴暴至，吾未知稅駕之所。」後多遜果敗，人服其有識。

咸平五年，又錄雍弟寬爲襄州司士參軍。寬弟察，中景德進士，將廷試，特詔授以州掾。大中祥符二年，始改簿尉。三年，察奉多遜喪歸葬襄陽，又詔本州賜察錢三十萬。四年，仍錄其孫乂玄爲襄州司士。

宋琪字叔寶，幽州薊人。少好學，晉祖割燕地以奉契丹，契丹歲開貢部，琪舉進士中第，署壽安王侍讀，時天福六年也。

幽帥趙延壽辟琪爲從事，會契丹內侵，隨延壽至京師。延壽子贊領河中節度，漢初改授晉昌軍，皆署琪爲記室。周廣順中，贊罷鎮，補觀城令。世宗征淮南，贊自右龍武統軍爲排陣使，復辟琪從征。及金陵歸款，以贊鎮廬州，表爲觀察判官。部有寃獄，琪辨之，免死者三人，特加朝散大夫。贊仕宋，連移壽陽、延安二鎮，皆表爲從事。

乾德四年，召拜左補闕、開封府推官。太宗爲府尹，初甚加禮遇，琪與宰相趙普、樞密使李崇矩善，出入門下，遂惡之，乃白太祖出琪知龍州〔三〕，移閬州。開寶九年，爲護國軍節度判官。

太宗卽位，召赴闕。時程羽、賈琰皆自府邸攀附致顯要，抑琪久不得調。太平興國三年，授太子洗馬，召見詰責，琪拜謝，請悔過自新。遷太常丞，出知大通監。五年，召歸，將加擢用，爲盧多遜所沮，改都官郎中，出知廣州，將行，復以藩邸舊僚留判三司勾院。七年，與三司使王仁贍廷辨事忤旨，責授兵部員外郎，俄通判開封府事，京府置通判自琪始。

八年春正月，擢拜右諫議大夫、同判三司。三月，改左諫議大夫、參知政事。是秋，上將以工部尙書李昉參預國政，以琪先入，乃遷琪爲刑部尙書。十月，趙普出鎭南陽，琪遂與昉同拜平章事。自員外郎歲中四遷至尙書爲相。上謂曰：「世之治亂，在賞當其功，罰當其罪，卽無不治；謂爲飾喜怒之具，卽無不亂，卿等愼之。」

九年九月，上幸景龍門外觀水磑，因謂侍臣曰：「此水出於山源，淸冷甘美，凡近河水味皆甘，豈非餘潤之所及乎？」琪等對曰：「實由地脈潛通而然，亦猶人之善惡以染習而成也。」其年冬，郊祀禮畢，加門下侍郎、昭文館大學士。

一日，上謂琪等曰：「在昔帝王多以崇高自處，顏色嚴毅，左右無敢貢言者。朕與卿等周旋款曲，商榷時事，蓋欲通上下之情，無有壅蔽。卿等但直道而行，無得有所顧避。」琪謝曰：「臣等非才，待罪相府，陛下曲賜溫顏，令盡愚懇，敢不傾竭以副聖意。」會詔廣宮城，宣徽使柴禹錫有別第在表識內，上言願易官邸，上覽奏不悅。禹錫陰結琪，欲因白請廬多遜舊第，上益鄙之。先是，簡州軍事推官王濣引對，上嘉其儁爽，面授朝官。翌日，琪奏濣經學出身，一任幕職，例除七寺丞。上曰：「吾已許之矣，可與東宮官。」琪執不從，擬大理丞告牒進入，上批曰：「可右贊善大夫。」琪勉從命，上滋不悅。

初，上令琪娶馬仁瑀寡妻高繼沖之女，厚加賜與以助采。廣南轉運王延範，高氏之親

也，知廣州徐休復密奏其不軌，且言其依附大臣。上因琪與禹錫入對，問延範何如人，琪未知其端，盛言延範强明忠幹，禹錫旁奏與琪同。上意琪交通，不欲暴其狀，因以琪素好詼諧，無大臣體，罷守本官；禹錫授左驍衞大將軍。琪將罷前數日，有異鳥集琪待漏之所，驅之不去，及是罷相，人以爲先兆云。

端拱初，上親耕籍田，以舊相進位吏部尚書。二年，將討幽薊，詔羣臣各言邊事。琪上疏謂：

大舉精甲，以事討除，靈旗所指，燕城必降。但徑路所趨，不無險易，必若取雄、霸路直進，未免更有陽城之圍。蓋界河之北，陂淀坦平，北路行師，非我所便。況軍行不離於輜重，賊來莫測其淺深。欲望回輳，西適山路，令大軍會於易州，循孤山之北，漆水以西，挾山而行，援糧而進，涉涿水，並大房，抵桑乾河，出安祖砦，則東瞰燕城，裁及一舍，此是周德威收燕之路。

自易水距此二百餘里，並是沿山，村墅連延，溪澗相接，採薪汲水，我占上游。東則林麓平岡，非戎馬奔衝之地，內排槍弩步隊，實王師備禦之方，而於山上列白幟以望之，戎馬之來，二十里外可悉數也。

從安祖砦西北有盧師神祠，是桑乾出山之口，東及幽州四十餘里。趙德鈞作鎮之

時，欲過西衝，曾壍此水。況河次半有崖岸，不可徑度，其平處築城護之，守以偏師，此斷彼之右臂也。仍慮步奚爲寇，可分雄勇兵士三五千人，至靑白軍以來山中防遏，此是新州、嬀川之間，南出易州大路，其桑乾河水屬燕城北隅，繞西壁而轉。大軍如至城下，於燕丹陵東北橫堰此水，灌入高粱河，高粱岸狹，桑水必溢。可於駐蹕寺東引入郊亭淀，三五日瀰漫百餘里，卽幽州隔在水南。王師可於州北繫浮梁以通北路，賊騎來援，已隔水矣。視此孤壘，浹旬必克。幽州管內洎山後八軍，聞薊門不守，必盡歸降，蓋勢使然也。

然後國家命重臣以鎭之，敷恩澤以懷之。奚、霫部落，當劉仁恭及其男守光之時，皆刺面爲義兒，服燕軍指使，人馬疆土少劣於契丹，自被脅從役屬以來，常懷骨髓之恨。渤海兵馬土地，盛於奚帳，雖勉事契丹，俱懷殺主破國之怨。其薊門洎山後雲、朔等州，沙陀、吐渾元是割屬，咸非叛黨。此蕃漢諸部之衆，如將來王師討伐，雖臨陣擒獲，必貸其死，命署置存撫，使之懷恩，但以罪契丹爲名。如此則蕃部之心，願報私憾，契丹小醜，克日殄平。其奚、霫、渤海之國，各選重望親嫡，封册爲王，仍賜分器、鼓旗、車服戈甲〔四〕以優遣之，必竭赤心，永服皇化。

俟克平之後，宣布守臣，令於燕境及山後雲、朔諸州，厚給衣糧料錢，別作禁軍名

額，召募三五萬人，敎以騎射，隸於本州。此人生長塞垣，語練戎事，乘機戰鬥，一以當十，兼得奚、霫、渤海以爲外臣，乃守在四夷也。

然自阿保機時至於近日，河朔戶口，虜掠極多，並在錦帳。平盧亦邇柳城，遼海編戶數十萬，耕墾千餘里，旣殄異類，悉爲王民。變其衣冠，被以聲敎，願歸者俾復舊貫，懷安者因而撫之，申畫郊圻，列爲州縣，則前代所建松漠、饒落等郡，未爲開拓之盛也。

琪本燕人，以故究知蕃部兵馬山川形勢。俄又上奏曰：

國家將平燕薊，臣敢陳十策：一、契丹種族，二、料賊衆寡，三、賊來布置，四、備邊，五、命將，六、排陣討伐，七、和蕃，八、饋運，九、收幽州，十、滅契丹。

契丹，蕃部之別種，代居遼澤中，南界潢水，西距邢山，疆土幅員，千里而近。其主自阿保機始強盛，因攻渤海，死於遼陽。妻述律氏生三男：長曰東丹；次曰德光，德光南侵還，死於殺胡林；季曰自在太子。東丹生永康，永康代德光爲主，謀起軍南侵，被殺於火神淀〔五〕。德光之子述律代立，號爲「睡王」。二年，爲永康子明記所簒。明記死，幼主代立。明記妻蕭氏，蕃將守興之女，今幼主，蕭氏所生也。

晉末，契丹主頭下兵謂之大帳，有皮室兵約三萬，皆精甲也，爲其爪牙。國母述律

氏頭下，謂之屬珊，屬珊有衆二萬，乃阿保機之牙將，當是時半已老矣。南來時，量分借得三五千騎，述律常留餘兵爲部族根本。其諸大首領有太子、偉王、永康、南北王、于越、麻荅、五押等。于越，謂其國舅也。大者千餘騎，次者數百騎，皆私甲也。

別族則有奚、霫，勝兵亦萬餘人，少馬多步。奚，其王名阿保得者，昔年犯闕時，令送劉琋、崔廷勳屯河、洛者也。又有渤海首領大舍利高模翰步騎萬餘人，並髡髮左衽，竊爲契丹之飾。復有近界尉厥里、室韋、女眞、党項亦被脅屬，每部不過千餘騎。其三部落，吐渾、沙陀，洎幽州管內、鴈門已北十餘州軍部落漢兵合二萬餘衆，此是石晉割以賂蕃之地也。蕃漢諸族，其數可見矣。

每蕃部南侵，其衆不啻十萬。契丹入界之時，步騎車帳不從阡陌，東西一概而行。大帳前及東西面，差大首領三人，各率萬騎，支散遊奕，百十里外，亦交相偵邏，謂之欄子馬。契丹主吹角爲號，衆卽頓合〔六〕，環繞穹廬，以近及遠。折木梢屈之爲弓子鋪，不設槍營壍柵之備。每軍行，聽鼓三伐，不問昏晝，一匝便行。未逢大敵，不乘戰馬，俟近我師，卽競乘之，所以新羈戰蹄有餘力也。且用軍之術，成列而不戰，俟退而乘之，多伏兵斷糧道，冒夜舉火，土風曳柴〔七〕，饋餉自齎，退敗無恥，散而復聚，寒而益堅，此其所長也。中原所長，秋夏霖霪，天時也；山林河津，地利也；槍突劍弩，兵勝

也；財豐士衆，力强也。乘時互用，較然可知。

王師備邊破敵之計，每秋冬時，河朔州軍緣邊砦柵，但專守境，勿輒侵漁，令彼尋戈，其詞無措。或戎馬既肥，長驅入寇，契丹主行，部落萃至，寒雲翳日，朔雪迷空，鞍馬相持，氊褐之利。所宜守陴坐甲，以逸待勞，令騎士並屯於天雄軍、貝磁相州以來，若分在邊城，緩急難於會合；近邊州府，只用步兵，多屯弩手，大者萬卒，小者千人，堅壁固守，勿令出戰。彼以全國之兵，此以一郡之衆，雖勇懦之有殊，慮衆寡之不敵也。國家別命大將，總統前軍，以遏侵軼，只於天雄軍、邢洺貝州以來，設掎戎之備。俟其陽春啓候，虜計既窮，新草未生，陳荄已朽，蕃馬無力，疲寇思歸，逼而逐之，必自奔北。

前軍行陣之法，馬步精卒不過十萬，自招討以下，更命三五人藩侯充都監、副戎、排陣、先鋒等職，臨事分布，所貴有權。追戎之陣，須列前後，其前陣萬五千騎，陣身萬人，是四十指揮，左右梢各十指揮，是二十將。每指揮作一隊，自軍主、都虞候、指揮使、押當，每隊用馬突或刃子槍一百餘，並弓劍、骨朵。其陣身解鐙排之，俟與戎相搏之時，無問厚薄，十分作氣，槍突交衝，馳逐往來，後陣更進。彼若乘我深入，陣身之後，更有馬步人五千，分爲十頭，以撞竿、鐙弩俱進，爲回騎之舍。陣梢不可輕動，蓋防

橫騎奔衝，此陣以都監主之，進退賞罰，便可裁決。後陣以馬步軍八萬，招討董之，與前陣不得過三五里，展梢實心，布常山之勢，左右排陣分押之。或前陣擊破寇兵，後陣亦禁其馳驟輕進，蓋師正之律也。

牧誓云：「四伐五伐，乃止齊焉。」慎重之戒也。是以開運中晉軍掎戎，未嘗放散，三四年間，雖德光爲戎首，多計桀黠，而無勝晉軍之處，蓋併力禦之。厥後以任人不當，爲彥澤之所誤。如將來殺獲驅攘之後，聖人務好生之德，設息兵之謀，雖降志難甘，亦和戎爲便。魏絳嘗陳五利，奉春僅得中策，歷觀載籍，前王皆然。易稱高宗用伐鬼方，詩美宣王薄伐玁狁，是知戎狄侵軼，其來尚矣。然則兵爲凶器，聖人不得已而用之。若精選使臣，不辱君命，通盟繼好，弭戰息民，此亦策之得也。

臣每見國朝發兵，未至屯戍之所，已於兩河諸郡調民運糧，遠近騷然，煩費十倍。臣生居邊土，習知其事。況幽州爲國北門，押蕃重鎭，養兵數萬，應敵乃其常事。每逢調發，惟作糗糧之備，入蕃旬浹，軍糧自齎，每人給麨斗餘，盛之於囊以自隨。征馬每匹給生穀二斗，作口袋，飼秣日以二升爲限，旬日之間，人馬俱無饑色。更以牙官子弟，戮力津擎裹送，則一月之糧，不煩饋運。俟大軍既至，定議取捨，然後圖轉饟，亦未爲晚。臣去年有平燕之策，入燕之路具在前奏，願加省覽。

疏奏，頗采用之。

淳化二年，詔百官轉對，琪首應詔，建明堂、辟雍之議。五年，李繼遷寇靈武，命侍衞馬軍都指揮使李繼隆爲河西兵馬都部署以討之。西川賊帥李順攻劫州縣，以昭宣使王繼恩爲劍南西川招安使。琪又上書言邊事曰：

臣頃任延州節度判官，經涉五年，雖未嘗躬造夷落，然常令蕃落將和斷公事，歲無虛月，蕃部之事，熟於聞聽。大約党項、吐蕃風俗相類，其帳族有生戶、熟戶，接連漢界、入州城者謂之熟戶，居深山僻遠、横過寇略者謂之生戶。其俗多有世讎，不相來往，遇有戰鬥，則同惡相濟，傳箭相率，其從如流。雖各有鞍甲，而無魁首統攝，並皆散漫山川，居常不以爲患。

党項界東自河西銀、夏，西至靈、鹽，南距鄜、延，北連豐、會。厥土多荒隙，是前漢呼韓邪所處河南之地，幅員千里。從銀、夏至靑、白兩池，地惟沙磧，俗謂平夏；拓拔，蓋蕃姓也。自鄜、延以北，多土山柏林，謂之南山；野利，蓋羌族之號也。

從延州入平夏有三路：一、東北自豐林縣葦子驛至延川縣接綏州，入夏州界；一、正北從金明縣入蕃界，至盧關四五百里，方入平夏州南界〔八〕；一、西北歷萬安鎭經永安城，出洪門至宥州四五百里，是夏州西境。我師如入夏州之境，宜先招致接界熟戶，

使爲鄉導，其強壯有馬者，令去官軍三五十里踏白先行。緣此三路，土山柏林，溪谷相接，而復隘陋不得成列，躡此鄉導，可使步卒多持弓弩槍鋸〔九〕隨之，以三二千人登山偵邏，俟見坦途寧靜，可傳號勾馬邐路而行，我皆嚴備，保無虞也。

長興四年，夏州李仁福死，有男彝超擅稱留後。當時詔延州安從進與李彝超換鎭，彝超據夏州，固不奉詔，朝廷命邠州藥彥稠總兵五萬送從進赴任。時頓兵城下，議欲攻取，軍儲不繼，遽命班師。而振旅之時，不能嚴整，失戈棄甲，遂爲邊人之利。

臣又聞党項號爲小蕃，非是勍敵，若得出山布陣，止勞一戰，便可盪除。深入則饋運艱難，窮追則窟穴幽隱，莫若緣邊州鎭，分屯重兵，俟其入界侵漁，方可隨時掩擊，非爲養勇，亦足安邊。凡烏合之徒，勢不能久，利於速鬥，以騁兵鋒。莫若持重守疆，以挫其銳。彼無城守，衆乏餱糧，威賞不行，部族分散，然後密令覘其保聚之處，預於麟府、鄜、延、寧、慶、靈、武等州約期會兵，四面齊進，絕其奔走之路，合勢擊之，可以剪除無噍類矣。仍先告諭諸軍，擊賊所獲生口、資畜，許爲己有，彼爲利誘，則人百其勇也。

靈武路自通遠軍入靑岡峽五百里，皆蕃部熟戶。向來使人、商旅經由，並在部族安泊，所求賂遺無幾，謂之「打當」，亦如漢界逆旅之家宿食之直也。此時大軍或須入

其境，則鄉導踏白，當如夏州之法。況彼靈州便是吾土，芻粟儲畜，率皆有備。緣路五七程，不煩供饋，止令逐都兵騎〔一〇〕，裹糧輕齎，便可足用。諺所謂「磨鎌殺馬」，劫一時之力也，旬浹之餘，固無闕乏矣。

又臣曾受任西川數年，經歷江山，備見形勢要害。利州最是咽喉之地，西過桔柏江，去劍門百里，東南去閬州，水陸二百餘里，西北通白水、淸川，是龍州入川大路，鄧艾於此破蜀，至今廟貌存焉。其外三泉、西縣，興、鳳等州，並爲要衝，請選有武略重臣鎭守之。

奏入，上密寫其奏，令繼逢擇利而行。

至道元年春，大宴於含光殿，上問琪年，對曰：「七十有九。」上因慰撫久之。二年春，拜右僕射，特令月給實奉一百千，又以其衰老，詔許五日一朝。是年九月被病，令其子貽序秉筆，授辭作多幸老民敍，大抵謂洪範五福，人所難全，而已兼有之，實天幸也。又口占遺表數百字而卒。贈司空，謚惠安。起復貽序爲右贊善大夫，貽庥爲大理評事，貽廣童子出身。貽序上表乞終喪制，從之。天禧初，錄其孫宗諒試祕書郞。

琪素有文學，頗諧捷。在使府前後三十年，周知人情，尤通吏術。在相位日，百執事有所求請，多面折之，以是取怨於人。

貽序嘗預修册府元龜，筆札遒勁。未幾，坐事左遷復州副使，起爲殿中丞卒。

宋雄者，亦幽州人。初與琪齊名燕、薊間，謂之「二宋」。雄仕契丹爲應州從事。雍熙三年，王師北伐，雄與其節度副使艾正以城降，授正本州觀察使，以雄爲鴻臚少卿同知州事。改光祿少卿，歷知均、唐二州。未幾，護河陰屯兵，以知河渠利害，因命領護汴口，均節水勢，以達轉漕，京師賴之。改太子詹事，復爲光祿少卿，遷將作監。所至職務修舉，公私倚任焉。

雄涉獵文史，善談論，有氣節，士流多推許之。景德元年，卒，年七十六。錄其子可久爲太常寺奉禮郎，賦祿終制。

論曰：自薛居正而下，嘗居相位者凡四人，其始終出處雖不同，然觀於其行事，概可見矣。初，朗州亡卒嘯聚爲盜，監軍使疑城中僧千餘人皆與謀，欲盡殺之，居正緩其事，賊禽而僧不與，卒賴以活。沈倫使吳越還，請以揚、泗軍儲百萬餘斛貸饑民，朝論難之。倫曰：「國家以廩粟濟民，自當召和氣，致豐稔，豈復有水旱？」得請乃已。太祖每取書史館，盧多

遜預戒吏令白己，知所取，必通夕閱覽，以是答問多中。宋琪始爲程羽、賈琰所抑，繼爲多遜所忌，其後自員外郎歲中四遷至尚書，居相位。卽此而觀，則守道蒙福者非幸致，而投荒竄死者非不幸也。宋雄善持論，有氣節，雖與琪齊名，而爵位不侔者，所遇不同焉爾。嗚呼，自昔懷材抱藝，而抑鬱下僚以終其身者多矣，豈特宋雄爲然哉！

校勘記

〔一〕潭州　原作「澤州」，據本書卷二五六趙普傳、長編卷二二改。

〔二〕多遜累世墓在河內　「河內」原作「河南」，據長編卷二三改。按盧多遜懷州河內人，累世祖墓當在懷州河內，下文「還其懷州籍沒先塋」可證。

〔三〕太祖出琪知龍州　「龍州」，東都事略卷三一宋琪傳所載同；太宗實錄卷七九、長編卷一九都作「隴州」。

〔四〕仍賜分器鼓旗車服戈甲　「車服」原作「軍服」，據長編卷二七、宋會要蕃夷一之一八改。

〔五〕火神淀　原作「大神淀」，據通鑑卷二九〇、宋會要蕃夷一之一四改。

〔六〕衆卽頓合　「合」原作「舍」，據長編卷二七、宋會要蕃夷一之一五改。

〔七〕土風曳柴　「土風」，長編卷二七、宋會要蕃夷一之一五都作「上風」，疑以「上風」爲是。

〔八〕方入平夏州南界　長編卷三五作「方入平夏，是夏州南界」，疑是。

〔九〕弓弩槍鋸　「鋸」，長編卷三五作「鏂」，疑是。

〔10〕止令逐都兵騎　「都」，長編卷三五作「部」，疑是。

宋史卷二百六十五

列傳第二十四

李昉 子宗訥 宗諤 孫昭述等 呂蒙正 張齊賢 子宗誨 賈黃中

李昉字明遠，深州饒陽人。父超，晉工部郎中、集賢殿直學士。從父右資善大夫沼無子，以昉爲後〔一〕，蔭補齋郎，選授太子校書。漢乾祐舉進士，爲祕書郎。宰相馮道引之，與呂端同直弘文館，改右拾遺、集賢殿修撰。

周顯德二年，宰相李穀征淮南，昉爲記室。世宗覽軍中章奏，愛其辭理明白，已知爲昉所作，及見相國寺文英院集，乃昉與扈蒙、崔頌、劉衮、竇儼、趙逢及昉弟載所題，益善昉詩而稱賞之曰：「吾久知有此人矣。」師還，擢爲主客員外郎、知制誥、集賢殿直學士。四年，加史館修撰、判館事。是年冬，世宗南征，從至高郵，會陶穀出使，內署書詔塡委，乃命爲屯田郎中、翰林學士。六年春，丁內艱。恭帝嗣位，賜金紫。

宋初，加中書舍人。建隆三年，罷爲給事中。四年，平湖湘，受詔祀南嶽，就命知衡州，踰年代歸。陶穀誣奏昉爲所親求京畿令，上怒，召吏部尚書張昭面質其事。昭老儒，氣直，免冠上前，抗聲云：「穀罔上。」上疑之不釋，出昉爲彰武軍行軍司馬，居延州爲生業以老。三歲當內徙，昉不願。宰相薦其可大用，開寶二年，召還，復拜中書舍人。未幾，直學士院。

三年，知貢舉。五年，復知貢舉。秋，預宴大明殿，上見昉坐盧多遜下，因問宰相，對曰：「多遜學士，昉直殿爾。」卽令眞拜學士，令居多遜上。昉之知貢舉也，其鄕人武濟川預選，旣而奏對失次，昉坐左遷太常少卿，俄判國子監。明年五月，復拜中書舍人、翰林學士。冬，判吏部銓。時趙普爲多遜所構，數以其短聞於上，上詢於昉，對曰：「臣職司書詔，普之所爲，非臣所知。」普尋出鎭，多遜遂參知政事。

太宗卽位，加昉戶部侍郎，受詔與扈蒙、李穆、郭贄、宋白同修太祖實錄。從攻太原，車駕次常山，常山卽昉之故里，因賜羊酒，俾召公侯相與宴飮盡歡，里中父老及嘗與遊從者咸預焉。七日而罷，人以爲榮。師還，以勞拜工部尚書兼承旨。太平興國中，改文明殿學士。時趙普、宋琪居相位久，求其能繼之者，宿舊無踰於昉，遂命參知政事。十一月，普出鎭，昉與琪俱拜平章事。未幾，加監修國史，復時政記先進御而後付有司，自昉議始也。

雍熙元年郊祀，命昉與琪並爲左右僕射，昉固辭，乃加中書侍郎。王師討幽薊不利，遣

使分詣河南、東，籍民爲兵，凡八丁取一。昉等相率奏曰：「近者分遣使籍河南、東四十餘郡之民以爲邊備，非得已也。然河南之民素習農桑，罔知戰鬥，一旦括集，必致動搖，若因而嘯聚，更須剪除。如此，則河北閭閻既困於戎馬，河南生聚復擾於萑蒲，矧當春和，有妨農作。陛下若以明詔既頒，難於反汗，則當續遣使臣，嚴加戒飭，所至點募，人情若有不安，即須少緩，密奏取裁，庶免後患。」上嘉納之。

端拱初，布衣翟馬周擊登聞鼓，訟昉居宰相位，當北方有事之時，不爲邊備，徒知賦詩宴樂。屬籍田禮方畢，乃詔學士賈黃中草制，罷昉爲右僕射，且加切責。黃中言：「僕射，百僚師長，實宰相之任，今自工部尚書而遷是職，非黜責也。若曰文昌務簡，以均勞逸爲辭，斯爲得體。」上然之。會邊警益急，詔文武羣臣各進策備禦，昉又引漢、唐故事，深以屈己修好、弭兵息民爲言，時論稱之。

淳化二年，復以本官兼中書侍郎、平章事，監修國史。三年夏，旱蝗，既雨。時昉與張齊賢、賈黃中、李沆同居宰輔，以燮理非材，上表待罪，上不之罪。四年，昉以私門連遭憂戚，求解機務，詔不允，遣齊賢等諭旨，復起視事。後數月，罷爲右僕射。先是，上召張洎草制，授昉左僕射，罷相，洎言：「昉居燮理之任，而陰陽乖戾，不能決意引退，俾居百僚師長之任，何以示勸？」上覽奏，乃令罷守本官。

晉侍中崧者，與昉同宗且同里，時人謂崧爲東李家，昉爲西李家。漢末，崧被誅。至是，其子璨自蘇州常熟縣令赴調，昉爲訟其父寃，且言：「周太祖已爲昭雪贈官，還其田宅，錄璨而官之。然璨年幾五十，尚淹州縣之職，臣昔與之同難，豈宜叨遇聖明。儻推一視之仁，澤及衰微之祚，則已往之寃獲伸於下，而繼絕之恩永光簡册矣。」詔授璨著作佐郎，後官至右贊善大夫。

明年，昉年七十，以特進、司空致事，朝會宴饗，令綴宰相班，歲時賜予，益加厚焉。至道元年正月望，上觀燈乾元樓，召昉賜坐於側，酌御罇酒飲之，自取果餌以賜。上觀京師繁盛，指前朝坊巷省署以諭近臣，令拓爲通衢長廊，因論：「晉、漢君臣昏闇猜貳，枉陷善良，時人不聊生，雖欲營繕，其暇及乎？」昉謂：「晉、漢之事，臣所備經，何可與聖朝同日而語。若今日四海淸晏，民物阜康，皆陛下恭勤所致也。」上曰：「勤政憂民，帝王常事。朕不以繁華爲樂，蓋以民安爲樂爾。」因顧侍臣曰：「李昉事朕，兩入中書，未嘗有傷人害物之事，宜其今日所享如此，可謂善人君子矣。」

二年，陪祀南郊，禮畢入賀，因拜舞仆地，臺吏掖之以出，臥疾數日薨，年七十二。贈司徒，謚文正。

昉和厚多恕，不念舊惡，在位小心循謹，無赫赫稱。爲文章慕白居易，尤淺近易曉。好

接賓客，江南平，士大夫歸朝者多從之遊。雅厚張洎而薄張佖，及昉罷相，洎草制深攻詆之，而佖朔望必詣昉。或謂佖曰：「李公待君素不厚，何數詣之？」佖曰：「我爲廷尉日，李公方秉政，未嘗一有請求，此吾所以重之也。」

昉所居有園亭別墅之勝，多召故人親友宴樂其中。既致政，欲尋洛中九老故事，時吏部尚書宋琪年七十九，左諫議大夫楊徽之年七十五，郢州刺史魏丕年七十六，太常少卿致仕李運年八十，水部郎中朱昂年七十一，廬州節度副使武允成年七十九，太子中允致仕張好問年八十五，吳僧贊寧年七十八，議將集，會蜀寇而罷。

昉素與盧多遜善，待之不疑，多遜屢譖昉於上，或以告昉，不之信。及入相，太宗言及多遜事，昉頗爲解釋。帝曰：「多遜居常毀卿一錢不直。」昉始信之。上由此益重昉。

昉居中書日，有求進用者，雖知其材可取，必正色拒絕之，已而擢用；或不足用，必和顏溫語待之。子弟問其故，曰：「用賢，人主之事；若受其請，是市私恩也，故峻絕之，使恩歸於上。若不用者，既失所望，又無善辭，取怨之道也。」

初，沼未有子〔二〕，昉母謝方娠，指腹謂叔母張曰：「生男當與叔母爲子。」故昉出繼于沼。昉再相，因表其事，求贈所生父母官。詔贈其祖溫太子太傅，祖母權氏莒國太夫人，超太子太師，謝氏鄭國太夫人。

昉素病心悸，數歲一發，發必彌年而後愈，蓋典誥命三十餘年，勞役思慮所致。及居相位，益加憂畏。有文集五十卷。子四人：宗訥、宗誨、宗諤、宗諒。宗誨，右贊善大夫。宗諒，主賓客員外郎。

宗訥字大辨，以蔭補太廟齋郎，遷第四室長。代謁吏部銓，邊光範意其年少，未能屬辭，語之曰：「苟援筆成六韻詩，雖不試書判，可入等矣。」宗訥易之，光範試詩賦，立就。明日，擬授祕書省正字；又明日，上命擢國子監丞。蓋上居藩邸時，每有篇詠，令昉屬和，前後數百章，皆宗訥繕寫，上愛其楷麗，問知爲宗訥所書，故有是命。太平興國初，詔賈黃中集神醫普救方，宗訥曁劉錫、吳淑、呂文仲、杜鎬、舒雅皆預焉。雍熙初，昉在相位，上欲命宗訥爲尚書郎，昉懇辭，以爲非承平故事，止改祕書丞，歷太常博士。

宗訥頗習典禮。淳化中，呂端掌禮院，引宗訥同判，累遷比部郎中。咸平六年，卒，年五十五。子昭迥，大中祥符五年獻文，召試賜進士第，後爲屯田員外郎。昭遜，太子中舍。

宗諤字昌武，七歲能屬文，恥以父任得官，獨由鄉舉，第進士，授校書郎。明年，獻文自薦，遷祕書郎、集賢校理、同修起居注。先是，後苑陪宴，校理官不與，京官乘馬不得入禁

門。至是，皆因宗諤之請復之，遂爲故事。

眞宗卽位，拜起居舍人，預重修太祖實錄。從幸大名，上疏曰：「國家馭邊之術，制勝之謀，將帥之短長，兵衞之衆寡，宸算廟謨，盡在吾術中矣。今之言事者，不過請陛下益兵貯糧，分道掩殺，言之甚易，行之則難。始受命則無不以攻堅陷陣爲壯圖，及遇敵則惟以閉壘塞關爲上計，孤君父之重委，致生靈之重困，興言及此，誠可嘆息。自古行軍出師，無不首擇將帥。夫將帥隨材任使，守一郡，控一城，分領驍勇，爭據要害，又豈直三路主帥之名，然後能制六師生死之命乎？今陛下選任非不至也，權位非不重也，告戒非不丁寧也，處置非不專一也；而外敵犯塞，車駕親征，曾不聞出丁人一騎爲之救助，不知深溝高壘，秣馬厲兵，欲安用哉？臣以爲臨軍易帥，拔卒爲將，在此時也。有功者拔於朝，不用者戮於市，亦此時也。惟陛下圖之。然後下哀痛之詔，行蠲復之恩，回鑾上都，垂衣當宁，豈不盛哉。」

遷知制誥、判集賢院，纂西垣集制，刻石記名氏。嘗牒御史臺不平空，中丞呂文仲移文詰之，往復再三，宗諤執言兩省故事與臺司不相統攝者凡八。事聞，卒如宗諤議。

景德二年，召爲翰林學士。是秋，將郊，命判太常大樂、鼓吹二署。先是，樂工率以年勞遷補，至有抱其器而不知聲者。宗諤素曉音律，遂加審定，奏斥謬濫者五十人。因修完器具，更署職名，條上利病二十事，帝省閱而賞歎之。事具樂志。又著樂纂以獻，命付史館，

自是月再肄習焉。

時諸神祠壇多闕外壝之制，因深塹列樹以表之，營葺齋室，舊典因以振起。屬契丹遣使來賀承天節，詔宗諤爲館伴使，自郊勞至飲餞，皆刊定其儀。

大中祥符初，從封泰山，改工部郎中。二年，始建昭應宮，命副丁謂爲同修宮使。三年，知審官院。屬祀汾陰后土，命爲經度制置副使，同權河中府事。禮成，優拜右諫議大夫。

嘗侍宴玉宸殿，上謂曰：「聞卿至孝，宗族頗多，長幼雍睦。朕嗣守二聖基業，亦如卿之保守門戶也。」又曰：「翰林，淸華之地，前賢數歷，多有故事，卿父子爲之，必周知也。」宗諤嘗著翰林雜記，以紀國朝制度，明日上之。

宗諤究心典禮，凡創制損益，靡不與聞。修定皇親故事、武舉武選入官資敍、閤門儀制、臣僚導從、貢院條貫，餘多裁正。

五年，迎眞州聖像，副丁謂爲迎奉使。五月，以疾卒，年四十九。帝甚悼之，謂宰相曰：「國朝將相家能以聲名自立，不墜門閥，唯昉與曹彬家爾。宗諤方期大用，不幸短命，深可惜也。」旣厚賻其家，以白金賜其繼母，又錄其子若弟以官焉。

初，昉居三館、兩制之職，宗諤不數年，皆踐其地。風流儒雅，藏書萬卷。內行淳至，事

繼母符氏以孝聞。二兄早世，奉嫂字孤，恩禮兼盡。與弟宗諒友愛尤至，覃恩所及，必先羣從，及歿而己子有未仕者。程宿早卒，有弟無所依，宗諤爲表請於朝而官之。勤接士類，無賢不肖，恂恂盡禮，獎拔後進，唯恐不及，以是士人皆歸仰之。

宗諤工隸書。有文集六十卷，內外制三十卷。嘗預修續通典、大中祥符封禪汾陰記、諸路圖經，又作家傳、談錄，並行于世。子昭遹、昭述、昭適。

昭述字仲祖，以父蔭爲祕書省校書郎。召試學士院，賜進士出身，爲刑部詳覆官，累遷祕書丞。羣牧制置使曹利用薦爲判官，鄆州牧地侵於民者凡數千頃，昭述悉復之。以太常博士知開封縣，特遷尙書屯田員外郎、開封推官。坐嘗被曹利用薦，出知常州，遷爲三司度支判官，改河北轉運使。江陵屯兵讙言倉粟陳腐，欲以動衆。昭述取以爲奉，且以飯其僚屬，衆遂定。

徙湖南潭州，戍卒憤監軍酷暴，欲構亂，或指昭述謂曰：「如李公長者，何可負？」其謀遂寢。昭述聞之，以戒監軍，監軍自是不復爲暴。比去，衆遮道羅拜，指妻子曰：「嚮非公，無噍類矣。」

徙淮南轉運使兼發運使，加直史館。徙陝西轉運使，糾察在京刑獄，爲三司戶部副使，

累遷刑部郎中。陝西用兵，提點陝西計置糧草，還授度支、鹽鐵副使，以右諫議大夫爲河北都轉運使。

河決澶淵，久未塞。會契丹遣劉六符來，乃命昭述城澶州，以治隄爲名，調兵農八萬，逾旬而就。初，六符過之，眞以爲隄也，及還而城具，甚駭愕。初置義勇軍，人情訩訩，昭述乘疾置日行數舍，開諭父老，衆始安。宣撫使表其能，除龍圖閣直學士、知澶州，又爲樞密直學士、陝西都轉運使。

河北始置四路，以爲眞定府路安撫使、知成德軍。大水，民多流亡，籍僧舍積粟爲粥糜，活飢民數萬計。改龍圖閣學士、知秦州。諫官、御史言昭述庸懦，不可負重鎮，留眞定府。居四年，入領三班院，以翰林侍讀學士知鄭州。未幾，知通進銀臺司，判太常寺，復領三班，累遷尙書右丞。從祫享致齋於朝堂，得暴疾卒。贈禮部尙書，謚恪。

李氏居京城北崇慶里，凡七世不異爨，至昭述稍自豐殖，爲族人所望，然家法亦不隳。

昭遘字逢吉，宗諤從子也〔三〕，以廕爲將作監主簿。

幼時，楊億嘗過其家，出拜，億命爲賦，既成，億曰：「桂林之下無雜木，非虛言也。」其後薦之，召試，授館閣校勘，改集賢院校理。坐失誤落秩。未幾，復爲鹽鐵判官。

初，議罷天下職田及公使錢，昭遘以爲不可。三司使姚仲孫惡其異己，請詰所以興利之實，昭遘爭不屈，遂罷判官，爲白波發運使。因入奏事，仁宗謂曰：「前所論罷職田等事，卿言是也。」遷直史館、知陝州。諫官歐陽脩言：「陝府，關中要地，昭遘無治劇材，不宜遣。」改判三司理欠司，徙度支判官。

使契丹還，道除陝西轉運使。坐家僮盜遼人銀酒盃，降知澤州。陽城冶鑄鐵錢，民冒山險輸礦炭，苦其役，爲奏罷鑄錢。又言：「河東鐵錢眞僞淆雜，不可不革。」後復直史館、知陝州。城中舊無井，唐武德中，刺史長孫操始疏廣濟渠水入城，衆賴其利。昭遘至，立廟祠之。歸爲三司戶部判官，糾察在京刑獄，進直龍圖閣，改集賢殿修撰，累遷尙書工部郎中。歷知鳳翔河中府、晉州，遷管勾登聞檢院。擢天章閣待制、知滄州，用諫官吳及言，復改知陝州，徙鄭州卒。昭遘性和易，不忤物，能守家法。

呂蒙正字聖功，河南人。祖夢奇，戶部侍郎。父龜圖，起居郎。蒙正，太平興國二年擢進士第一，授將作監丞，通判昇州。陛辭，有旨，民事有不便者，許騎置以聞，賜錢二十萬。代還，會征太原，召見行在，授著作郎、直史館，加左拾遺。五年，親拜左補闕、知制誥。

初，龜圖多內寵，與妻劉氏不睦，幷蒙正出之，頗淪躓窘乏，劉誓不復嫁。及蒙正登仕，迎二親，同堂異室，奉養備至。龜圖旋卒，詔起復。未幾，遷都官郎中，入爲翰林學士，擢左諫議大夫、參知政事，賜第麗景門。上謂之曰：「凡士未達，見當世之務戾于理者，則怏怏于心；及列於位，得以獻可替否，當盡其所蘊，雖言未必盡中，亦當僉議而更之，俾協于道。朕固不以崇高自恃，使人不敢言也。」蒙正初入朝堂，有朝士指之曰：「此子亦參政耶？」蒙正陽爲不聞而過之。同列不能平，詰其姓名，蒙正遽止之曰：「若一知其姓名，則終身不能忘，不若毋知之爲愈也。」時皆服其量。

李昉罷相，蒙正拜中書侍郎兼戶部尚書、平章事，監修國史。蒙正質厚寬簡，有重望，以正道自持。遇事敢言，每論時政，有未允者，必固稱不可，上嘉其無隱。趙普開國元老，蒙正後進，歷官一紀，遂同相位，普甚推許之。俄丁內艱，起復。

先是，盧多遜爲相，其子雍起家卽授水部員外郎，後遂以爲常。至是，蒙正奏曰：「臣忝甲科及第，釋褐止授九品京官。況天下才能，老於巖穴，不霑寸祿者多矣。今臣男始離襁褓，膺此寵命，恐罹陰譴，乞以臣釋褐時官補之。」自是宰相子止授九品京官，遂爲定制。

朝士有藏古鏡者，自言能照二百里，欲獻之蒙正以求知。蒙正笑曰：「吾面不過楪子大，安用照二百里哉？」聞者歎服。

淳化中，左正言宋沆〔四〕上疏忤旨，沆，蒙正妻族，坐是罷爲吏部尙書，復相李昉。四年，昉罷，蒙正復以本官入相。因對，論及征伐，上曰：「朕比來征討，蓋爲民除暴，苟好功黷武，則天下之人熸亡盡矣。」蒙正對曰：「隋、唐數十年中，四征遼碣，人不堪命。煬帝全軍陷沒，太宗自運土木攻城，如此卒無所濟。且治國之要，在內修政事，則遠人來歸，自致安靜。」上韙之。

嘗燈夕設宴，蒙正侍，上語之曰：「五代之際，生靈凋喪，周太祖自鄴南歸，士庶皆罹剽掠，下則火災，上則彗孛，觀者恐懼，當時謂無復太平之日矣。朕躬覽庶政，萬事粗理，每念上天之貺，致此繁盛，乃知理亂在人。」蒙正避席曰：「乘輿所在，士庶走集，故繁盛如此。臣嘗見都城外不數里，饑寒而死者甚衆，不必盡然。願陛下視近以及遠，蒼生之幸也。」上變色不言。蒙正侃然復位，同列多其直諒。

上嘗欲遣人使朔方，諭中書選才而可責以事者，蒙正退以名上，上不許。他日，三問，三以其人對。上曰：「卿何執耶？」蒙正曰：「臣非執，蓋陛下未諒爾。」固稱：「其人可使，餘人不及。臣不欲用媚道妄隨人主意，以害國事。」同列悚息不敢動。上退謂左右曰：「蒙正氣量，我不如。」既而卒用蒙正所薦，果稱職。

至道初，以右僕射出判河南府兼西京留守。蒙正至洛，多引親舊歡宴，政尙寬靜，委任

僚屬，事多總裁而已。

眞宗卽位，進左僕射。會營奉熙陵，蒙正追感先朝不次之遇，奉家財三百餘萬以助用。葬日，伏哭盡哀，人以爲得大臣體。咸平四年，以本官同平章事、昭文館大學士。國朝以來三入相者，惟趙普與蒙正焉。郊祀禮成，加司空兼門下侍郎。六年，授太子太師，封萊國公，改封徐〔五〕，又封許。

景德二年春，表請歸洛。陛辭日，肩輿至東園門，命二子掖以升殿，因言：「遠人請和，弭兵省財，古今上策，惟願陛下以百姓爲念。」上嘉納之，因遷從簡太子洗馬，知簡奉禮郎。蒙正至洛，有園亭花木，日與親舊宴會，子孫環列，迭奉壽觴，怡然自得。大中祥符而後，上朝永熙陵，封泰山，祠后土，過洛，兩幸其第，錫賚有加。上謂蒙正曰：「卿諸子孰可用？」對曰：「諸子皆不足用。有姪夷簡，任潁州推官，宰相才也。」夷簡由是見知於上。

富言者，蒙正客也。一日白曰：「兒子十許歲，欲令入書院，事廷評、太祝。」蒙正許之。及見，驚曰：「此兒他日名位與吾相似，而勳業遠過於吾。」令與諸子同學，供給甚厚。言之子，卽弼也。後弼兩入相，亦以司徒致仕。其知人類如此。

許國之命甫下而卒，年六十八。贈中書令，謚曰文穆。

蒙正初爲相時，張紳知蔡州，坐贓免。或言於上曰：「紳家富，不至此，特蒙正貧時勾索

不如意，今報之爾。」上命卽復紳官，蒙正不辨。後考課院得紳實狀，復黜爲絳州團練副使。及蒙正再入相，太宗謂曰：「張紳果有贓。」蒙正不辨亦不謝。在西京日，上數遣中貴人將命至，蒙正待之如在相位時，不少貶，時人重焉。

子從簡，再爲國子博士；惟簡，太子中舍；承簡，司門員外郎；行簡，比部員外郎；務簡，亦國子博士；居簡，殿中丞；知簡，太子右贊善大夫。

蒙正弟蒙休，咸平進士，至殿中丞。

龜圖弟龜祥，殿中丞，知壽州。子蒙亨，舉進士高等，旣廷試，以蒙正居中書，故報罷。後歷下蔡、武平主簿。至道初，考課州縣官，蒙亨引對，文學、政事俱優，命爲光祿寺丞，改大理寺丞，卒。次子蒙巽，虞部員外郎；蒙周，淳化進士及第。蒙亨子卽夷簡也。次子宗簡，亦進士及第。

慶曆中，居簡提點京東刑獄，時夏竦有憾於石介，介死，竦言於上曰：「介未嘗死，北走鄰國矣。」乃遣中使發棺驗之。居簡謂曰：「萬一介果死，則朝廷爲無故發人之墓，奈何？」中使曰：「於君何如？」居簡曰：「介死，當時必有內外親族及門生會葬，問之可也。」中使乃令結狀保證以聞，介事乃白。居簡長者，其行事多類此。

徐州妖人孔直温挾左道誘軍士爲變，或詣轉運使告，不受詞。居簡令易其牒，盡捕究

黨與，貸詿誤者，請於朝，斬直溫等。濮州復叛，都民驚潰，居簡馳往，獲首惡誅之。因大閱兵享勞，姦不得發。用二事，遷秩鹽鐵判官，拜集賢院學士，知梓州、應天府，徙荊南，進龍圖閣直學士、知廣州，陶甓甃城，人以爲便。以兵部侍郎判西京御史臺，卒，年七十二。

張齊賢，曹州冤句人。生三歲，値晉亂，徙家洛陽。孤貧力學，有遠志，慕唐李大亮之爲人，故字師亮。

太祖幸西都，齊賢以布衣獻策馬前，召至行宮，齊賢以手畫地，條陳十事：曰下幷、汾，曰富民，曰封建，曰敦孝，曰舉賢，曰太學，曰籍田，曰選良吏，曰愼刑，曰懲姦。內四說稱旨，齊賢堅執以爲皆善，上怒，令武士拽出之。及還，語太宗曰：「我幸西都，唯得一張齊賢爾。我不欲爵之以官，異時可使輔汝爲相也。」

太宗擢進士，欲置齊賢高第，有司偶失掄選，上不悅，一榜盡與京官，於是齊賢以大理評事通判衡州。時州鞫刼盜，論皆死，齊賢至，活其失入者五人。自荊渚至桂州，水遞鋪夫數千戶，困於郵役，衣食多不給，論奏減其半。四年，代還，會親征晉陽，齊賢上謁，遷祕書丞。忻州新下，命知州事。明年召還，改著作佐郎，直史館，改左拾遺。冬，車駕北征，議者

皆言宜速取幽薊，齊賢上疏曰：

方今海内一家，朝野無事。關聖慮者，豈不以河東新平，屯兵尙衆，幽燕未下，輦運爲勞？臣愚以爲此不足慮也。自河東初下，臣知忻州，捕得契丹納米典吏，皆云自山後轉般以授河東。以臣料，契丹能自備軍食，則於太原非不盡力，然終爲我有者，力不足也。河東初平，人心未固，嵐、憲、忻、代未有軍砦，入寇則田牧頓失，擾邊則守備可虞。及國家守要害，增壁壘，左控右扼，疆事甚嚴，恩信已行，民心已定，乃於鴈門陽武谷來爭小利，此其智力可料而知也。聖人擧事，動在萬全，百戰百勝，不若不戰而勝，若重之愼之，則契丹不足呑，燕薊不足取。

自古疆埸之難，非盡由敵國，亦多邊吏擾而致之。若緣邊諸砦撫御得人，但使峻壘深溝，畜力養銳，以逸自處，寧我致人，此李牧所以用趙也。所謂擇卒不如擇將，任力不如任人。如是則邊鄙寧，邊鄙寧則輦運減，輦運減則河北之民獲休息矣。民獲休息，則田業增而蠶績廣，務農積穀，以實邊用。且敵人之心固亦擇利避害，安肯投諸死地而爲寇哉？

臣聞家六合者以天下爲心，豈止爭尺寸之事，角強弱之勢而已乎？是故聖人先本而後末，安内以養外。人民，本也；疆土，末也。五帝三王，未有不先根本者也。堯、

舜之道無他，在乎安民而利之爾。民既安利，則遠人斂衽而至矣。陛下愛民人、利天下之心，眞堯、舜也。臣慮羣臣多以纖微之利，尅下之術，侵苦窮民，以爲功能。至于生民疾苦，見之如不見，聞之如不聞，斂怨速尤，無大于此。伏望愼擇通儒，分路採訪兩浙、江南、荆湖、西川、嶺南、河東，凡前日賦斂苛重者，改而正之，因而利之，使賦稅課利通濟，可經久而行，爲聖朝定法；除去舊弊，天下諸州有不便于民者，委長吏以聞。敢循故常者，重置之法。使天下耳目皆知陛下之心，戴陛下之惠，以德懷遠，以惠利民，則遠人之歸，可立而待也。

六年，爲江南西路轉運副使，冬，改右補闕，加正使。齊賢至官，詢知饒、信、虔州土產銅、鐵、鉛、錫之所，推求前代鑄法，取饒州永平監所鑄以爲定式，歲鑄五十萬貫，凡用銅八十五萬斤，鉛三十六萬斤，錫十六萬斤，詣闕面陳其事，敷奏詳確，議者不能奪。

先是，諸州罪人多錮送闕下，路死者十常五六。齊賢道逢南劍、建昌、虔州所送，索牒視之，率非首犯，悉伸其寃抑。因力言于朝，後凡送囚至京，請委強明吏慮問，不實，則罪及原問官屬。自是江南送罪人者爲減太半。

先是，江南諸州小民，居官地者有地房錢，吉州緣江地雖淪沒，猶納勾欄地錢，編木而浮居者名水場錢，皆前代弊政，齊賢悉論免之。

初，李氏據有江南，民戶稅錢三千已上者戶出丁一人，黥面，自備器甲輸官庫，出卽給之，日支糧二升，名爲義軍。既內附，皆放歸農。至是，言者以爲此輩久在行伍，不樂耕農，乞遣使選充軍伍，幷其家屬送闕下。齊賢上言：「江南義軍，例皆良民，橫遭黥配，無所逃避。克復之後，便放歸農，久被皇風，並皆樂業。若逐戶搜索，不無驚擾。法貴有常，政尚清淨，前敕既放營農，不若且仍舊貫。」齊賢居使職，勤究民弊，務行寬大，江左人思之不忘。召還，拜樞密直學士，擢右諫議大夫、簽書樞密院事。

雍熙初，遷左諫議大夫。三年，大舉北伐，代州楊業戰沒。上訪近臣以策，齊賢請行，卽授給事中、知代州，與部署潘美同領緣邊兵馬。是時遼兵自湖谷入寇，薄城下，神衞都校馬正以所部列南門外，衆寡不敵，副部署盧漢贇畏懦，保壁自固。齊賢選廂軍二千，出正之右，誓衆慷慨，一以當百，遼兵遂却。

先是，約潘美以幷師來會戰，無何，間使爲遼人所得。齊賢以師期既漏，且虞美衆爲遼所乘。既而美使至，云師出幷州，至柏井〔六〕，得密詔，東師敗績于君子館，幷之全軍不許出戰，已還州矣。于時遼兵塞川，齊賢曰：「賊知美之來，而不知美之退。」乃閉其使密室，中夜發兵二百，人持一幟，負一束芻，距州城西南三十里，列幟然芻。遼兵遙見火光中有旗幟，意謂幷師至矣，駭而北走。齊賢先伏步兵二千於土磴砦，掩擊大敗之，擒其北大王之子一

人，帳前舍利一人，斬數百級，獲馬二千、器甲甚衆。捷奏，且歸功漢贇。

端拱元年冬，拜工部侍郎。遼人又自大石路南侵，齊賢預簡廂兵千人爲二部，分屯繁時、崞縣。下令曰：「代西有寇，則崞縣之師應之；代東有寇，則繁時之師應之。比接戰，則郡兵集矣。」至是，果爲繁時兵所敗。

二年，置屯田，領河東制置方田都部署，入拜刑部侍郎、樞密副使。淳化二年夏，參知政事，數月，拜吏部侍郎、同中書門下平章事。齊賢母孫氏年八十餘，封晉國太夫人，每入謁禁中，上歎其福壽、有令子，多手詔存問，加賜與，搢紳榮之。

初，王延德與朱貽業同掌京庾，欲求補外，貽業與參政李沆有姻婭，託之以請於沆，沆爲請於齊賢，齊賢以聞。太宗以延德嘗事晉邸，怒其不自陳而干祈執政，召見詰責。延德、貽業皆諱不以實對，齊賢不欲累沆，獨任其責。四年六月，罷爲尙書左丞。十月，命知定州，以母老不願往。未幾，丁內艱，水漿不入口者七日，自是日啖粥一器，終喪不食酒肉蔬菓。尋復轉禮部尙書、知河南府。時獄有大辟將決，齊賢至，立辨而釋之。三日，徙知永興軍。時閤門祗候趙贊以言事得幸，提點關中芻糧，所爲多豪橫。齊賢論列其罪，卒抵於法。俄徙襄州，移荆南，又徙安州。踰年，加刑部尙書。

眞宗卽位，召拜兵部尙書、同中書門下平章事。嘗從容爲上言皇王之道，而推本其所以

然，且言：「臣受陛下非常恩，故以非常爲報。」上曰：「朕以爲皇王之道非有跡，但庶事適治道則近之矣。」時戚里有分財不均者更相訟，又入宮自訴。齊賢曰：「是非臺府所能決，臣請自治。」上俞之。齊賢坐相府，召訟者問曰：「汝非以彼所分財多、汝所分少乎？」曰：「然。」命具欵。乃召兩吏，令甲家入乙舍，乙家入甲舍，貨財無得動，分書則交易之。明日奏聞，上大悅曰：「朕固知非君莫能定者。」郊祀，加門下侍郎。與李沆同事，不相得。坐冬至朝會被酒失儀，免相。

四年，李繼遷陷清遠軍，命爲涇、原等州軍安撫經略使，以右司諫梁顥爲之副。齊賢上言謂：「清遠軍陷沒以來，靑岡砦燒棄之後，靈武一郡，援隔勢孤，此繼遷之所覬覦而必至者也。以事勢言之，加討則不足，防遏則有餘。其計無他，蕃部大族首領素與繼遷有隙者，若能啗以官爵，誘以貨利，結之以恩信，而激之以利害，則山西之蕃部族帳，靡不傾心朝廷矣。臣所領十二州軍，見二萬餘人，若緣邊料柬本城等軍，更得五萬餘人，招致蕃部，其數又踰十數萬。但彼出則我歸，東備則西擊，使之奔走不暇，何能爲我患哉？今靈武軍民不翅六七萬，陷於危亡之地，若繼遷來春於我兵未舉之前，發兵救援靈武，盡驅其衆，幷力攻圍，則靈州孤城必難固守。萬一失陷，賊勢益增，縱多聚甲兵，廣積財貨，亦難保必勝矣。臣所以乞封潘羅支爲六谷王而厚以金帛者，恐繼遷旦暮用兵斷彼賣馬之路也。苟朝廷信使得達

潘羅支，則泥埋等族、西南遠蕃，不難招集。西南既稟命，而緣邊之勢張，則鄜、延、環、慶之淺蕃，原、渭、鎭戎〔七〕之熟戶，自然歸化。然後使之與對替甲兵及駐泊軍馬互爲聲援，則萬山聞之，必不敢於靈州、河西頓兵矣。萬山既退，則賀蘭蕃部亦稍稍叛繼遷矣。若曰名器不可以假人，爵賞不可以濫及，此乃聖人爲治之常道，非隨時變易之義也。」

齊賢又請調江淮、荊湘丁壯八萬以益防禦，朝議以爲動搖，兼澤國人民，遠戍西鄙亦非便，計遂寢。

齊賢又言：「靈州斗絕一隅，當城鎭完全、磧路未梗之時，中外已言合棄，自繼遷爲患已來，危困彌甚。南去鎭戎約五百餘里，東去環州僅六七日程，如此畏途，不須攻奪，則城中之民何由而出，城中之兵何由而歸？欲全軍民，理須應接。爲今之計，若能增益精兵，以合西邊屯駐、對替之兵，從以原、渭、鎭戎之師，率山西熟戶從東界而入，嚴約師期，兩路交進。設若繼遷分兵以應敵，我則乘勢而易攻。且奔命途道，首尾難衞，千里趨利，不敗則禽。臣謂兵鋒未交，而靈州之圍自解。然後取靈州軍民，而置砦於蕭關、武延川險要處以僑寓之，如此則蕃漢士人之心有所依賴。裁候平寧，却歸舊貫，然後縱蕃漢之兵，乘時以爲進退，則成功不難矣。」時不能用。未幾，靈武果陷。

閏十二月，拜右僕射、判邠州〔八〕，不行，改判永興軍兼馬步軍部署。時薛居正子惟吉

妻柴氏無子早寡，盡畜其貨產及書籍論告，欲改適齊賢。惟吉子安上訴其事。上不欲置于理，命司門員外郎張正倫就訊，柴氏所對與安上狀異。下其事於御史，乃齊賢子太子中舍宗誨教柴氏爲詞。齊賢坐責太常卿、分司西京，宗誨貶海州別駕。

景德初，起爲兵部尚書、知青州。上幸澶淵，命兼青、淄、濰州安撫使。二年，改吏部尚書。上疏言曰：「臣在先朝，常憂靈、夏兩鎭終爲繼遷幷吞，言事者以臣所慮爲太過，略舉旣往之事以明本末。當時臣下皆以繼遷只是懷戀父祖舊地，別無他心，先帝與以銀州廉察，庶滿其意。爾後攻刼不已，直至降麟、府州界八部族蕃酋，又脅制賀蘭山下帳族，言事者猶謂封奬未厚。洎陛下賜以銀、夏土壤，寵以節旄，自此姦威愈滋，逆志尤暴。屢斷靈州糧路，復擾緣邊城池，數年之間，靈州終爲呑噬。當靈池、淸遠軍垂欲陷沒，臣方受經略之命。臣思繼遷須是得一兩處強大蕃族與之爲敵，此乃以蠻夷攻蠻夷，古今之上策也。遂請以六谷名目封潘羅支，俾其展効。其時近臣所見，全與臣謀不同，多爲沮撓。及繼遷爲潘羅支射殺，邊患謂可少息。今其子德明依前攻刼，析逋遊龍鉢等盡在部下，其志又似不小。向使潘羅支臣盧德明乘大駕東幸之際，去攻六谷，則瓜、沙、甘、肅、于闐諸處漸爲控制矣。尚在，則德明未足爲虞；今潘羅支已亡，廝鐸督恐非其敵。望委大臣經制其事。」

從東封還，復拜右僕射。時建玉淸昭應宮，齊賢言繪畫符瑞，有損謙德，又違奉天之

意，屢請罷其役。

三年，出判河陽，從祀汾陰還，進左僕射。五年，代還，請老，以司空致仕。入辭便坐，方拜而仆，上遽止之，許二子扶掖升殿，命益坐茵爲三。歸洛，得裴度午橋莊，有池榭松竹之盛，日與親舊觴詠其間，意甚曠適。七年夏，薨，年七十二。贈司徒，謚文定。

齊賢姿儀豐碩，議論慷慨，有大略，以致君自負。留心刑獄，多所全活。喜提獎寒雋。少時家貧，父死無以爲葬，河南縣吏爲辦其事，齊賢深德之，事以兄禮，雖貴不替也。仲兄昭度嘗授齊賢經，及卒，表贈光祿寺丞。又嘗依太子少師李肅家，肅死，爲營葬事，歲時祭之。趙普嘗薦齊賢於太宗，未用，普卽具前列事，以謂：「陛下若進齊賢，則齊賢他日感恩，更過於此。」上大悅，遂大用。种放之起，齊賢所薦也。齊賢四踐兩府，九居八座，以三公就第，康寧福壽，時罕其比。居相日，數起大獄，又與寇準相傾，人或以此少之。

齊賢諸子皆能有立：宗信，內殿崇班；宗理，大理寺丞；宗諒，殿中丞；宗簡，閤門祗候；宗訥，太子中舍；宗禮最賢，雖累資登朝，而畏覊束，故多居田里。

宗誨字習之，齊賢第二子也。少喜學兵法，陰陽、象緯之書無不通究。以父任爲秘書

省正字，遷至太子中舍，貶海州别駕。嘗通判河陽，徙知富順監。會夷人斗郎春叛，羣獠皆騷動，宗誨將郡兵攻破之。擢開封府判官、三司度支勾院。宗誨在開封日，御史王沿劾其嗜酒廢事，及爲河北轉運使，乃發沿居喪假官舟賈販，朝論惡之。

會以調發擾民，徙知徐州。累遷太常少卿，後爲永興軍兵馬鈐轄，又徙鄜延路兼知鄜州。元昊寇延安，劉平、石元孫敗沒，鈐轄黄德和遁還，延州不納，又走鄜州。宗誨曰：「軍奔將無所歸，激之則爲亂矣。」乃納之，拘德和以聞。是時鄜城不完，且無備，傳言寇兵至，人心不安。宗誨乃嚴斥候，籍入而禁出，使老幼併力守禦之，敵亦自引去。領興州防禦使，復徙永興鈐轄兼知邠州，以秘書監致仕。

嘗事干謁，其子曰：「昔賀祕監以道士服東歸會稽，明皇賜以鑑湖，以爲休老之地。今洛下雖無鑑湖，而嵩、少、伊、瀍天下佳處，雖非朝廷所賜，皆閑逸之人所有爾。大人盍衣羽服以優游，何必更事請謁乎？」宗誨曰：「吾作白頭老監祕書而眠，何以賀老流沙之服爲哉？」時以爲名言。

初，齊賢守代州，宗誨嘗預計畫，其保任親族不問疎近，以年爲先後。然性貪，雖謝事，猶事貨殖，以至于卒。

子二人。子皐字叔謨，少有才名而不自負，人樂與之游。最善尹洙，洙曰：「吾交天下

士多矣，不以通否易意者，子皐也。」舉進士，試祕書郎、知新鄭縣。以齊賢相，遷校書郎，館閣獻頌，擢著作佐郎，進直史館，累官至尙書司封員外郎。

子憲字彥章，以蔭將作監主簿，以獻文賜同進士出身，累遷尙書刑部郎中、知光化軍。戍卒逐其帥韓綱，餘黨作亂，子憲招降之。征稅重，人多逋負，子憲奏除之。歷太常少卿、三司鹽鐵判官、直史館、知洪州。遷右諫議大夫、知桂州，不赴，御史劾之，降祕書監。復爲光祿卿，加直祕閣、知廬州，遷祕書監，累職徙揚州，卒。

賈黃中字娲民，滄州南皮人，唐相耽四世孫。父玭字仲寶，晉天福三年進士，解褐。宋初，爲刑部郎中，終水部員外郎、知浚儀縣，年七十卒。玭嚴毅，善教子，士大夫子弟來謁，必諄諄誨誘之。初，通判鎭州，葬鄉黨羣從之未葬者十五喪，孤貧不自給者，咸敎育而婚嫁之。

黃中幼聰悟，方五歲，玭每旦令正立，展書卷比之，謂之「等身書」，課其誦讀。六歲舉童子科，七歲能屬文，觸類賦詠。父常令蔬食，曰：「俟業成，乃得食肉。」十五舉進士，授校書郎、集賢校理，遷著作佐郎、直史館。

建隆三年，遷左拾遺，歷左補闕。開寶八年，通判定州，判太常禮院。黃中多識典故，每詳定禮文，損益得中，號爲稱職。

嶺南平，以黃中爲採訪使，廉直平恕，遠人便之。還奏利害數十事，皆稱旨。會克江表，選知宣州。歲饑，民多爲盜，黃中出己奉造糜粥，賴全活者以千數，仍設法弭盜，因悉解去。

太宗卽位，遷禮部員外郞。太平興國二年，知昇州。時金陵初附，黃中爲政簡易，部內甚治。一日，案行府署中，見一室扃鑰甚固，命發視之，得金寶數十匱，計直數百萬，乃李氏宮閤中遺物也，卽表上之。上覽表謂侍臣曰：「非黃中廉恪，則亡國之寶，將汙法而害人矣。」賜錢三十萬。丁父憂，起復視事。五年，召歸闕。

有薦黃中文學高第，召試中書，拜駕部員外郞、知制誥。八年，與宋白、呂蒙正等同知貢舉，遷司封郞中，充翰林學士。雍熙二年，又知貢舉，俄掌吏部選。端拱初，加中書舍人。二年，兼史館修撰。凡再典貢部，多柬拔寒俊，除擬官吏，品藻精當。淳化二年秋，與李沆並拜給事中、參知政事。太宗召見其母王氏，命坐，謂曰：「敎子如是，眞孟母矣。」作詩以賜之，頒賜甚厚。

黃中素重呂端爲人，屬端出鎭襄陽，黃中力薦於上，因留爲樞密直學士，遂參知政事。

當世文行之士，多黃中所薦引，而未嘗言，人莫之知也。然畏愼過甚，中書政事頗留不決。

四年冬，與沆並罷守本官。明年，知襄州，上言母老乞留京，改知澶州。辭日，上戒之曰：「夫小心翼翼，君臣皆當然；若太過，則失大臣之體。」黃中頓首謝。上因謂侍臣曰：「朕嘗念其母有賢德，七十餘年未覺老，每與之語，甚明敏。黃中終日憂畏，必先其母老矣。」因目參知政事蘇易簡曰：「易簡之母亦如之。自古賢母不可多得。」易簡前謝曰：「陛下以孝治天下，獎及人親，臣實何人，膺茲榮遇。」

至道初，黃中遘疾，詔令歸闕。會建儲宮，擇大臣有德望者爲賓友，黃中在選中。以久疾，改命李至、李沆兼賓客，黃中亦特拜禮部侍郎，代至兼祕書監。黃中素嗜文籍，既居內閣，甚以爲慰。

二年，以疾卒，年五十六，其母尙無恙，卒如上言。贈禮部尙書。上聞其素貧，別賜錢三十萬。既葬，其母入謝，又賜白金三百兩。上謂之曰：「勿以諸孫爲念，朕當不忘也。」

黃中端謹，能守家法，廉白無私。多知臺閣故事，談論亹亹，聽者忘倦焉。在翰林日，太宗召見，訪以時政得失，黃中但言：「臣職典書詔，思不出位，軍國政事，非臣所知。」上益重之，以爲謹厚。及知政事，卒無所建明，時論不之許。有文集三十卷。

子守謙，雍熙二年進士；守正，獻文召試，賜進士第，後爲虞部員外郎；守約，國子博

士；守文，殿中丞；守訥，右贊善大夫。

論曰：詩云：「允也天子，降予卿士，實維阿衡〔九〕，實左右商王。」言有是君則有是臣，有是臣則足以相是君也。太宗勵精庶政，注意輔相，以昉舊德，亟加進用；繼擢蒙正、齊賢，迭居相位；復進黃中，俾參大政。而四臣者將順德美，修明庶政，以致承平之治，可謂君臣各盡其道者矣。君子謂李昉爲多遜所毁而不校，蒙正爲張紳所汚而不辨，齊賢爲同列所累而不言，黃中多所薦引而不有其功，此固人之所難也。而况四臣者皆賢宰輔，又能進退有禮，皆以善終，非盛德君子，其孰能與於斯？

校勘記

〔一〕從父右資善大夫沼無子以昉爲後　「從父」，原作「從大父」。按下文有「當與叔母爲子」句，太宗實錄卷七六也說：「昉自襁褓，叔父沼養爲己子。」據此李沼實爲李昉從父，「大」字衍，故删。

〔二〕沼未有子　「沼」原作「超」，據上下文和宋會要儀制一〇之一四、太宗實錄卷七六改。下文「故昉出繼于沼」句同改。

〔三〕宗諤從子也　按東都事略卷三二李宗諤傳，昭遘是宗諤之子。

〔四〕左正言宋沆　原作「右正言宋抗」，據本書卷二八七宋湜傳、長編卷三二改。

〔五〕封萊國公改封徐　「萊」原作「蔡」，「徐」原作「隨」。據琬琰集上編卷一五呂蒙正神道碑、東都事略卷三二本傳改。蒙正封萊國公，又見本書卷七眞宗紀、長編卷五五。

〔六〕柏井　原作「北井」，琬琰集下編卷二張齊賢傳、長編卷二七都作「柏井」，據改。

〔七〕鎮戎　原作「振戎」，據長編卷四九、本書卷八七地理志、武經總要前集卷一八上改。

〔八〕邠州　原作「汾州」，據長編卷五一、東都事略卷三二本傳改。

〔九〕實維阿衡　「維」原作「爲」，據詩商頌長發改。

宋史卷二百六十六

列傳第二十五

錢若水 從弟若沖　蘇易簡　郭贄　李至　辛仲甫　王沔
溫仲舒　王化基 子舉正　舉元　孫詔

錢若水字澹成，一字長卿，河南新安人。父文敏，漢青州帥劉銖辟爲錄事參軍，歷長水鄠都尉、扶風令、相州錄事參軍。先是，府帥多以筆牘私取官庫錢，韓重贇領節制，頗仍其弊。文敏不從，重贇假他事廷責之，文敏不爲屈。太祖嘉其有守，授右贊善大夫、知瀘州，召見講武殿，謂曰：「瀘州近蠻境，尤宜綏撫。聞知州郭思齊、監軍郭重遷掊斂不法，恃其荒遠，謂朝廷不知爾。至，爲朕鞫之，苟一毫有侵於民，朕必不赦。」至郡，有政迹，夷人詣闕借留。詔改殿中丞，許再任。三遷司封員外郎，又知洺州、建昌軍。卒，年七十二。

若水幼聰悟，十歲能屬文。華山陳摶見之，謂曰：「子神清，可以學道；不然，當富貴，

但忌太速爾。」雍熙中，舉進士，釋褐同州觀察推官，聽決明允，郡治賴之。淳化初，寇準掌選，薦若水洎王扶、程肅、陳充、錢熙五人文學高第，召試翰林，若水最優，擢秘書丞、直史館。歲餘。遷右正言、知制誥。會置理檢院於乾元門外，命若水領之。俄同知貢舉，加屯田員外郎。詔詣原、鹽等州制置邊事，還奏合旨，翌日改職方員外郎、翰林學士，與張洎並命。俄知審官院、銀臺通進封駮司。嘗草賜趙保忠詔，有云：「不斬繼遷，開狡兎之三穴；潛疑光嗣，持首鼠之兩端。」太宗大以爲當。

至道初，以右諫議大夫同知樞密院事。眞宗卽位，加工部侍郎。數月，以母老上章求解機務，詔不許。若水請益堅，遂以本官充集賢院學士、判院事。俄詔修太宗實錄，若水引柴成務、宗度、吳淑、楊億同修，成八十卷。眞宗覽書流涕，錫賚有差。

初，太宗有畜犬甚馴，常在乘輿左右。及崩，嗚號不食，因送永熙陵寢。李至嘗詠其事，欲若水書之以戒浮俗，若水不從。呂端雖爲監修，以不涖局不得署名，至抉其事以爲專美。若水稱詔旨及唐朝故事以折之，時議不能奪。既又重修太祖實錄，參以王禹偁、李宗諤、梁顥、趙安仁，未周歲畢。安仁時爲宗正卿，上言夔王於太宗屬當爲兄，實錄所紀繆誤。若水援國初詔令，廷諍數四乃定。

俄判吏部流內銓。從幸大名，若水陳禦敵安邊之策，有曰：

孫武著書，以伐謀爲主；漢高將將，以用法爲先。伐謀者，以將帥能料敵制勝也；用法者，以朝廷能賞罰不私也。今傅潛領雄師數萬，閉門不出，坐視邊寇俘掠生民，上孤委注之恩，下挫銳師之氣，蓋潛輩不能制勝，朝廷未能用法使然也。軍法，臨陣不用命者斬。今若斬潛以徇，然後擢如楊延朗、楊嗣者五七人，增其爵秩，分授兵柄，使將萬人，間以強弩，分路討除，孰敢不用命哉？敵人聞我將帥莫不用命〔一〕，退則有死，豈獨思遁，抑亦來歲不敢犯邊矣。如此則可以坐清邊塞，然後鑾輅還京，天威懾於四海矣。

臣嘗讀前史，周世宗即位之始，劉崇結敵入寇，敵遣其將楊袞領騎兵數萬，隨崇至高平。當時懦將樊愛能、何徽等臨敵不戰，世宗大陳宴會，斬愛能等，拔偏將十餘人，分兵擊太原。劉崇聞之，股慄不敢出，即日遁去。自是兵威大振。其後收淮甸，下秦、鳳，平關南，特席捲爾。以陛下之神武，豈讓世宗乎？此今日禦敵之奇策也。

若將來安邊之術，請以近事言之，太祖朝制置最得其宜。止以郭進在邢州，李漢超在關南，何繼筠在鎮定，賀惟忠在易州，李謙溥在隰州，姚內斌在慶州，董遵誨在通遠軍，王彥昇在原州，但授緣邊巡檢之名，不加行營部署之號，率皆十餘年不易其任。立邊功者厚加賞賚，其位皆不至觀察使。蓋位不高則朝廷易制，任不易則邊事盡知。

然後授以聖謀，來則掩殺，去則勿追，所以十七年中，北邊、西蕃不敢犯塞，以至屢使乞和，此皆陛下之所知也。苟能遵太祖故事，愼擇名臣，分理邊郡；罷部署之號，使不相統轄；置巡檢之名，俾遞相救應。如此則出必擊寇，入則守城，不數年間，可致邊烽罷警矣。

俄知開封府。時北邊未寧，內出手札訪若水以策。若水陳備邊之要有五：

一曰擇郡守，二曰募鄉兵，三曰積芻粟，四曰革將帥，五曰明賞罰。

何謂擇郡守？今之所患，患在戰守不同心。望陛下選沉厚有謀諳邊事者，任爲邊郡刺史，令兼緣邊巡檢，許召勇敢之士爲隨身部曲。廩贍不充則官爲支給。然後嚴亭障，明斥候，每得事宜，密相報示。寇來則互爲救應，齊出討除；寇去則不令遠追，各務安靜。苟無大過，勿爲替移；儻立微功，就加爵賞。如此則戰守必能同心，敵人不敢近塞矣。

何謂募鄉兵？今之所患，患在不知敵情。望詔逐州沿邊民爲招收軍，給與糧賜，蠲其賦租。彼兩地之中，各有親族，使其懷惠，來布腹心。彼若舉兵，此必預知，苟能預知，則百戰百勝矣。

何謂積芻粟？今之所患，患在困民力。望陛下令緣邊各廣營田，以州郡長官兼其

使頟，每歲秋夏，較其課程，立鼓旗以齊之，行賞罰以勸之。仍縱商人入粟緣邊。儻鎮戍有三年之備，則敵人不敢動矣。

何謂革將帥？今之所患，患在重兵居外，輕兵居內。去歲傅潛以八萬騎屯中山，魏、博之間鎮兵全少，非鑾輅親征，則城邑危矣。望陛下愼選將臣任河北近鎮，仍依舊事節制邊兵，未能削部署之名，望且減行營之號；有警則暫巡邊徼，無事則却復舊藩。豈惟不啓戎心，況復待勞以逸。如此則不失備邊之要，又無舉兵之名，且使重兵不屯一處，進退動靜，無施不可矣。

何謂明賞罰？今之所患，患在戎卒驕惰。臣自知府以來，見侍衞、殿前兩司送到邊上亡命軍卒，人數甚多。臣試訊之，皆以思親爲言，此蓋令之不嚴也。平時尙敢如此，況臨大敵乎？望陛下以此言示將帥，俾申嚴號令，以警其下。古人云：「賞不勸謂之止善，罰不懲謂之縱惡。」又曰：「法不可移，令不可違。」臣嘗聞郭進出鎮西山，太祖每遣戍卒，必諭之曰：「汝等謹奉法。我猶赦汝，郭進殺汝矣。」其假借如此，故郭進所至，未嘗少衂。陛下能鑒前日之事，卽今日之元龜也。

若水又言：「邊部用兵，唯視太白與月爲進退者，誠以太白者將軍也，星辰者廷尉也。合則有戰，不合則無戰；合於東則主勝，合於西則客勝。陛下能用臣言以謹邊備，則邊部

不召而自來矣。太祖臨御十七年間，未嘗生事疆埸，而敵人往往遣使乞和者，以其任用得人而備禦有方也。陛下苟思兵者凶器，戰者危事，而不倒持太阿，授人以柄，則守在四夷，而常獲靜勝，此備禦之上策也。」

未幾，出知天雄軍兼兵馬部署。時言事者請城綏州，屯兵積穀以備党項。邊城互言利害，前後遣使數輩按視，不能決。時已大發丁夫，將興其役，詔若水自大名馳往視之。若水上言：「綏州頃爲內地，民賦登集，尙須旁郡轉餉。自賜地趙保忠以來，人戶凋殘，若復城之，卽須增戍。芻糧之給，全仰河東。其地隔越黃河、鐵碣二山，無定河在其城下，緩急用兵，輸送艱阻。且其地險，若未葺未完，邊寇奔衝，難於固守。況城邑焚毀，片瓦不存，所過山林，材木匱乏。城之甚勞，未見其利。」復詣闕面陳其事，上嘉納之，遂罷役。初，若水率衆過河，分布軍伍，咸有節制，深爲戍將推服。上謂左右曰：「若水，儒臣中知兵者也。」是秋，又遣巡撫陝西緣邊諸郡，令便宜制置邊事。還拜鄧州觀察使、并代經略使、知并州事。

六年春，因疾灸兩足，創潰出血數斗，自是體貌羸瘵，手詔慰勞之，俾歸京師。數月，始赴朝謁，因與僚友會食僧舍，假寢而卒，年四十四。贈戶部尙書，賜其母白金五百兩。子延年甫七歲，錄爲太常奉禮郎。

若水美風神，有器識，能斷大事，事繼母以孝聞。雅善談論，尤輕財好施。所至推誠待

物，委任僚佐，總其綱領，無不稱治。汲引後進，推賢重士，襟度豁如也。精術數，知年壽不永，故懇避權位。其死也，士君子尤惜之。有集二十卷。

兄若愚，比部員外郎。從弟若沖，大中祥符中，調河陽令。有僕酗酒，杖之百數。僕挾刀夜潛室中，斷其臂，若沖大呼；又害其幼子。詔磔僕於其門。眞宗念若水母老，遣使存問，賜縉、綿、羊、酒；且賜若沖帛三十端，補孟州別駕。延年後以獻文賜進士出身，歷太常博士、集賢校理。

蘇易簡字太簡，梓州銅山人。父協舉蜀進士，歸宋，累任州縣，以易簡居翰林，任開封縣兵曹參軍，俄遷光祿寺丞，卒，特贈秘書丞。

易簡少聰悟好學，風度奇秀，才思敏贍。太平興國五年，年踰弱冠，舉進士。太宗方留心儒術，貢士皆臨軒覆試。易簡所試三千餘言立就，奏上，覽之稱賞，擢冠甲科。解褐將作監丞，通判昇州，遷左贊善大夫。八年，以右拾遺知制誥。雍熙初，以郊祀恩進秩祠部員外郎。二年，與賈黃中同知貢舉。有詔，凡親屬就舉者，籍名別試。易簡妻弟崔範，匿父喪充

貢，奏名在上第；又王千里者，水部員外郎孚之子，協爲孚門生，千里預薦。上聞，坐範及千里罪。易簡緣是罷知制誥，以本官奉朝請。未幾，復知制誥。三年，充翰林學士。初，易簡充貢，宋白掌貢部，至是裁七年。易簡幼時隨父河南，賈黃中來使，嘗敎之屬辭；及是，悉爲同列。易簡連知貢舉，陳堯叟、孫何並甲廷試。

淳化元年，丁外艱。二年，同知京朝官考課，遷中書舍人，充承旨。先是，曲宴將相，翰林學士皆預坐，梁適啓太祖罷之；又皇帝御丹鳳樓，翰林承旨侍從升樓西南隅，禮亦廢。至是，易簡請之，皆復舊制。易簡續唐李肇翰林志二卷以獻，帝賜詩以嘉之。帝嘗以輕綃飛白大書「玉堂之署」四字，令易簡牓於廳額。易簡會韓伾、畢士安、李至等往觀。上聞，遣中使賜宴甚盛，至等各賦詩紀其事，宰相李昉等亦作詩頌美之。他日，易簡直禁中，以水試欹器。上密聞之，因晚朝，問曰：「卿所玩得非欹器耶？」易簡曰：「然，江南徐邈所作也。」命取試之。易簡奏曰：「臣聞日中則昃，月滿則虧，器盈則覆，物盛則衰。願陛下持盈守成，愼終如始，以固丕基，則天下幸甚。」

會郊祀，充禮儀使。先是，扈蒙建議以宣祖升配。易簡引唐故事，請以宣祖、太祖同配。從之。知審官院，言初任京朝官，未嘗歷州縣，不得擬知州、通判。詔可。改知審刑院，俄掌吏部選，遷給事中、參知政事。時趙昌言亦參知政事，與易簡不協，至忿爭上前，上皆優容

之。未幾，昌言出使劍南，中路命改知鳳翔府。明年，易簡亦以禮部侍郎出知鄧州，移陳州。至道二年，卒，年三十九，贈禮部尚書。

易簡外雖坦率，中有城府。由知制誥入爲學士，年未滿三十。屬文初不達體要，及掌誥命，頗自刻勵。在翰林八年，眷遇夐絕倫等。李沆後入，在易簡下，先參知政事，故以易簡爲承旨，錫賚均焉。太宗遵舊制，且欲稔其名望而後正台輔，易簡以親老急於進用，因亟言時政闕失，遂參大政。

蜀人何光逢，易簡之執友也，嘗任縣令，坐賂削籍，流寓京師。會易簡典貢部，光逢代人充試以取貲，易簡於稠人中屏出之。光逢遂造謗書，斥言朝廷事，且譏易簡。易簡得其書以聞，逮捕光逢，獄具，坐棄市。易簡以殺光逢非其意，居常怏怏。母薛氏以殺父執切責之，易簡泣曰：「不謂及此，易簡罪也。」及易簡參知政事，召薛氏入禁中，賜冠帔，命坐，問曰：「何以教子成此令器？」對曰：「幼則束以禮讓，長則教以詩書。」上顧左右曰：「眞孟母也。」

易簡性嗜酒，初入翰林，謝日飲已微醉，餘日多沉湎。上嘗戒約深切，且草書勸酒二章以賜，令對其母讀之。自是每入直，不敢飲。及卒，上曰：「易簡果以酒死，可惜也。」易簡常居雅善筆札，尤善談笑，旁通釋典，所著文房四譜、續翰林志及文集二十卷，藏於秘閣。三子曰宿、曰壽、曰耆，大中祥符間，皆祿之以官云。

郭贄字仲儀，開封襄邑人。乾德中，舉進士，中首薦。太宗尹京，因事藩邸。太平興國初，擢爲著作佐郎、右贊善大夫。俄兼皇子侍講，賜緋魚。太宗至東宮，出戒子篇命贄注解，且令委曲講說，以喻諸王。三年，與劉兼、張洎、王克正同知貢舉，遷右補闕，與宋白並拜中書舍人，賜金紫。五年，復與程羽、侯陟、宋白同知貢舉。置京朝官差遣院，凡將命出入、受代歸闕官，悉考校勞績，銓量才品，命贄洎滕中正、雷德驤領之。

七年，以本官參知政事。曹彬爲弭德超所誣，贄極言救解，深爲宰相趙普所重。嘗因論事奏曰：「臣受不次之遇，誓以愚直上報。」太宗曰：「愚直何益於事？」贄言：「雖然，猶勝姦邪。」無何，以入對宿酲未解，左遷秘書少監、知荊南府。府俗尙淫祀，屬久旱，盛陳禱雨之具。贄始至，命悉撤去，投之江，不數日大雨。就加左諫議大夫，入爲鹽鐵使。時諸路積逋欠犯人，雖死猶繫其子孫。贄條陳其事，多所蠲貸。籍田，超拜工部侍郎。淳化中，知澶州，坐河決免所居官。久之，起爲給事中，復工部侍郎，知審官院、通進銀臺封駁司。

眞宗卽位，拜刑部，出知天雄軍。翌日，贄入對，懇辭。上曰：「全魏之地，所寄尤重，卿宜亟去。」入判太常寺、吏部流內銓，加集賢院學士、判院事。知河南府，歸朝，獻詩自陳，進

秩吏部，俄兼秘書監。

初，眞宗未出閤，贊已授經，上嘗至其家；後楊可法繼其任，上以爲輔導不及贊，嘗稱贊純厚長者。至是，在秘府，屢賜對，詢訪舊事。且愍其已老，特拜工部尚書、翰林侍讀學士，作詩賜之，有「啓發沖言曉典常」語。東封，遷禮部尚書。太宗在晉邸時，凡製篇咏，多令屬和。眞宗嘗訪其賜本，贊集爲四卷以獻，詔獎之。大中祥符三年，卒，年七十六。上以舊學之故，特親臨哭之，贈左僕射，謚文懿。錄其子昭度爲大理寺丞，昭升、昭用並大理評事，昭允左贊善大夫。

贊屬文敏速而不雕刻，昭度集爲三十卷上之，賜名文懿集。性温和，頗能延譽時儁。宋白以文學沉下位，贊薦引之，遂同掌誥命。趙昌言兒時，一見器之，及掌貢部，以爲奏名之首，後卒貴顯。贊初充賦有聲，邑人同在籍中者忌之，潛加構毁，自是連上不中選。洎贊再知貢舉，邑人子以明經充薦，詔下日，悔泣而去。贊聞之，命其所親召還，慰諭俾就舉，遂預薦中第。然吝嗇，切於治生，晚節不事事，人頗以是少之。

李至字言幾，眞定人。母張氏，嘗夢八仙人自天降，授字圖使吞之，及寤，猶若有物在胸

中，未幾，生至。七歲而孤，鞠於飛龍使李知審家。幼沉靜好學，能屬文。及長，辭華典贍。舉進士，釋褐將作監丞，通判鄂州。旋擢著作郎、直史館。會征太原，命督澤、潞芻糧，累遷右補闕、知制誥。太平興國八年，轉比部郎中，爲翰林學士。多，拜右諫議大夫、參知政事。

雍熙初，加給事中。時議親征范陽，至上疏以爲：「兵者凶器，戰者危事，用之之道，必務萬全。幽州爲敵右臂，王師所嚮，彼必拒張，攻城數萬，兵食倍之。今日邊庾未充，況范陽之傍，坦無陵阜，去山旣遠，取石尤難。金湯之堅，必資機石，儻有未備，願且繕完。畜威養銳，觀釁以伐謀，更縱彌年，亦未爲晚。必若聖心獨斷，在於必行，則京師天下之本，陛下恭守宗廟，不離京國，示敵人以閑暇，慰億兆之仰望，策之上也。大名，河朔之咽喉，或暫駐鑾輅，揚言自將，以壯軍威，策之中也。若乃遠提師旅，親抵邊陲，北有契丹之虞，南有中原之慮，則曳裾之懇切，斷鞅之狂愚，臣雖不肖，恥在二賢後也。」至以目疾累表求解機政，授禮部侍郎，進秩吏部。

會建秘閣，命兼秘書監，選三館書置閣中，俾至總之。至每與李昉、王化基等觀書閣下，上必遣使賜宴，且命三館學士皆與焉。至是昇秘閣，次於三館，從至請也。上嘗臨幸秘閣，出草書千字文爲賜，至勒石，上曰：「千文乃梁武得破碑鍾繇書，命周興嗣次韻而成，理無足取。若有資於教化，莫孝經若也。」乃書以賜至。薦潘愼修、舒雅、杜鎬、吳淑等入充直

館校理。請購亡書，間以新書奏御，必便坐延見，恩禮甚厚。淳化五年，兼判國子監。至上言：「五經書疏已板行，惟二傳、二禮、孝經、論語、爾雅七經疏未備，豈副仁君垂訓之意。今直講崔頤正、孫奭、崔偓佺皆勵精強學，博通經義，望令重加讎校，以備刊刻。」從之。後又引吳淑、舒雅、杜鎬檢正譌謬，至與李沆總領而裁處之。

至道初，眞宗初正儲位，以至與李沆並兼賓客，詔太子事以師傅禮。眞宗每見必先拜，至等上表，不敢當禮。詔答曰：「朕旁稽古訓，肇建承華，用選端良，資於輔導。藉卿宿望，委以護調，蓋將勗以謙沖，故乃異其禮數。勿飾當仁之讓，副予知子之心。」至等相率謝。太宗謂曰：「太子賢明仁孝，國本固矣。卿等可盡心規誨，若動皆由禮，則宜贊助，事有未當，必須力言。至於禮、樂、詩、書義有可裨益者，皆卿等素習，不假朕之言諭也。」

眞宗卽位，拜工部尚書、參知政事。一日，上訪以靈武事，至上疏曰：「河湟之地，夷夏雜居，是以先王置之度外。繼遷異類，騷動疆場，然臍不足弭其患，擢髮不足數其罪。然聖人之道，務屈己含垢以安億民，蓋所損者小，所益者大。望陛下以元元爲念，不以巨憝介意。料彼脅從亦厭兵久矣，苟朝廷舍之不問，啖以厚利，縻以重爵，亦安肯迷而不復訖於淪胥哉？昨鄭文寶絕青鹽使不入漢界，禁粒食使不及羌夷，致彼有詞，而我無謂，此之失策，雖悔何追。今若復禁止不許通糧，恐非制敵懷遠、不戰屈人之意。昔唐代宗雖罪田承嗣而

不禁魏鹽，陛下宜行此事，以安邊鄙。使其族類有無交易，售鹽以利之，通糧以濟之，彼雖遠夷，必然向化，互相誥諭。一旦懷恩，舍逆效順，則繼遷竪子孤而無輔，又安能爲我蜂蠆哉！今靈州不可不棄，非獨臣愚以爲當然，若移朔方軍額於環州，亦一時之權也。或指靈州爲咽喉之地，西北要衝，安可棄之以爲敵有，此不智之甚，非臣之所敢知也。」後靈武卒不能守。

咸平元年，以目疾求解政柄，授武信軍節度〔三〕，入辭節制，不允。居二年，徙知河南府。四年，以病求歸本鎭，許之。詔甫下，卒，年五十五。贈侍中，詔給其子惟良、惟允、惟熙等奉終制。

至嘗師徐鉉，手寫鉉及其弟鍇集，置於几案。又賦五君詠，爲鉉及李昉、石熙載、王祐、李穆作也。至剛嚴簡重，人士罕登其門。性吝嗇。幼育於知審，及貴，卽逐其養子以利其資。知審因至亦至右金吾衞大將軍。

辛仲甫字之翰，汾州孝義人。曾祖實，石州推官。祖迪，壽陽令。父藩，河東節度判官。仲甫少好學，及長，能吏事，偉姿儀，器局沉厚。

周廣順中，郭崇掌親軍，領武定節制，署仲甫掌書記。顯德初，出鎭澶淵，仍署舊職。崇所親吏爲廂虞候，部民有被刼殺者，訴陰識賊魁，即捕盜吏也，官不敢詰。仲甫請自捕逮，鞫之，吏故稽其獄，仲甫曰：「民被寇害而使自誣服，蠹政甚矣，焉用僚佐爲？」請易吏以雪寃憤。崇悟，移鞫之，乃得實狀。崇移鎭眞定，改深、趙、鎭觀察判官。

太祖受命，以崇爲監軍陳思誨密奏崇有姦狀，上怒且疑，遣中使馳往驗之。未至，崇憂懣失據，謂賓佐曰：「苟王人不察，爲之奈何？」皆愕相視。仲甫曰：「皇帝膺運，公首效節，軍民處置，率循常度，且何以加辭。第遠偵使者，率僚屬盡郊迎禮，聽彼伺察，久當自辨矣。」崇如其言。使者至，視崇無他意，還奏，上大喜，歸罪於思誨。仲甫又隨崇爲平盧軍節度判官。崇卒，改鄆、齊觀察判官，累雪寃枉。

乾德五年，入拜右補闕，出知光州。州有横河與城直〔三〕，會霖潦暴疾，水溢漬廬舍。仲甫集船數百艘，軍資民儲，皆賴以濟。六年，移知彭州。州卒誘營兵及諸屯戍，謀以長春節宴集日爲亂。屬春初，仲甫出城巡視，見壕中草深，意可藏伏，命燒薙之。兇黨疑謀泄，有自首者。禽百餘人，盡斬之。先是州少種樹，暑無所休。仲甫課民栽柳蔭行路，郡人德之，名爲「補闕柳」。太祖問羣臣文武兼資者爲誰，趙普以仲甫對。徙益州兵馬都監，代還，選爲三司戶部判官。

太平興國初，遷起居舍人，奉使契丹。遼主問：「党進何如人？如進之比有幾？」仲甫曰：「國家名將輩出，如進鷹犬材耳，何足道哉！」遼主欲留之，仲甫曰：「信以成命，義不可留，有死而已。」遼主竟不能屈。使還，以刑部郎中知成都府。既至，奏免歲輸銅錢，罷榷酤，政尚寬簡，蜀人安之。八年，加右諫議大夫。時彭州盜賊連結爲害，詔捕未獲。仲甫誘令自縛詣吏者凡百餘人，餘因散去。

九年，入知開封府，拜御史中丞。雍熙二年，拜給事中、參知政事。端拱中，進戶部侍郎。時呂蒙正以長厚居相位，王沔任事，仲甫從容其間而已。淳化二年，以足疾罷爲工部尚書，出知陳州。代歸，會蜀有寇，以仲甫素著恩信，將令輿疾招撫，以疾未行。無何，以太子少保致仕。眞宗即位，加太子少傅。咸平三年，卒，年七十四，贈太子太保。子若沖、若虛、若蒙、若濟、若渝，皆能其官。孫有孚、有隣，俱中進士。

王沔字楚望，齊州人。太平興國初，舉進士，解褐大理評事。四年，太宗親征太原，見於行在，授著作郎、直史館。遷右拾遺，出爲京西轉運副使。明年，加右補闕、知懷州。八年春，與宋白、賈黃中等同知貢舉，擢膳部郎中、樞密直學士。遷右諫議大夫、同簽書樞密

院事，賜第崇德坊。雍熙元年，加左諫議大夫、樞密副使。端拱初，改戶部侍郎、參知政事。淳化初，宰相趙普出守西洛。呂蒙正以寬簡自任，政事多決於沔，沔與張齊賢同掌樞務，頗不叶，齊賢出知代州，沔遂爲副使，參預政事。陳恕好苛察，亦嘗與沔忤。淳化二年，齊賢洎恕參知政事，沔不自安，慮僚屬有以中書舊事告齊賢等。會左司諫王禹偁上言：「自今宰相及樞密使不得於本廳見客，許於都堂延接。」沔喜，卽奏行之。直史館謝泌以爲如此是疑大臣以私也，疏駁之。太宗追還前詔，沔暨恕因是罷守本官。翌日，蒙正亦罷。沔見上，涕泣，不願離左右。未幾，鬢髮皆白。會省吏事發，連中書，因有奏毀者。上語毀者曰：「呂蒙正有大臣體，王沔甚明敏。」毀者慙而止。

三年，上欲黜陟官吏，命沔與謝泌、王仲華同知京朝官考課。沔上言，應京朝官殿犯，乞令刑部條報，以贓及公私罪分三等以聞。立法苛察，欲因是以求再用。受命甫旬日，方視事，以暴疾卒，年四十三，贈工部尚書。

沔聰察敏辯，有適時之用，上前言事，能委曲敷繹。每對御讀所試進士辭賦，音吐明暢，經讀者多中高第。性苛刻，少誠信。掌機務日，凡謁見者必啗以甘言，皆喜過望，既而進退非允，人胥怨之。

沔弟淮，太平興國五年進士，任殿中丞，嘗掌香藥榷易院，坐贓論當棄市。以沔故，詔

杖一百，降定遠主簿。沔以是頻爲寇準所詆云。

温仲舒字秉陽，河南人。太平興國二年，舉進士，爲大理評事，通判吉州。再遷秘書丞、知汾州，坐事除名。未幾，復起爲右贊善大夫，通判睦州。端拱初，拜右正言、直史館、判戶部憑由司。三年，拜工部郎中、樞密直學士，知三班院。秋，彗星見，召對別殿，仲舒以爲「國家平太原以來，燕、代之交，城守年深，殺傷剽掠，彼此迭見。大河以北，農桑廢業，戶口減耗。凋弊之餘，極力奉邊。丁壯備徭，老弱供賦。遺廬壞堵，不亡卽死。邪人媚上，猶云樂輸。加以兵卒踐更，行者辛苦，居者怨曠。願推恩宥，以綏民庶」。太宗嘉納之，遂赦河北。

淳化二年，拜右諫議大夫、樞密副使，改同知樞密院事。四年，罷知秦州。先是，俗雜羌、戎，有兩馬家、朵藏、梟波等部，唐末以來，居於渭河之南，大洛、小洛門砦，多產良木，爲其所據。歲調卒采伐給京師，必以貲假道於羌戶。然不免攘奪，甚至殺掠，爲平民患。仲舒至，部兵歷按諸砦，諭其酋以威信，諸部獻地內屬。旣而悉徙其部落於渭北，立堡砦以限之。民感其惠，爲畫像祠之。會有言仲舒生事者，上謂近臣曰：「仲舒嘗總機密之職，在吾

左右，當以綏懷爲務。古者伊、洛之間，尚有羌、渾雜居，况此羌部內屬，素居渭南，土著已久，一旦擅意斥逐，或至騷動，又煩吾關右之民。」乃命知鳳翔薛惟吉與仲舒對易其任。連知興元、江陵二府，加給事中。會內侍藍繼宗使秦州還，言得地甚利。乃召仲舒，拜戶部侍郎，尋參知政事。二砦後爲內地，歲獲巨木之利。

咸平初，拜禮部尙書，罷政，出知河陽。踰年，知開封府。五年，以京府務劇求罷，遂以本官兼御史中丞，尋遷刑部尙書、知天雄軍，徙河南。景德中，幷州缺守，上以北門重鎭須大臣鎭撫，非張齊賢、温仲舒不可，令宰相諭旨，皆不願往。未幾，復知審官院。大中祥符中，進秩戶部尙書。三年，判昭文館大學士，命下，卒，年六十七。贈左僕射，謚恭肅。

仲舒敏於應務。少與呂蒙正契厚，又同登第。仲舒黜廢累年，蒙正居中書，極力援引，及被任用，反攻蒙正，士論薄之。自爲正言至貳樞密，皆與寇準同進，時人謂之「温寇」。子嗣宗、嗣良、嗣先、嗣立。仲舒既卒，帝憫其孤弱，並祿以官。

王化基字永圖，眞定人〔四〕。太平興國二年，舉進士，爲大理評事，通判常州。遷太子右贊善大夫、知嵐州。時趙普爲相，建議以縣用人無益于治，改淮南節度判官，入爲著作郎，

遷右拾遺，抗疏自薦。太宗覽奏曰：「化基自結人主，慷慨之士也。」召試，知制誥，以右諫議大夫權御史中丞。一日，侍便殿，問以邊事，對曰：「治天下猶植木焉，所患根本未固，固則枝幹不足憂。朝廷治，則邊鄙何患乎不安？」又嘗令薦士，即一疏數十人，王嗣宗、薛映、耿望，皆其人也。

化基嘗慕范滂爲人，獻澄清略，言時事有五：

其一，復尙書省，曰：國家立制，動必法天。尙書省上應玄象，對臨紫垣，故六卿擬喉舌之官，郎吏應星辰之位，斯實乾文昭著，故事具明。方今省署，名實未稱。夫三司使額，乃近代權制；判官、推官、勾院、開拆、磨勘、憑由、理欠、孔目、勾押、前後行，皆州郡吏局之名。請廢三司，止於尙書省設六尙書分掌其事；廢判官、推官，設郎官分掌二十四司及左右司公事，使一人掌一司；廢孔目、勾押、前後行爲都事、主事、令史；廢勾院、開拆、磨勘、憑由、理欠等司歸比部及左右司。如此卽事益精詳，且盡去州郡吏局之名也。六卿如闕，卽選名品相近、有才望者權之；郎官如闕，則於兩省三院選名幹有淸望者，依資除之。其二十四司公事，若繁簡不同，望下本省府屬參酌其類，均而行之。

其二，愼公舉，曰：朝廷頻年下詔，以類求人。但聞例得舉官，未見擇其舉主。欲

望自今先責朝官有聲望者，各舉所知，其舉得官員則置籍，并舉主名姓籍之。所舉之官，實著廉能，則特旌舉主；若所舉貪冒敗事，連坐舉主。陛下自登寶位，十年于兹，七經選掄，得人多矣。然下僚遠官，不無沉滯。望令採訪司及州郡長吏，廉察以聞，籍以待用，則下無遺材矣。

其三，懲貪吏，曰：貪吏之於民，其損甚大。屈法煩刑，徇私肆虐，使民之受害甚於木之受蠹。若乃用非其人而不繩以法，雖夷、齊、顔、閔不能自見。蓋中人之性，如水之在器，方員不常，顧用之者何如爾。望令諸路轉運使副兼採訪之名，責以覺察州、府、軍、監長吏得失，俟其澄清部內，則待以不次之擢，置於侍從之間。所貴周知物理，能備顧問，且足爲外官之勸也。

其四，省冗官，曰：古人建官，初不必備者，惟得其人也。國家封疆雖踰前世，而分設庶官實倍常數，意欲盡籠天下之利，而民物轉加凋弊。二十年前，江、淮諸郡，揚、楚最居要衝，務穰事衆，地廣民繁。然止設知州一人署領官事，其餘通判官、推官及州官等，悉皆分筦榷務、倉庫。當時事無不集，兼少獄訟。其後十年，臣任揚州時，朝廷添置監臨、使臣等職，實踰本州官數。諸州冗員，似此非一。今以朝官、諸色使臣及縣令、簿、尉等高卑相折而計之，一人月費不啻十千，以千人約之，歲計用十餘萬

千，更倍萬約之，萬又過倍。使皆廉吏，止糜公帑；設或貪夫參錯其間，則取於民者又加倍焉。望委各路轉運使副，與知州同議裁減。若縣令、簿、尉等官自前多不備置，可兼者兼之，如此則冗官汰矣。

其五，擇遠官，曰：負罪之人，多非良善，貪殘凶暴，無所不至。若授以遠方牧民之官，其或怙惡不悛，恃遠肆毒。小民罹殃，卒莫上訴，甚非撫綏遠人之意也。若自今以往，西川、廣南長吏不任負罪之人，則遠人受賜矣。

書奏，太宗嘉納之。

初，柴禹錫任樞密，有奴受人金，而禹錫實不知也。參知政事陳恕欲因以中禹錫。太宗怒，引囚訊其事，化基爲辨其誣。太宗感悟，以化基爲長者。淳化中，拜中丞，俄知京朝官考課，遷工部侍郎。至道三年，超拜參知政事。咸平四年，以工部尚書罷知揚州。移知河南府，進禮部尚書。大中祥符三年，卒，年六十七。贈右僕射，謚惠獻。化基寬厚有容，喜愠不形，僚佐有相凌慢者，輒優容之。在中書，不以蔭補諸子官，然善教訓，故其子舉正、舉直、舉善、舉元皆有所立。

舉正字伯仲，幼嗜學，厚重寡言。化基以爲類己，器愛異諸子，以蔭補秘書省校書郎。

進士及第，知伊闕、任丘縣，館閣校勘、集賢校理、眞宗實錄院檢討、國史編修官。三遷尙書度支員外郞、直集賢院，修三朝寶訓，同修起居注，擢知制誥。其妻父陳堯佐爲相，改龍圖閣待制。堯佐罷，以兵部郞中復知制誥，爲翰林學士，拜右諫議大夫、參知政事。前一日，吏有馳報者，舉正方燕居齋舍，徐謂吏曰：「安得漏禁中語？」既入謝，仁宗曰：「卿恬於進取，未嘗干朝廷以私，故不次用卿。」

時陝西用兵，呂夷簡以宰相判樞密院，舉正曰：「判名重，不可不避也。」乃改兼樞密使。遷給事中。御史臺舉李徽之爲御史，舉正友壻也，格不行。徽之訟曰：「舉正妻悍不能制，如謀國何？」歐陽脩等亦論舉正懦默不任事，舉正亦自求去，遂以資政殿學士、尙書禮部侍郞知許州。光化軍叛卒轉寇傍境，而州兵有謀起爲應者，舉正潛捕首惡者斬之。徙知應天府，累遷左丞。

皇祐初，拜御史中丞，乃奏：「張堯佐庸人，緣妃家，一日領四使，使賢士大夫無所勸。」不報，舉正因留班廷諍，乃奪宣徽、景靈二使。又曰：「先朝用人，雖守邊累年者，官止遙郡刺史。今所用未盡得人，而尅期待遷，使後有功者何所勸耶？且轉運使察官吏能否，生民休戚賴焉。命甫下而數更，不終歲而再易，恩澤所以未宣，民疾所以未瘳者，職此故也。」御史唐介坐言事貶春州，舉正力言之，介得徙英州。居半歲，堯佐復爲宣徽使。家居

凡七上疏。及狄青爲樞密使，又言青出兵伍不可爲執政，力爭不能奪，因請解言職。帝稱其得風憲體，遣賜就第，賜白金三百兩，除觀文殿學士、禮部尙書、知河南府，入兼翰林侍讀學士。每進讀及前代治亂之際，必再三諷諭。

以太子少傅致仕，卒，贈太子太保，諡安簡，賜黃金百兩。文章雅厚如其爲人，有平山集、中書制集、內制集五十卷。

舉元字懿臣，以上父章賜進士出身。知潮州，江水敗隄，盜乘間竊發，舉元夜召里豪計事，盜旣獲，乃治隄。爲河陰發運判官。或言大河決，將犯京師。舉元適入對，具論地形證其妄，已而果然。歷羣牧、戶部判官〔五〕、京東轉運使。沙門島多流人，守吏顧貲槖，陰殺之。舉元請立監以較賞罰，自是全活者衆。徙淮南、河東。夏人來爭屈野地。舉元從數騎度河，設幕與之議，示以赤心，夏人感服。

治平中，又徙成都。邛井鹽歲入二百五十萬，爲丹稜卓筒所侵〔六〕，積不售，下令止之，鹽登於舊。召提舉在京修造，英宗勞之曰：「官廬舍害於水，僅有存者，卿究心公家，毋憚其勞。」俄進鹽鐵副使，拜天章閣待制，知滄州，改河北都轉運使，知永興軍。慶人〔七〕夏人屯境上，有窺我意。舉元使二裨將以千騎扼其要害。長安遣從事來會兵涇原，戒勿輕舉。大

將竇舜卿銳意請行，不聽。舉元曰：「不過三日，虜去矣。」至期果去。神宗以細札諮攻守策，舉元請省官減戍，益備去兵，勿營亭障。輿論不合，遂引疾求解，徙陳州，未行而卒。官至給事中，年六十二。子詔。

詔字景獻，用蔭補官，通判廣信軍事，知博州。魏俗尚椎剽，姦盜相囊橐，詔請開反告殺幷贖罪法，以携其黨。元祐初，朝廷起回河之議，未決，而開河之役遽興。詔言河朔秋潦，水淫爲菑，民人流徙，賴發廩振贍恩，稍蘇其生，謂宜安之，未可以力役傷也。從之。擢開封府推官。富民貸後絕僧牒爲緡錢十三萬，踰期復責倍輸，身死貲籍，又錮其妻子，詔請免之。出爲滑州。州屬縣有退灘百餘頃，歲調民刈草給河隄，民病其役，詔募人佃之，而收其餘。爲度支郎中，使契丹。時方討西夏，迓者耶律誠欲嘗我，言曰：「河西無禮，大國能容之乎？」詔曰：「夏人侮邊，旣正其罪矣，何預兩朝和好事？」入賀，故事，跪而飲，蓋有誤拜者，乃彊詔。詔曰：「南北百年，所守者禮，其可紛更耶？」卒跪飲之。

崇寧中，由大理少卿爲卿，徙司農。御史論詔在滁日請蘇軾書醉翁亭碑，罷主崇福宮。起知旋知汝州，鑄錢卒罵大校，詔斬以徇，而上章待罪。除直秘閣，言者復抉滁州事，罷去。起知深、兗二州，徙同州，過闕，留爲左司郎中，遷衞尉、太府卿、刑部侍郞，詳定敕令。舊借緋紫

者不佩魚，詔言：「章服所以辨上下，今與胥吏不異。」遂皆佩魚。歷工、兵、戶三部侍郎，轉開封尹。時子壽使京西，攝尹洛。父子兩京相望，人以爲榮。

進刑部尙書，拜延康殿學士，提舉上淸寶籙宮，復爲工部尙書。徽宗閔其老，命毋拜，詔皇恐，於是但朝朔望。俄以銀靑光祿大夫致仕，卒，年七十九。

論曰：自昔參大政、贊機務，非明敏特達之士，不能勝其任。若又飭以文雅，濟以治具，則盡善矣。若水機鑒明敏，儒而知兵；李至剛嚴簡重，好古博雅，其於柄用宜矣。王沔臨事精密，能遠私謁，而考課之議，頗傷苛刻；仲甫以吏事爲時用，未免苟容之誚，瑕瑜固不相掩也。仲舒見擧於蒙正，而反攻其短；易簡不能周恤光逢，而置之死地，其不可與郭贄辨曹彬之誣、化基伸禹錫之枉同日而語也明矣。此純厚長者之稱，所以獨歸於二子歟！擧正繼踐台佐，得風憲體；擧元任職邊郡，有持重稱。翊詔之父子又並尹兩京，克濟其美，何王氏子孫之多賢也！

校勘記

〔一〕敵人聞我將帥莫不用命　「莫」字原脫，據長編卷四五補。

〔二〕武信軍節度　「武信軍」，本書卷六眞宗紀、長編卷四八、宋宰輔編年錄卷三、東都事略卷三六李至傳都作「武勝軍」，疑此誤。

〔三〕州有横河與城直　按光州與城相直的河流，只有黄水，亦名潢河，此處「横」字疑爲「黄」或「潢」之誤。

〔四〕眞定人　原作「鎭定人」，據隆平集卷六、東都事略卷三七本傳、長編卷二七改。

〔五〕羣牧戶部判官　「羣」原作「郡」。按宋代職官無「郡牧判官」之名，本書卷一六四職官志「太僕寺」條有羣牧判官；宋會要職官二三之七，羣牧判官「以朝臣歷一任知州、館職一任通判者爲之。」擧元資歷正與相合。「郡」字當爲「羣」字之訛，據改。

〔六〕邙井鹽歲入二百五十萬爲丹稜卓箇所侵　按宋無「邙井鹽」，據本書卷八九地理志，成都府路邛州蒲江縣有鹽井，朝野雜記甲集卷一四蜀州官鹽條謂爲大井，疑此「邙井」爲「邛井」之誤。又據宋會要食貨二三之一一，眉州有卓筒井鹽七井。卓筒係民間小井采用的取鹽之法，見文同丹淵集卷三四和同上朝野雜記。丹稜爲眉州屬縣，此處之「丹稜卓箇」疑當爲「丹稜卓筒」。熙寧前，

成都府曾閉卓筒井以保障官鹽，見本書卷一八三食貨志，亦同舉元此事相類。

〔七〕慶人　按長編卷二〇八、東都事略卷一二八西夏傳，都有治平三年夏人進攻慶州大順城的記載，疑此二字有誤。

宋史卷二百六十七

列傳第二十六

張宏 趙昌言 陳恕魏羽附 劉昌言 張洎 李惟清

張宏字巨卿，青州益都人。高祖茂昭，唐易、定節度使。曾祖玄，易州刺史。祖持，蒲城令。父峭，業春秋，一舉不第，退居丘園，後唐天成中以賢帥後補協律郎，至平利令。

宏，太平興國二年，舉進士，爲將作監丞，通判宣州。改太子中允、直史館，遷著作郎，賜緋魚，預修太平御覽，歷左拾遺。六年，出爲峽路轉運副使，就加左補闕。會省副使，知遂州，以勤幹聞，入爲度支員外郎。

雍熙中，呂蒙正、李至、張齊賢、王沔薦其文行，改主客郎中、史館修撰。數日，以本官充樞密直學士，賜金紫。太宗召對便殿，謂曰：「成都重地，卿爲朕鎭之。」因厚賜以遣。至鄭州，促召歸闕，拜右諫議大夫、樞密副使。會太宗親試禮部不合格貢士，令樞密院給牒，

因謂宏曰：「朕自御極以來，親擇羣材，大者爲棟梁，小者爲榱桷，卿與呂蒙正皆中朕選，大臣頗有沮議。非朕獨斷，豈能及此乎？」宏頓首謝。

時河朔用兵，宏居位無所建白，御史中丞趙昌言多言邊事，乃以昌言副樞密，宏爲中丞，兩更其任。端拱初，改工部侍郎，再爲樞密副使。淳化二年，以吏部侍郎罷，俄判吏部銓，權知開封府。太宗御便殿慮囚，以府獄多壅，詔劾其官屬，宏等頓首請罪，乃釋之。眞宗尹京，宏罷奉朝請。至道初，出知潞州。二年，就轉右丞。眞宗卽位，加工部尙書。咸平初，還朝，知審官院、通進銀臺封駁司。二年，眞宗以上封者衆，慮其稽留，命宏與王旦知登聞鼓院，再掌吏部選。四年，卒，年六十三。廢朝，贈右僕射，命中使蒞葬事。錄其子可久大理評事，可道太祝，可度奉禮郎。

宏循謹守位，不求赫赫之譽，歷踐通顯，未嘗敗事。可久至虞部員外郎，可道國子博士，可度太子中舍。

趙昌言字仲謨，汾州孝義人。父叡，從事使府，太宗尹開封，選爲雍丘、太康二縣令，後終安、申觀察判官。

昌言少有大志，趙逢、高錫、寇準皆稱許之。太平興國三年，舉進士，文思甚敏，有聲於場屋，爲貢部首薦。廷試日，太宗見其辭氣俊辯，又覩其父名，謂左右曰：「是嘗爲東畿宰，賑之生辰，必獻詩百韻爲壽，善訓其子，亦可嘉也。」擢置甲科，爲將作監丞，通判鄂州。拜右拾遺、直史館，賜緋魚。選爲荆湖轉運副使，遷右補闕，會省副職，改知青州。入拜職方員外郎，知制誥，預修文苑英華。雍熙初，加屯田郎中。明年，同知貢舉，俄出知天雄軍。時曹彬、崔彥進、米信失律于岐溝，昌言遣觀察支使鄭蒙上疏，請誅彬等。優詔褒答，召拜御史中丞。太宗宴金明池，特召預焉。憲官從宴，自昌言始也。

河朔用兵，樞密副使張宏循默守位，昌言多條上邊事，太宗卽以昌言爲左諫議大夫，代宏爲樞密副使，遷工部侍郎。時鹽鐵副使陳象輿與昌言善，知制誥胡旦、度支副使董儼皆昌言同年，右正言梁顥嘗在大名幕下。四人者，日夕會昌言之第。京師爲之語曰：「陳三更，董半夜。」有傭書翟潁，性險誕，與旦狎，旦爲作大言之辭，使潁上之，爲潁改姓名馬周，以爲唐馬周復出也。其言多毀時政，自薦爲大臣，及歷舉數十人皆公輔器，期昌言爲內應。陳王尹開封，廉知以聞，詔捕潁繫獄，鞫之，盡得其狀。昌言坐貶崇信軍節度行軍司馬，潁杖脊黥面，流海島，禁錮終身。

初，太宗厚遇昌言，垂欲相之。趙普以勳舊復入，惡昌言剛戾，乃相呂蒙正。裁數月，

會有潁獄，普以昌言樹黨，再勸太宗誅之，太宗特寬焉。淳化二年，起昌言知蔡州，逾年，召拜右諫議大夫。或議弛茶鹽禁，以省轉漕。命昌言爲江淮、兩浙制置茶鹽使，昌言極言非便，太宗不納，趣昌言往。昌言固執如初。卽以戶部副使雷有終代之，卒以無利而罷。

昌言復知天雄軍，賜錢二百萬。大河貫府境，豪民峙芻茭圖利，誘姦人潛穴隄防，歲仍決溢。昌言知之。一日，隄吏告急，命徑取豪家廥積以給用，自是無敢爲姦利者。屬澶州河決，流入御河，漲溢浸府城，昌言籍府兵負土增隄，數不及千，乃索禁卒佐役，皆偃蹇不進。昌言怒曰：「府城將墊，人民且溺，汝輩食厚祿，欲坐觀耶？敢不從命者斬。」衆股慄赴役，不浹旬城完。太宗手詔褒諭之，召拜給事中、參知政事，俾乘疾置以入，卽赴中書。

時京城連雨，昌言請出廐馬分牧外郡。或以盛秋備敵，馬不可闕。昌言曰：「塞下積水，敵必不至。」太宗從之。未幾，王小波、李順構亂于蜀，議遣大臣撫慰。昌言獨請發兵，無使滋蔓，廷論未決。會嘉、眉連陷，始命王繼恩等分路進討。昌言攝祭太廟，宿齋中，因召對滋福殿，復贊兵計，遂遣使督繼恩戰。繼恩御衆寡術，餘寇未殄，握兵留成都，士無鬥志，郡縣復有陷者。太宗意頗厭兵，召昌言謂曰：「西川本自一國，太祖平之，訖今三十年矣。」昌言知意，卽前指畫攻取之策。太宗喜，命昌言爲川峽五十二州招安行營馬步軍都部署。昌言懇辭，敦諭不許，賜精鎧、良馬、白金五千兩，別賜手札數幅，皆討賊方略。自繼恩以下，並

受節度。既行，有奏昌言無嗣，鼻折山根，頗有反相，不宜遣握兵入蜀。後旬日，召宰相於北苑門曰：「昨令昌言入蜀，朕思之有所未便。且蜀賊小醜，昌言大臣，未易前進。且令駐鳳翔，止遣內侍衞紹欽齎手書指揮軍事，亦可濟也。」詔書追及，昌言已至鳳州，留候館百餘日。賊平，改戶部侍郎，罷政事，知鳳翔府。徙澶、涇、延三州。

眞宗卽位，遷兵部侍郎、知陝州，表求還京，不許。未幾，移知永興軍。咸平三年，與呂蒙正、寇準同召，以本官兼御史中丞、知審官院。有言門資官不宜任親民，昌言手疏，以才不才在人，豈以寒進世家爲限，遂罷其議。加工部尚書，仍兼中丞。

先時，多遣臺吏巡察羣臣踰越法式者，昌言建議請準故事，令左右巡使分領之。會知審刑院趙安仁、判大理寺韓國華斷獄失中解職，昌言因上言：「詳斷官宜加愼擇，自今有議刑不當，嚴示懲罰，授以遠官，若有罪被問不卽引伏者，許令追攝。又天下大辟斷訖，皆錄款聞奏，付刑部詳覆，用刑乖理者皆行按劾。惟開封府未嘗奏案，或斷獄有失，止罪元勘官吏，知府、判官、推官、檢法官皆不及責，則何以辨明枉濫，表則方夏？望自今如外州例施行。」從之。會孟州民常德方訟臨津尉任懿以賄登第，事下御史，乃知舉王欽若受之，昌言以聞。欽若自訴，詔邢昺覆按，坐昌言故入，奪官，貶安遠軍行軍司馬，移武勝軍。

景德初，拜刑部侍郎。求兼三館職，命判尙書都省。眞宗幸澶淵，以盟津居要，增屯

兵，命知河陽。歷知天雄軍府。境內有小盜，昌言牓諭：「能告賊者給賞，牙吏即遷職。」樞密使王繼英以爲小盜不當擅爲賞格，乃詔昌言易其牓，有勞者俟朝旨。未幾，徙知鎮州，遷戶部侍郎。大中祥符二年，卒，年六十五。贈吏部尚書，謚曰景肅。錄其子慶嗣爲國子監丞，賦祿終喪。姪孫允明同學究出身。

昌言喜推獎後進，掌漕湖外時，李沆通判潭州，昌言謂有台輔之量，表聞于朝。王旦宰岳州平江，昌言一見，識其遠大，以女妻之，後皆爲賢相。王禹偁自卑秩擢詞職，亦昌言所薦也。

昌言強力尙氣槪，當官無所顧避，所至以威斷立名，雖屢經擯斥，未嘗少自抑損。然剛愎縱率，對僚吏倨慢，時論以此少之。慶嗣至太子洗馬。

陳恕字仲言，洪州南昌人。少爲縣吏，折節讀書。江南平，禮部侍郎王明知洪州，恕以儒服見，明與語，大奇之，因資送令預計偕。太平興國二年進士，解褐大理評事、通判洪州，恕以鄉里辭。改澧州。澧自唐季爲節鎭兼領，吏多緣簿書乾沒爲姦。恕盡擿發其弊，郡中稱爲強明，以吏幹聞。

召入，爲右贊善大夫，同判三司勾院，遷左拾遺，充度支判官。與判使王仁贍廷爭本司事，仁贍屈伏，坐貶秩；擢恕爲度支員外郎，仍舊職。

再遷工部郎中、知大名府。時契丹內寇，受詔增浚城隍，其器用取於民者不時集，恕立擒府中大豪一人，會將吏將斬之。宗族號愬，賓佐競前請救，大豪叩頭流血，請翌日集事，違期甘死。恕令械之以徇，民皆恐慄，無敢後期者，數日功就。

會契丹引去，召入爲戶部郎中、戶部副使，遷右諫議大夫、知澶州。驛召爲河北東路營田制置使。太宗諭以農戰之旨，恕對曰：「古者兵出於民，無寇則耕，寇至則戰。今之戎士皆以募致，衣食仰給縣官，若使之冬持兵禦寇，春執耒服田，萬一生變，悔無及矣。」太宗曰：「卿第行，朕思之。」恕行數日，果有詔，止令修完城堡、通導溝瀆而已，營田之議遂寢。俄知代州，入判吏部選事，拜鹽鐵使。恕有心計，釐去宿弊，太宗深器之，親題殿柱曰：「眞鹽鐵陳恕。」

遷給事中、參知政事。數月，太宗言及戶部使樊知古所部不治。恕與知古聯事，情好款洽，密以語之，欲知古修舉其職。知古愬於太宗，太宗怒恕泄禁中語，罷守本官。旋出知江陵府，大發羣吏姦贓，坐徒、流、停、廢者甚衆，郡內惕息。

淳化四年，太宗從魏羽、段惟一之請，分三司爲十道，置左右計使，以魏羽、董儼分主

之；召恕爲工部侍郎，充總計使，判左右計事。左右計使分判十道事，凡議論、計度並令恕等參預。恕以官司各建，政令互出，難以經久，極言其非便。歲餘，果罷，復以恕爲鹽鐵使。

時太宗留意金穀，召三司吏李溥等二十七人對於崇政殿，詢以計司利害。溥等言條目煩多，不可以口占，願給筆札以對。太宗遣中黃門逡詣相府，限五日悉條上之。溥等共上七十一事，詔以四十四事付有司行之，其十九事下恕等議可否。遣知雜御史張秉、中使張崇貴監議，令中書籍其事，專檢舉之，無致廢格。賜溥等白金緡錢，悉補侍禁、殿直，領其職。太宗謂宰相曰：「溥等條奏事頗有所長。朕嘗語恕等，若文章稽古，此輩固不可望；若錢穀利病，頗自幼至長寢處其中，必周知根本。卿等但假以顏色，引令剖陳，必有所益。恕等剛強，終不肯降意詢問。」呂端對曰：「耕當問奴，織當問婢。」寇準曰：「夫子入太廟，每事問，乃以貴下賤，先有司之義。」

後數日，太宗又曰：「國家歲入財數倍於唐。唐中葉以降，藩鎭擅命，征賦多不入公家，下陵上替，經制隳壞。若前代爲得，卽已致太平，豈復煩朕心慮也。」因召恕等責以職事曠廢。恕等對曰：「今土宇至廣，庶務至繁，國用軍須，所費浩瀚，又遇諸州凡有災沴，必盡蠲其租。臣等每舉榷利，朝廷必以侵民爲慮，皆尼而不行。縱使耿壽昌（二）、桑弘羊復生，亦所不逮。臣等駑力，惟盡心簿領，終不足上裨聖治。」太宗曰：「卿等淸而不通，專守繩墨，終

不能爲國家度長絜大，剖煩析滯。只如京城倉庫，主吏當改職者，簿領中壹處節目未備，卽至十年五年不決，以致貧無資給，轉徙溝壑。此卿等之過，豈不傷和氣哉？」恕等頓首謝。五年，賜三司錢百萬，募吏有能言本司不便者，令恕等量事大小，以錢賞之，錢盡更給。

至道二年，欲併三司，命官總判。其勾院、磨勘、理欠、憑由、支收、行帳、提點等司，令恕條列其事以聞。恕奏曰：「伏以封域寖廣，財穀繁多，三司之中，簿牒塡委，朝廷設法，督責尤嚴，官吏救過不暇。若爲三部各設主司，擇才非難，辦事亦易。事辦過鮮，不撓上心，此亦一時之良策也。其勾院、磨勘兩司，出於舊制，關防之要，莫加於此。理欠、憑由二司，雖非舊設，自理欠失序，憑由散落，故設二司專令典掌。綱目咸具，制置有倫，逋欠無失理之名，憑由鮮流散之弊，實亦要切，不可廢除。若兩司併委一官，方及判官一員之事。其主轄支收司，先因從京支度財貨，轉輸外地，此除彼附，照驗稽滯，若京城得賢主史，使居此司，專行檢轄，凡支撥官物，便給除破文憑，却於所司置簿記錄，催到收附文記，卽乃勾銷簿書取捷之門，亦爲允當。其行帳司近日權置，了絕舊帳，帳目告盡，司額自除。提點司是中旨特置，提振三司廢怠之事，固非有司敢得擬議也。」詔三司都憑由、理欠司宜令爲一處，命官兼判。應諸道逋負官物，令三司逐部理約〔三〕，理欠司但總其所逋之數糾督之。餘悉從恕奏。

恕將立茶法，召茶商數十人，俾各條利害，恕閱之第爲三等，語副使宋大初曰：「吾觀下等固滅裂無取。上等取利太深，此可行於商賈，不可行於朝廷。惟中等公私皆濟，吾裁損之，可以經久。」於是始爲三法行之，貨財流通。

峽路諸州，承孟氏舊政，賦稅輕重不均，閬州稅錢千八百爲一絹，果州六百爲一絹。民前後擊登聞鼓陳訴，歷二十年，詔下本道官吏，因循不理。轉運副使張曄年少氣銳，會受詔按覆，卽便宜行之。恕奏曄擅改法，計果州一歲虧上供絹萬餘，曄坐削一任免。

恕每便殿奏事，太宗或未深察，必形誚讓。恕斂板蹴縮，退至殿壁負立，若無所容。俟意稍解復進，懇執前奏，終不改易，如是或至三四。太宗以其忠，多從之。遷禮部侍郎。眞宗卽位，加戶部，命條具中外錢穀以聞。恕久不進，屢趣之，恕曰：「陛下富於春秋，若知府庫充實，恐生侈心，臣是以不敢進。」眞宗嘉之。

咸平二年，帝北巡，充行在轉運使。俄以母老求解，拜吏部侍郎，知通進銀臺封駮司、審官院。上言：「封駮之任，實給事中之職，隸於左曹。雖別建官局，不可失其故號。請以門下封駮事隸銀臺司。」從之。五年，知貢舉。恕自以洪人避嫌，凡江南貢士悉被黜退。又援貢舉非其人之條，故所取甚少，而所取以王曾爲首，及廷試糊名考校，曾復得甲科，時議稱之。恕每自歎曰：「吾得曾，名世才也，不愧於知人矣。」

恕事母孝，母亡，哀慕過甚，不食葷茹，遂至羸瘠。起復視事，遷尙書左丞、權知開封府。恕已病，猶勉強親職，數月增劇，表求館殿之職，獲奉以濟其貧。眞宗曰：「卿求一人可代者，聽卿去。」是時寇準罷樞密使，恕卽薦以自代，遂以準爲三司使，恕爲集賢學士、判院事。準卽檢尋恕前後改革興立之事，類以爲册，及以所出榜，別用新板，躬至恕第請判押。恕亦不讓，一一押之，自是計使無不循其舊貫。至李諮爲三司使，始改茶法，恕之規模漸革矣。

帝重恕，詔太醫診療。百日，有司請停奉，不許，未幾，卒，年五十九。恕將卒，口占遺奏及約束後事，送終之具，無不周悉。眞宗悼惜，廢朝，贈吏部尙書。錄其子執中爲太常寺太祝，執古爲奉禮郎。

恕頗涉史傳，多識典故，精於吏理，深刻少恩，人不敢干以私。前後掌利柄十餘年，強力幹事，胥吏畏服，有稱職之譽。善談論，聽者忘倦。素不喜釋氏，嘗請廢譯經院，辭甚激切。眞宗曰：「三教之興，其來已久，前代毁之者多矣，但存而不論可也。」

恕性吝，怒子淳私用錢。及寢疾，上言淳不率教導，多與非類遊，常習武藝，願出爲外州軍校。眞宗曰：「戎校管鎭兵，非丞郎家子弟所滋也。」以爲滁州司馬。恕卒，召復舊官，後竟以賄敗。執中至同中書門下平章事，別有傳；執古至虞部員外郎；執方、執禮，並太

子中舍。

魏羽者，字垂天，歙州婺源人。少能屬文，上書李煜，署弘文館校書郎。時建當塗縣爲雄遠軍，以羽爲判官。宋師渡江出其境，羽以城降，太祖擢爲太子中舍，仍舊職。金陵平，入朝，出知興州。

太平興國初，知棣州，改京兆府。六年，受詔詣瀛州覆軍市租，得隱漏數萬計。因上言：「本州錄事參軍郭震十年未代；河間令崔能前任鄮墨，未滿歲遷秩。有司調選失平，疏遠何由聞達，請罪典司，以肅欺弊。」上賜詔褒諭。復命，遷太常博士、知宋州，又徙閬州，就改膳部員外郎。丁外艱，起復涖事，入判大理寺。歷度支、戶部二判官，召拜本曹郎中。因上疏言三司職官頗衆，願省其半，可以責成，仍條列利病凡二十事。詔下有司詳議，皆以爲便。改鹽鐵判官。時北邊多警，朝議耕戰之術，以羽爲河北東路營田副使，改兩浙轉運使，遷兵部郎中。

淳化初，選爲秘書少監，踰月，遷左諫議大夫，俄拜度支使，改鹽鐵使。四年，併三部爲一司，以羽判三司。先是，三司簿領堆積，吏緣爲姦，雖嘗更立新制，未爲適中。是冬，羽上言：「依唐制天下郡縣爲十道，兩京爲左右計，各署判官領之。」制三司使二員，以羽爲左計

使，董儼爲右計使，中分諸道以隸焉。未久，以非便罷，守本官，出知滑州。丁內艱，起復，加給事中，徙潭州，遣使諭旨。眞宗卽位，遷工部侍郎，連徙杭、揚二州，召權知開封府。車駕北巡，判留司三司，再爲戶部度支使。

咸平四年，以疾解職，拜禮部侍郎。謝日，召升便殿，從容問論，勉以醫藥。月餘卒，年五十八。

羽涉獵史傳，好言事。淳化中，許王暴薨，或有以宮府舊事上聞者。太宗怒，追捕僚吏，將窮究之。羽乘間上言曰：「漢戾太子竊弄父兵，當時言者以其罪當笞耳。今許王之過，未甚於是。」太宗嘉納之，繇是被劾者皆獲輕典。嘗建議有唐以來，凡制詔皆經門下省審，有非便者許其封駁，請遵故事，擇名臣專領其職，迄今不廢。

羽強力有吏幹，尤小心謹事。太宗嘗謂左右曰：「羽有心計，亦明吏道，但無執守，與物推移耳。歷劇職十年，始踰四十，鬚鬢盡白，亦可憐也。」羽出入計司凡十八年，習知金穀之事，然頗傷煩急，不達大體。

景德二年，長子玠卒，其妻自陳家貧無祿，上憫之。次子校書郎瓘爲奉禮郎，後爲殿中丞；琰爲太子中舍。孫平仲，天禧三年同進士出身。

羽同時有劉式者，亦久居計司，創端拱中三年磨勘之法，首以式主之。

式字叔度，袁州人也。李煜時，舉三傳中第。歸宋，歷遷大理寺丞、贊善大夫、監通州豐利監及主三司都磨勘司，仍賜緋。式又建議置主轄支收司，以謹財賦出納，時以爲當。遷祕書丞，與陳靖使高麗。至道中，併三勾院爲一，命式領之。再轉工部員外郎，賜金紫。遷刑部。式深究簿領之弊，江、淮間舊有橫賦，逋積至多，式奏免之，人以爲便。然多所條奏，檢校過峻，爲下吏所訟，免官，卒。

眞宗追錄前效，賜其子立本學究出身。次子立之，後爲國子博士。立德、立禮，並進士及第，立禮爲殿中丞。

劉昌言字禹謨，泉州南安人。少篤學，文詞靡麗。本道節度陳洪進辟功曹參軍，掌牋奏。洪進遣子文顥入貢，令昌言偕行，太祖親勞之。

太平興國三年〔三〕，洪進歸朝，改鎭徐州，又辟推官。五年，舉進士入格，太宗初惜科第，止授歸德軍掌書記。八年，復舉得第，遷保信、武信二鎭判官。宰相趙普鎭南陽，重昌言有吏幹。錢俶帥鄧，表薦之。移泰寧軍節度判官。入爲左司諫、廣南安撫使。淳化初，趙普留守西京，表爲通判，委以府政。普疾，屬昌言後事。普卒，昌言感普知己，經理其家事。

太宗以爲忠於所舉，拜起居郎，賜金紫、錢五十萬。連對三日，皆至日旰。昌言捷給詼詭，能揣人主意，無不稱旨。太宗謂宰相曰：「昌言質狀非偉，若以貌取，失之子羽矣。」遷工部郎中，踰月，守本官，充樞密直學士，與錢若水同知審官院。二十八日，遷右諫議大夫、同知樞密院事。

昌言驟用，不爲時望所伏，或短其閩語難曉，太宗曰：「惟朕能曉之。」又短其委母妻鄉里，十餘年不迎侍，别娶旁妻。太宗既寵之，詔令迎歸京師，本州給錢辦裝，縣次續食。時又有光祿丞何亮家果州，秘書丞陳靖家泉州，不迎其親。下詔戒諭文武官，父母在劍南、峽路、漳泉、福建、嶺南，皆令迎侍，敢有違者，御史臺糾舉以聞。

昌言自以登擢非次，懼人傾奪。會誅凶人趙贊，昌言與贊素善，前在河南嘗保任之，心不自安。因太宗言及近侍有與贊交者，昌言蹶然出位，頓首稱死罪。太宗慰勉之，然自此惡其爲人。以給事中罷，出知襄州。上言：「水旱民輸稅愆期。舊制六月開倉，臣令先一月許所在縣驛輸納以便民。獲盜當部送闕下，臣恐吏柔懦不能制，再亡命，配隸軍籍。此二事，臣從便宜，不如詔書，慮讒慝因而浸潤，願陛下察之。」太宗下詔責其不循舊章，斂怨於民，自今敢背棄詔條，譴責不復恕。

至道二年，徙知荆南府。眞宗即位，就拜工部侍郎。咸平二年，卒，年五十八，贈工部尙

書。子有方，比部員外郎；有政，虞部員外郎。

張洎，滁州全椒人。曾祖昉，澄城尉。祖蘊，泗上轉運巡官。父煦，滁州司法掾。洎，少有俊才，博通墳典。江南舉進士，解褐上元尉。李景長子弘冀卒，有司諡武宣。洎議以爲世子之禮，但當問安視膳，不宜以「武」爲稱。旋命改諡，擢監察御史。洎自以論事稱旨，遂肆彈擊無所忌，大臣游簡言等嫉之。會景遷國豫章，留煜居守，卽薦洎爲煜記室，不得從。未幾，景卒，煜嗣。擢工部員外郎、試知制誥；滿歲，爲禮部員外郎、知制誥。遷中書舍人、清輝殿學士，參預機密，恩寵第一。

洎舊字師黯，改字偕仁。淸輝殿在後苑中，煜寵洎，不欲離左右，授職內殿，中外之務一以諮之。每兄弟宴飮，作妓樂，洎獨得預。爲建大第宮城東北隅，及賜書萬餘卷。煜嘗至其第，召見妻子，賜予甚厚。

洎尤好建議，每上言，未卽行，必稱疾，煜手札慰諭之，始復視事。及王師圍城，踰年，城危甚，洎勸煜勿降，每引符命云：「玄象無變，金湯之固，未易取也。北軍旦夕當自引退。苟一旦不虞，卽臣當先死。」既而城陷，洎攜妻子及橐裝，自便門入止宮中，紿光政使陳喬同

升閤，欲與俱死。喬自經氣絕，洎反下見煜曰：「臣與喬同掌樞務，國亡當俱死。又念主在，誰能爲主白其事，不死，將有以報也。」

歸朝，太祖召責之曰：「汝教煜不降，使至今日。」因出帛書示之，乃圍城日洎所草詔，召上江救兵蠟丸書也。洎頓首請罪曰：「實臣所爲也。犬吠非其主，此其一爾，他尚多有。今得死，臣之分也。」辭色不變。上奇之，貸其死，謂曰：「卿大有膽，不加卿罪。今之事我，無替昔日之忠也。」拜太子中允，歲餘，判刑部。太宗卽位，以其文雅，選直舍人院，考試諸州進士。未幾，使高麗，復命，改戶部員外郎。太平興國四年，出知相州。明年夏，徙貝州。是冬，又知相州。部內不治，轉運使田錫言其狀，代還。洎求見廷辯，上以其儒生，不責以吏事，詔不問。令以本官知譯經院，遷兵部員外郎、禮戶二部郎中。雍熙二年，同知貢舉。

端拱初，契丹寇邊，詔羣臣言事。洎上奏，以練兵聚穀，分屯塞下，來則備禦，去則勿追爲要略。會錢俶薨，太常定謚忠懿。洎時判考功，爲覆狀，經尚書省集議。虞部郎中張佖奏駮曰：「按考功覆狀一句云『亢龍無悔』，實非臣子宜言者。況錢俶生長島夷，夙爲荒服，未嘗略居尊位，終是藩臣，故名不可稱龍，位不可爲亢。其『亢龍無悔』四字，請改正。」事下中書，以詰洎。對狀曰：「竊以故秦國王明德茂勳，格于天壤，處崇高之富貴，絕纖介之譏嫌。太常

禮院稽其功行，定茲嘉謚，考功詳覆之際，牽遵至公，故其議狀云：『茲所謂受寵若驚，居亢無悔者也。』謹按易乾之九三云：『君子乾乾，夕惕若厲，無咎。』王弼注云：『處下體之極，居上體之下，履重剛之險，因時而惕，不失其幾，可以無咎。處下卦之極，愈於上九之亢。』易例云：『初九爲元士，九二爲大夫，九三爲諸侯。』正義云：『易之本理，以體爲君臣。九三居下體之極，是人臣之體也。其免亢龍之咎者，是人臣之極，可以愼守免禍。故云免亢極之禍也。』漢書梁商傳贊云：『地居亢滿，而能以謹厚自終。』楊植許由碑云：『錙銖九有，亢極一夫。』杜鴻漸讓元帥表云：『祿位亢極，過踰涯量。』盧杞郭子儀碑云：『居亢無悔，其心益降。』李翰書霍光傳云：『有伊、周負荷之明，無九三亢極之悔。』張說祁國公碑云：『一無目牛之全，一無亢龍之悔也。』況考功狀內止稱云：『受寵若驚，居亢無悔。』卽本無『亢龍無悔』之語。斯蓋張佖擅改公奏，罔冒天聰。請以元狀看詳，反坐其人，以懲姦妄。」俄下詔曰：「張洎援引故實，皆有依據。張佖學識甚淺，敷陳失實，尙示矜容，免其黜降，可罰一月俸。」

洎未幾選爲太僕少卿、同知京朝官考課，拜右諫議大夫、判大理寺。又充史館修撰、判集賢院事。淳化中，上令史館修撰楊徽之等四人修正入閤舊圖，洎同奉詔，因討論故事，獨草奏以聞。洎又言：

按舊史，中書、門下、御史臺爲三署，謂侍從供奉之官。今起居日侍從官先入殿

庭，東西立定，俟正班入，一時起居。其侍從官東西列拜，甚失北面朝謁之儀。請準舊儀，侍從官先入起居，行畢，分侍立於丹墀之下，謂之「蛾眉班」。然後宰相率正班入起居，雅合於禮。

臣又聞古之王者，躬勤庶務，其臨朝之疏數，視政事之繁簡。唐初五日一朝，景雲初，始修貞觀故事。自天寶兵興之後，四方多故，肅宗而下，咸隻日臨朝，雙日不坐。其隻日或遇陰霪、盛暑、大寒、泥濘，亦放百官起居。雙日宰相當奏事，卽特開延英召對。或夷蠻入貢，勳臣歸朝，亦特開紫宸殿引見。陛下自臨大寶，十有五年，未嘗一日不雞鳴而起，聽天下之政，雖剛健不息，固天德之常然，而游焉息焉，亦聖人之謨訓。儻君父焦勞於上，臣子緘默於下，不能引大體以爭，則忠良之心，有所不至矣。臣欲望陛下依前代舊規，隻日視朝，雙日不坐。其隻日遇大寒、盛暑、陰霪、泥濘，亦放百官起居，其雙日於崇德、崇政兩殿召對宰臣。常參官以下及非時蠻夷入貢、勳臣歸朝，亦特開上閤引見，並請準前代故事處分。

奏入不報。

時，上令以儒行篇刻於版，印賜近臣及新第舉人。洎得之，上表稱謝，上覽而嘉之。翌日，謂宰相曰：「羣臣上章獻文，朕無不再三省覽。如張洎一表，援引古今，甚不可得。可召

至中書，宣諭朕意。」數月，擢拜中書舍人，充翰林學士。上顧謂近臣曰：「學士之職，淸要貴重，非他官可比，朕常恨不得爲之。」故事，赴上日設燕，敎坊以雜戲進，久罷其事。至是，令盡設之，仍詔樞密直學士呂端、劉昌言及知制誥柴成務等預會，時以爲榮。

俄判吏部銓。嘗引對選人，上顧之謂近臣曰：「張洎富有文藝，至今尙苦學，江東士人之冠也。」洎與錢若水同在禁林，甚被寵顧。時劉昌言驟擢樞要，人望甚輕，董儼方掌財賦，欲以計傾之。會楊徽之、錢熙嘗言洎及若水旦夕當大用。熙以語昌言，昌言曰：「洎必參政柄。若水後進年少，豈遽及此。」時翰林小吏諸事在側，昌言慮洎聞之，卽對小吏盡述熙言，令告洎。洎方修飭邊幅以固恩寵，疑徽之遣熙以搆飛語中己，遂白於上。上怒，召昌言質之，以徽之爲鎭安軍行軍司馬。熙罷職，通判朗州。

會皇子益王元傑改封吳王，行揚州、潤州大都督府長史，領淮南、鎭江兩軍節制。洎當草制，因上疏議曰：「謹按前史，皇子封王，以郡爲國，置傅相及內史、中尉等，佐王爲治。自漢、魏以降，所封之王始不之國，朝廷命卿大夫臨郡，卽稱內史行郡事。東晉永和、泰元之際，有瑯邪王、會稽王、臨川王，故謝靈運、王羲之等爲會稽、臨川內史，卽其事也。唐有天下，以揚、益、潞、幽、荆五郡爲大都督，署長史、司馬爲上佐，卽前代內史之類也。其大都督之號，非親王不授；其揚、益等郡，或有親王遙領，朝廷命大臣臨郡者，卽皆長史、副大使知

節度事也。臣請質之前代，段文昌出鎮揚州，云『淮南節度副大使知節度事、兼揚州大都督府長史』。李載義鎮幽州，云『盧龍軍節度副大使知節度事、兼幽州大都督府長史』，卽其例也。今益王以揚、潤二郡建社爲吳國王，居大都督之任，又已正領節度事，豈宜却加長史之號，乃是國王自爲上佐矣。若或朝廷且以長史拜受，其加銜內又無副大使、知節度使之目，倘或他日別命守將，俾臨本郡，卽不知以何名目而授除也。臣草制之夕，便欲上陳，慮奏報往反，有妨明日宣降。茲事有關國體，况吳王未領恩命，倘可改正，乞付中書門下，商議施行。」宰相以制命已行，難於追改。洎又上表論列，呂蒙正言：「越王領福州長史，今吳王獨爲大都督，居越王之上，非便。」上令俟異日除授，幷改正之。至明年，上郊祀覃慶，遂改焉。

俄奉詔與李至、范杲〔四〕、張佖同修國史，又判史館。洎博涉經史，多知典故。每上有著述，或賜近臣詩什，洎必上表，援引經傳，以將順其意。上因賜詩褒美，有「翰長老儒臣」之句。與蘇易簡同在翰林，尤不協，及易簡參知政事，洎多攻其失。既而易簡罷，卽以洎爲給事中、參知政事，與寇準同列。

先是，準知吏部選事，洎掌考功，爲吏部官屬。準年少，新進氣鋭，思欲老儒附己以自大。洎夙夜坐曹視事，每冠帶候準出入於省門，揖而退，不交一談。準益重焉，因延與語。

洎捷給善持論，多爲準規畫，準心伏，乃兄事之，極口誇洎於上〔五〕。上欲進用，又知其在江左日多讒毀良善，李煜殺潘佑，洎嘗預謀，心疑之。翰林待詔尹熙古、吳郢皆江東人，洎嘗善待之。上一夕召熙古輩侍書禁中，因問以佑得罪故。熙古言煜忿佑諫說太直耳，非洎謀也。自是洗然，遂加擢用，蓋準推挽之也。既同秉政，奉準愈謹，政事一決於準，無所參預。專修時政記，甘言善柔而已。後因奏事異同，準復忌之。

至道二年五月，四方館使曹璨自河西馳騎入奏邊事，言繼遷率萬餘衆寇靈州。上詔宰相呂端、知樞密院事趙鎔等各以所見畫策，卽日具奏來上。呂端相率詣長春殿見上，言曰：「臣等若各述所見，則非詢謀僉同之議，望許共爲一狀，陳其利害。」洎越次奏曰：「端等備位輔弼，上有所詢問，反緘默不言，深失訏謨之體。」端曰：「洎欲有言，不過揣摩陛下意耳，必無鯁切之理。」上默然。翌日，洎上疏引賈捐之棄珠崖事，願棄靈武以省關西饋運。上嘗有此意，既而悔之，洎果迎合，覽奏不悅。既以疏付洎，謂之曰：「卿所陳，朕不曉一句。」洎惶恐而退。上召同知樞密院事向敏中等謂曰：「張洎上言，果爲呂端所料，朕已還其疏矣。」

洎既議事不稱旨，恐懼，欲自固權位。上已嫉準專恣，恩寵衰替。洎慮一旦同罷免，因奏事，大言寇準退後多誹謗。準但色變，不敢自辯。上由是大怒，準旬日罷。未幾，洎病在告，滿百日，力疾請對，方拜，踣於上前，左右掖起之。明日，上章求解職，優詔不允。後月

餘，改刑部侍郎，罷知政事。奉詔嗚咽，疾遂亟，十餘日卒，年六十四。贈刑部尙書，以其二子皆爲京官。

洎風儀灑落，文采淸麗，博覽道釋書，兼通禪寂虛無之理。終日淸談，亹亹可聽。尤險詖，好攻人之短。李煜既歸朝，貧甚，洎猶丐索之。煜以白金頮面器與洎，洎尙未滿意。時潘愼修掌煜記室，洎疑愼修敎煜，素與愼修善，自是亦稍疎之。煜子仲寓雅好蒱博飮宴，洎因切諫之，仲寓謝過。後數月，人有言仲寓蒱博如故，洎遂與之絕。及仲寓死郢州，葬京師，洎亦不赴弔。與張佖議事不協，遂爲讎隙，始以從父禮事佖，既而不拜。尤善事內官，在翰林日，引唐故事，奏內供奉官藍敏政爲學士使，內侍裴愈副之。上覽奏，謂曰：「此唐室弊政，朕安可踵此覆轍，卿言過也。」洎慚而退。性鄙吝，雖親戚無所霑，及江表故舊，亦罕登其門。素與徐鉉厚善，後因議事相忤，遂絕交。然手寫鉉文章，訪求其筆札，藏篋笥，甚於珍玩。洎有文集五十卷行于世。

子安期，至國子博士；方回，後爲虞部員外郞。方回子懷玉，王欽若壻，賜進士及第，大理寺丞，祕書校理。

李惟清字直臣，下邑人。父仲行，爲章丘簿，因徙家焉。惟清，開寶中，以三史解褐涪陵尉。蜀民尙淫祀，病不療治，聽於巫覡，惟清擒大巫笞之，民以爲及禍。他日又加箠焉，民知不神。然後敎以醫藥，稍變風俗。時遣宦官督輸造船木，縱恣不法，惟清奏殺之，由是知名。秩滿，遷大理寺丞。

太平興國三年，遷爲荆湖北路轉運判官〔六〕。五年，改左贊善大夫，充轉運副使，升正使，就改監察御史，兼總南路。嘗入奏事，太宗問曰：「荆湖累年豐稔，又無徭役，民間蘇否？」惟清曰：「臣見官賣鹽斤爲錢六十四，民以三數斗稻價，方可買一斤。」乃詔斤減十錢。徙京西轉運使，入爲度支判官，改主客員外郞。

雍熙三年，大舉取幽州，惟清以爲兵食未豐，不可輕動。朝廷業已興師，奏入不報。判度支許仲宣建議通鹽法，以賣鹽歲課賦于鄉村，與戶稅均納。惟清奉詔往荆湖諸路詳定，奏言以鹽配民非便，遂罷。使還，上又問民間苦樂不均事，惟清言：「前在荆湖，民市清酒務官釀轉鬻者，斗給耗二升，今三司給一升，民多他圖，而歲課甚減。」詔復其舊。未幾，出爲京東轉運使。會募丁壯爲義軍，惟清曰：「若是，天下不耕矣。」三上疏諫，繇是獨選河北，而餘路悉罷。擢屯田郞中、度支副使。

端拱初，遷右諫議大夫，歷戶部使，改度支使。會遣使河朔治方田，大發兵。惟清以盛

春妨農，懇求罷廢。太宗曰：「兵夫已發矣。止令完治邊城而已。」淳化三年，遷給事中，充鹽鐵使，遂以帳式奏御。太宗曰：「費用若此，民力久何以堪？如可減省，卽便裁度。」惟清曰：「比開寶軍興之際〔七〕，其數倍多，蓋以將帥未得其人，邊事未寧，屯兵至廣也。臣聞漢有衞青、霍去病，唐有郭子儀、李晟，西北望而畏之。如此則邊事息而支用減矣。望愼擢將帥，以有威名者俾安邊塞，庶節費用。」上言：「彼一時，此一時也。今之西北變詐，與古不同。選用將帥，亦須深體今之幾宜。韓、彭雖古之名將，以彼時之見，制今之敵，亦恐不能成功。今縱得人，未可便如古委之。此乃機事，卿所未知也。」

淮南榷貨務賣岳茶，斤爲錢百五十。主吏言陳惡者二十六萬六千餘斤，惟清擅減斤五十錢，不以聞。滁泗濠楚州、漣水軍亦以岳茶陳惡，減價市之。計虧錢萬四千餘貫，爲勾院吏盧守仁所發，左授衞尉少卿，黜判官李琯爲本曹員外郎，賜守仁錢十五萬。俄出知廣州。至道初，就拜右諫議大夫。太宗聞其廉平，詔奬之。二年，徙廣南東、西路都轉運使，尋召拜給事中。踰月，同知樞密院事。

惟清倜儻自任，有鉤距。臨事峻刻，所至稱強幹。然以俗吏進，無人望。纔數月，眞宗卽位，加刑部侍郎，復除御史中丞。既去樞要，怫鬱尤甚，肆情彈擊。咸平元年，卒，年五十六，贈戶部尙書。

子永錫，蔭至光祿寺丞。頗涉學屬辭，尙氣少檢，喜交結。馮拯、王濟、皇甫選多與之游，日聚舉子於家，談議時政。眞宗將幸河朔，永錫猶服父喪，上章大言，列詆近臣，自謂有致太平滅敵之術。選爲戶部判官，因對，袖表以獻，又自薦揚。眞宗駐蹕大名，召赴行在，試策不中，貶瀧水縣主簿。選爲南劍州團練副使，俄復光祿寺丞。六年，又坐交游非類，監和州商稅，後至右贊善大夫。

次子永德，至殿中丞。

論曰：張宏爲樞副，當用兵之際，循默備位；趙昌言爲御史中丞，屢上書言兵，乃兩易之。中丞可使循默者居之乎？宋失政矣。昌言識李沆，器王旦；陳恕取士得王曾，舉代得寇準；皆可謂知人之明。然趙好獎拔，而頗樹黨與，終以取敗；陳典貢舉，務黜南士，以避嫌疑，皆非君子所爲也。昌言尙氣敢言，恕爲宋人能吏之首，庶足稱矣。劉昌言感趙普之遇，身後經理其家；然委親鄉里，十年而不迎侍，厚薄失措，又何取乎？張洎初勸李煜勿降，既而不能死之，「犬吠非主」之對，徒以辯舌，僥倖得免。厥後揣摩百端，讒毀正直，利口之士，鮮不爲反覆小人也。李惟淸居臺端，恨失政柄，恣情鷙擊。舊史稱爲俗吏，又奚責焉。

校勘記

〔一〕耿壽昌　原作「耿受昌」，據漢書卷二四食貨志、長編卷三七改。

〔二〕令三司逐部理約　長編卷四〇作「令三司逐部理納」，宋會要職官五之三四作「並令三司逐部行遣催納」，疑「約」爲「納」之誤。

〔三〕太平興國三年　「三」原作「二」，據本書卷四太宗紀、長編卷一九改。

〔四〕范杲　原作「范果」，據本書卷二四九本傳、長編卷三五改。

〔五〕極口誇泊於上　「誇」原作「談」，太宗實錄卷八〇作「誇」，據改。

〔六〕荆湖北路轉運判官　「荆」原作「京」。按北宋無「京湖北路」之名，下文太宗問話有「荆湖累年豐稔」一語，東都事略卷三七本傳作「荆湖」，「京」當爲「荆」之訛，據改。

〔七〕比開寶軍興之際　「比」原作「此」。長編卷三二作「比」，按文義，作「比」是。據改。

宋史卷二百六十八

列傳第二十七

柴禹錫　張遜　楊守一　趙鎔　周瑩　王繼英　王顯

柴禹錫字玄圭，大名人。少時，有客見之曰：「子質不凡，若輔以經術，必致將相。」禹錫由是留心問學。時太宗居晉邸，以善應對，獲給事焉。

太平興國初，授供奉官。三年，改翰林副使，遷如京使，仍掌翰林司。每夜直，上以藩府舊僚，多召訪外事。遷宣徽北院使，賜第寶積坊。告秦王廷美陰謀，擢樞密副使。踰年，轉南院使。服勞既久，益加勤敏。

雍熙中，議廣宮城。禹錫有別業在表識中，請以易官邸，上因是薄之。又與宰相宋琪厚善。會廣州徐休復密奏轉運王延範不軌狀，且言倚附大臣，無敢動搖者。上因訪琪及禹錫曰：「延範何如人？」延範與琪妻爲疎屬，甚言其忠勤，禹錫亦傍贊之。上意其交通，滋不

悅。禹錫又爲琪請盧多遜故第，上益惡其朋比。坐琪以詼諧罷相，不欲顯言之也。下詔切責禹錫，以驍衞大將軍出知滄州。在任勤於政治，部民詣濱州列狀以聞。改涪州觀察使，徙澶、鎭二州駐泊部署。俄知潞州，州民乞留三載，詔獎之。徙知永興軍府，再召爲宣徽北院使、知樞密院事。

至道初，制受鎭寧軍節度、知涇州。入謝日，上謂曰：「由宣徽罷者不過防禦使爾，今委卿旌節，兼之重鎭，可謂優異矣。」禹錫流涕哽咽而已。咸平中，移知貝州。是歲，契丹兵奄至城下，禹錫內嚴備禦，寇尋引去。明年，徙陝州。

景德初，子宗慶選尙，召禹錫歸闕，令公主就第謁見，行舅姑禮，固辭不許。頃之，還鎭。未幾，卒，年六十二，贈太尉。子宗亮，太子中允；宗慶，永淸軍節度。

張遜，博州高唐人。數歲喪父，養於叔父職方員外郎幹，後隨母歸魏仁浦家，駙馬都尉咸信，其異父弟也。太宗在晉邸，召隸帳下。

太平興國初，補左班殿直。從征太原還，遷文思副使，再遷香藥庫使。嶺南平後，交阯歲入貢，通關市。並海商人遂浮舶販易外國物，闍婆、三佛齊、渤泥、占城諸國亦歲至朝貢，

由是犀象、香藥、珍異充溢府庫。遜請於京置榷易署，稍增其價，聽商入金帛市之，恣其販鬻，歲可獲錢五十萬緡，以濟經費。太宗允之，一歲中果得三十萬緡。自是歲有增羨，至五十萬。

雍熙二年，錄其勞，遷領嬀州刺史。三年，與安忠並命爲東上閤門使。數月，會許仲宣罷判度支，卽以遜爲度支使。端拱初，遷鹽鐵使。二年，授宣徽北院使、簽署樞密院事。未幾，兼樞密副使、知院事。與同列寇準不協，每奏事，頗相矛盾。

一日，遜等晚歸私第，準與溫仲舒並轡，有狂民迎馬首拜呼萬歲。街使王賓舊與遜同事晉邸，遜又嘗舉賓，雅相厚善，因奏民迎準拜呼萬歲。準自辯：「實與仲舒同行，蓋遜令賓獨奏斥臣。」辭意俱厲，因互發其私。太宗惡之，下詔切責，遜左降右領軍衞將軍，準亦罷職。會判右金吾街仗蔡玉冒奏富人子爲州大校，黜官，命遜代掌其事。

西蜀李順爲亂，詔發兵水陸進討，以荆渚居其要害，命遜爲右驍衞大將軍、知江陵府，賜錢二百萬，白金三千兩。遜旣至，會峽路諸漕卒數千人聚江陵，有告其謀變以應蜀寇，府中議欲盡誅之。遜止捕首惡楊承進等二十一人斬於市，餘黨親加慰撫，飛奏以聞。太宗嘉之，詔以其卒分配州郡。數月，遜卒，年五十六，時至道元年也。贈桂州觀察使，歸葬京師。

遜小心謹慎，徒以攀附至貴顯，其訏謀獻替無聞焉。

子敏中，初補供奉官。遜在宣徽，表言嘗業文，願改秩，即換大理寺丞，累至比部郎中。次子虛中，娶宗室中國公女，至供奉官、閤門祗候。敏中子先，進士及第。

楊守一字象先，其先河南洛陽人。唐末避亂，徙家宋、鄭間。守一稍通周易及左氏春秋，事太宗於晉邸。

太宗即位，補右班殿直。太平興國中，出護登州兵。召還，監儀鸞司。累遷西頭供奉官，其下多貴族子弟，頗豪縱徼幸。始置三班院，令守一專其事，考覈授任，漸有條制。歲餘，改翰林學士〔一〕。守一初名守素，至是詔改之。

七年，與趙鎔、柴禹錫、相里勳等告秦王廷美陰謀事，擢東上閤門使兼樞密都承旨。八年，改判四方館事。雍熙中，詔護遷雲、朔歸附安慶兵屯于潞州。三年，轉內客省使，仍兼都承旨。端拱元年，授宣徽北院使、簽署樞密院事。是秋，卒，年六十四。贈太尉，中使護葬。

守一性質直勤謹，無他材術，徒以肇自王府，久事左右，適會時機，故歷職通顯，飾終之禮，率加常數焉。

子安期歷國子博士，坐事貶卒。安期子夢得，進士及第。

趙鎔字化鈞，滄州樂陵人。以刀筆事太宗於藩邸，即位，補東頭供奉官。因使吳越賜國信，及錢俶納土，遣檢校帑廩，轉內酒坊副使。以告秦王廷美陰事，遷六宅使，領羅州刺史。掌翰林司，擢東上閤門使。

郭贄參知政事，鎔以同府之舊，嘗有所請託，贄不從。鎔摭堂吏過失以聞，贄見上，白鎔私謁，即召鎔廷辯。詞屈，出爲梓、遂州都巡檢使，改左驍衞大將軍，領郡如故。代還，知滄州兼兵馬部署。鎔在郡完城塹，嚴戰具。寇嘗數百騎至境上，聞有備，引去。遷左神武大將軍。會崔翰知州，改鎔爲本州鈐轄。

又知廬州，因對，自陳願留，不許。踰年，召爲樞密都承旨，同掌三班，俄拜宣徽北院使、同知樞密院事，與柴禹錫並掌機務。嘗遣吏卒變服，散之京城察事。卒乘醉與賣書人韓玉鬥毆，不勝，因誣玉言涉指斥。禹錫等遽以聞，玉坐抵法。太宗尋知其寃，自後廉事不復聽。禹錫出鎮，鎔加知院事。眞宗即位，改南院使、檢校太傅，以心疾求解。是秋，授壽州觀察使。咸平元年三月，卒，年五十五。贈忠正軍節度，錄其三子官。

鎔少涉獵文史，美書翰，委質晉邸，以勤謹被眷。本名容，太宗改爲鎔，曰：「陶鎔所以

成器也。」鎔性好佛，多蓄古書畫。三子：忠輔，西京左藏庫副使；忠愿，虞部員外郎；忠厚，內殿崇班。

周瑩，瀛州景城人。右領軍衞上將軍景之子也。景家富財，好交結，歷事唐、漢、周。習水利，嘗浚汴口，導鄭州郭西水入中牟渠，修滑州河堤，累遷至是官。

太宗潛邸時，瑩得給事左右。卽位，補殿直，領武騎卒巡警泉、福州。卒纔數百，捕劇賊千餘，遷供奉官。天雄軍節度孫永祐、轉運使楊緘稱薦之，又使綏、銀州按邊事，還奏稱旨，擢鞍轡庫副使。

雍熙二年，爲杭、睦五州都巡檢使兼杭州都監。會妖僧紹倫爲變，瑩擒獲之，逮捕就戮者三百餘人，人以爲酷濫。代還，改崇儀使、滄州都監。召拜西上閤門使，領鎭、定、高陽關都監，加判四方館事。與郝守濬護塞宋州決河，俄改三路排陣鈐轄，歷知天雄軍、眞定二府，就遷引進使。

至道二年，代還。會李繼隆討西夏，詔瑩詣軍前，授以機事，還拜客省使，簽書樞密院諸房公事，俄兼提點宣徽諸房、鼓司、登聞院，與劉承珪並任。

眞宗嗣位，承珪分使河北告諭，加領富州刺史。上聞其母老病，閔之，特封武功郡太夫人。秋，拜宣徽北院使。先是，宣徽著位在樞密副使上，瑩表請居下，從之。咸平二年，大閱，命爲隨駕部署。從征河朔，又爲駕前馬步都部署。

三年，遷南院使、知樞密院事。會蜀平，部送脅從者數十百人至闕下。西川轉運使馬亮因入奏，請赦其罪遣還。瑩以爲當盡誅之。令瑩、亮廷議，上是亮議，悉原其罪。

五年，高陽關都部署闕，藩侯無足領之者，宰相請輟宣徽使以居其任。時王繼英任北院，上以瑩練達軍事，乃拜永淸軍節度，兼領其任，爲三路排陣使。瑩隸人有錢仁度者，頗有軍功，與虎翼小校劉斌相競，爲殿直閻渥所發。以瑩故，詔勿問，止徙斌隸他軍。契丹入寇，詔步兵赴寧邊軍爲援。瑩至，則寇兵已去，卽日還屯所。上聞曰：「瑩何不持重少留，示以不測。輕於擧措，非將帥體也。」

景德初，丁內艱，起復，代王顯爲天雄軍都部署兼知軍府事。嘗召洺州騎士千五百人赴大名，道與寇直，力戰，有死傷者，瑩猶謂其玩寇，將悉誅之。詔賜金帛，諭瑩勿治其罪。車駕北巡，爲駕前東面貝冀路都部署〔二〕。明年，改知陝州，俄徙永興軍府，又移邠州，兼環慶路都部署。時夏州內屬，詔省戍兵還營，以減饋餉之費。仍手詔諭瑩，瑩遽奏乞留，以張邊威。上謂瑩庸懦不智，以曹瑋代之，徙知澶州。

大中祥符初，改天平軍節度。明年，爲鎭定都部署兼知定州。轉運使奏其曠弛，徙知澶州，境內屢有寇盜，宰相以瑩任居將帥，不能以威望鎭靖，請徙他郡。上曰：「處之閑僻，適使其自偷爾。」遂下詔督責，令其擒捕。時發卒修河防，而軍中所給糗糧，多腐敗不可食；又役使不均，瑩不加恤，以故亡命者衆。

七年，入朝，復遣還鎭。又以澶淵當契丹之衝，藉其廩給之厚，復命知澶州。九年，被疾，求還京師。卒，年六十六，贈侍中。初謚忠穆，後改元惠。錄其二子供奉官普、顯爲內殿崇班，二孫永昌、永吉爲殿直。

瑩居樞近，無他謀略，及涖軍旅，歷藩鎭，功業無大過人者。故事，大禮覃慶，外藩無賜物例。東封歲，瑩鎭澶淵，車駕所經，故特有襲衣、金帶、器帛之賜。祀汾陰，瑩知定州，乃預上言：「禮成，所賜望於治所支給。」人咸笑之。普後爲崇儀副使，顯至內殿承制。

王繼英，開封祥符人。少從趙普給筆札，普自罷河陽，爲少保，從者皆去，繼英趨事逾謹。普再入相，繼英隸名中書五房、院。

時眞宗在藩邸，選爲導吏兼內知客事。太宗召見，謂曰：「汝昔事趙普，朕所備知。今奉

親賢，尤宜盡節。」及建儲，授左淸道率府副率兼左春坊謁者。謁者本宮職，副率品秩頗崇，非趨走左右者所宜爲，俾兼領之，執政之誤也。

眞宗卽位，擢爲引進使。咸平初，領恩州刺史兼掌閤門使，遷左神武大將軍、樞密都承旨，改客省使。契丹入寇，繼英密請車駕北巡，上從之，卽命繼英馳傳詣鎭、定、高陽關視行宮儲頓，宣諭將士。俄充澶州鈐轄。會大將傅潛逗撓得罪，令繼英卽軍中召還屬吏。尋掌三班，拜宣徽北院使，與周瑩同知樞密院事。瑩出鎭，繼英遂冠樞宥，小心愼靖，以勤敏稱，上倚賴之。

景德初，授樞密使。舊制，樞密院使祖母及母止封郡太夫人，有詔特加國封。嘗因進補軍校，白上曰：「疎外之人急於攀附者，謂臣蒙蔽不爲薦引。」上曰：「此輩雖有夤緣，亦須因事立功，方許擢用，不可過求僥倖，卿勿復言也。」

從幸澶州，契丹請和，諏訪經略，繼英預焉。明年郊祀，加特進、檢校太傅。三年，卒，年六十一。上臨哭之，賜白金五千兩，贈太尉、侍中，謚恭懿。且爲葬其祖父，贈其妻賈長樂郡太夫人，錄其子壻、門下親吏數十人。

初，繼英幼孤，寄育外氏。既貴，外王父、諸舅有旅殯者〔三〕，時方奏遺其子營葬，會卒，特詔有司給辦焉。

子遵式、遵誨、遵度、遵範，皆至顯官。

王顯字德明，開封人。初爲殿前司小吏，太宗居藩，嘗給事左右。性謹介，不好狎，未嘗踐市肆。卽位，補殿直，稍遷供奉官。

太平興國三年，授軍器庫副使，遷尚食使。逾年，與郭昭敏並爲東上閤門使。八年春，拜宣徽南院使兼樞密副使。是夏，制授樞密使。上謂之曰：「卿世家本儒，少遭亂失學，今典朕機務，無暇博覽羣書，能熟軍戒三篇，亦可免於面牆矣。」因取是書及道德坊宅一區賜之。其後居位既久，機務益繁，副使趙昌言、寇準鋒氣皆銳，慢顯，顯或失誤，護短終不肯改，上每面戒之。淳化二年〔四〕八月，詔加切責，黜授隨州刺史，充崇信軍節度、觀察等使，遣之任。

俄知永興軍，徙延州。時夏臺、益部寇擾，顯上疏曰：「間歲以來，戎事未息，李繼遷負恩於靈夏，王小波干紀於巴邛，河右坤維並興師旅。而繼遷翻然向化，遣弟入覲〔五〕，願修職貢。陛下曲加容納，許其內附，示以德信，伸以恩錫，所以綏懷之者至矣。然而狼子野心，未可深信。所宜謹屯戍，固城壘，積芻糧，然後遴選才勇，付以邊任，縱有緩急，則備禦有

素，彼又奚能爲患哉？至若蜀寇未平，神人共憤，謂宜申飭將帥，速期蕩平，既免老師以費財，且防事久則生變。又況邛蜀物產殷富，其間士卒驕怠，遲留顧戀，實兼有之。莫若勿憚往來，潛爲更代，既可均其勞逸，抑可免於遷延。至於河北關防所當加謹者，誠以國家方事西南，密謀興舉，若分中朝之勢力，則長外寇之姦謀矣。」

時制，沿邊糧斛不許過河西，河西青鹽不得過界販鬻，犯者不以多少，處斬。顯請犯多者依法，自餘別爲科斷，以差其罪。章上未報，移知秦州。

初，溫仲舒知州日，開拓山林，諷蕃部獻其地。後朝廷雖嘗給還，而採伐如故。轉運使盧知翰請量給蕃部茶綵，以酬所獻，詔遣張從式與顯同往規度。顯言：「乃者朝命以趙保吉修貢，邊城務使安靜，若今動衆開斥疆境，非便。」議遂罷。

咸平初，入朝，改橫海軍節度，出知鎭州。二年，曹彬卒，復拜樞密使。郊祀，加檢校太師。眞宗幸大名，內樞惟顯與副使宋湜從，言者多謂顯專司兵要，謀略非長。會湜卒，乃以參知政事向敏中權同知樞密院事。三年春，改授山南東道節度、同中書門下平章事、定州路行營都部署、河北都轉運使兼知定州。秋，吏民詣駐泊都部署孔守正言顯治狀，願借留。守正以聞。明年秋，加鎭、定、高陽關三路都部署，許便宜從事。十月，契丹入寇，前軍過威虜軍。比時方積雨，契丹以皮爲弦，濕緩不堪用，顯因大破之，梟獲名王、貴將十五人及羽

林印二鈕，斬首二萬級。顯上言：「先奉詔令於近邊布陣，及應援北平控扼之路。無何，敵騎已越亭障，顯之前陣雖有捷克，終違詔命。」上章請罪。上降手札，以慰其憂悸。

明年，求致仕，不許，改河陽三城節度。將之鎮，時議親征契丹，顯言：「盛寒在序，敵未犯塞，鑾輿輕舉，直抵窮邊，寇若不逢，師乃先老。況今繼遷未滅，西鄙不寧，儻北邊部落與之結援，則中國之患，未可量也。議者乃於此時請復幽薊，非計之得也。凡建議大事，上下協力，舉必成功。今公卿士大夫以至庶人，尚有異同，未可謂爲萬全之舉。若能選擇將帥，訓練士卒，堅城壘而繕甲兵，亦足以待敵矣。必欲復燕薊舊地，則必修文德、養勇銳，伺時之利，以奉行天罰而後可。」

景德初，徙知天雄軍府。又言：「祖宗以來，多命近臣統領軍旅。今後宜徽使，宜於文武羣臣中擇曉達邊事者爲之。蓋位高則威名著，識遠則勳勞立故也。武臣以罪黜者，宜加容貸，不以一眚遂廢，苟用之有恩，必得其死力，故曰使功不如使過也。至若臨敵命將，則貴專任，出師應敵，則約束將校，使相應援。全是數者，則軍威倍壯，人心增勇矣。」既而上表請赴行在，從之。是年秋，遣還鎮。

契丹入寇，上議親征。顯復陳三策，謂：「大軍方在鎮定〔六〕，契丹必不南侵，車駕止駐澶淵，詔鎮定出兵，會河南軍，合擊之可也。若契丹母子虛張聲勢，以抗我師，潛遣銳兵南攻

駕前諸軍，則令鎮定之師直衝戎帳，攻其營砦，則沿河遊兵不戰而自屈矣。否則遣騎兵千、步兵三千於濮州渡河，橫掠澶州，繼以大軍追北掩擊，亦可出其不意也。」已而契丹請盟，趙德明遣使修貢稱藩，朝廷加賞錫，且許通青鹽以濟邊民，從顥之請也。

三年冬，被病，詔中使偕尙醫療視。明年正月，許還京師。時車駕上陵，顥謂賓佐曰：「余年位偕極，今天子道出虎牢，不得一拜屬車之塵，是遺恨也。」言訖涕下，至京，信宿卒，年七十六。車駕至鄭州，聞之，遣宮苑使鄧永遷馳還護喪，贈中書令，謚忠肅。錄其二子。

顥自三班不數年正樞任，奬擢之速，時無儗之者。顥吏軍司時，張永德以滑州節制爲殿前都點檢。及顥自樞密鎮孟津兼相帥，永德由太子太師爲相帥，同日宣制，永德兼大夫反在顥下，時人訝之。顥居中執政，矯情以厚胥吏，齪齪自固而已。在藩鎮頗縱部曲擾下，論者非之。

子希逸字仲莊，以蔭補供奉官。好學，尤熟唐史，聚書萬餘卷。換秩授朝奉大夫、太子中允。咸平初，改殿中丞、直史館，預修册府元龜，加祠部員外郎，卒。希範至如京副使。

論曰：自柴禹錫而下，率因給事藩邸，以攀附致通顯者凡七人。若守一之質直，趙鎔之

勤謹，服勞雖久而益修乃職，則其被眷遇也宜矣。張遜優於理財而未免於娼嫉，周瑩練習軍旅而頗傷於酷濫，禹錫素稱勤敏而不能不涉於朋比，王顯雖謹介自將而昧於學識，故莫逃於齷齪之譏。若以勤謹被信任，耆德冠樞宥，而善終如始者，其惟繼英乎。易曰：「君子有終，吉。」此之謂也。

校勘記

〔一〕改翰林學士 「學士」當作「副使」，見隆平集卷九、東都事略卷三三本傳和長編卷二三。

〔二〕東面貝冀路都部署 「東面」原作「東西」，據長編卷五七改。

〔三〕外王父諸舅有旅殯者 「旅殯」原作「族殯」，據長編卷六二改。

〔四〕淳化二年 「二年」原作「三年」。按本書卷二一〇宰輔表，王顯自檢校太傅樞密使責授隨州刺史、崇信軍節度觀察處置等使，是在淳化二年九月；宋會要職官七八之五和東都事略卷四三本傳同。據改。

〔五〕遣弟入覲 「弟」原作「子」。按王顯此疏上於淳化五年，是年七月，繼遷遣弟廷信來獻馬及駱駝，見本書卷四八五夏國傳。長編卷三六作「遣弟入覲」，據改。

〔六〕大軍方在鎮定 「軍」上原衍「將」字，據長編卷五七刪。

宋史卷二百六十九

列傳第二十八

陶穀　扈蒙　王著　王祐[一]子旭　孫質　楊昭儉　魚崇諒　張澹　高錫從子冕

陶穀字秀實，邠州新平人。本姓唐，避晉祖諱改焉。歷北齊、隋、唐爲名族。祖彥謙，歷慈、絳、澧三州刺史，有詩名，自號鹿門先生。父渙，領夷州刺史，唐季之亂，爲邠帥楊崇本所害。時穀尚幼，隨母柳氏育崇本家。

十餘歲，能屬文，起家校書郎、單州軍事判官。嘗以書干宰相李崧，崧甚重其文。時和凝亦爲相，同奏爲著作佐郎、集賢校理。改監察御史，分司西京，遷虞部員外郎、知制誥。會晉祖廢翰林學士，兼掌內外制。詞目繁委，穀言多委愜，爲當時最。少帝初，賜緋袍、靴、笏、黑銀帶。天福九年，加倉部郎中。

初，崧從契丹以北，高祖入京師，以崧第賜蘇逢吉，而崧別有田宅在西京，逢吉皆取之。崧自北還，因以宅券獻逢吉，逢吉不悅，而崧子弟數出怨言。其後逢吉乃誘告崧與弟嶼、嶬等下獄，崧懼，移病不出。

崧族子昉爲祕書郎，嘗往候崧，崧語昉曰：「邇來朝廷於我有何議？」昉曰：「無他聞，唯陶給事往往於稠人中厚誣叔父。」崧歎曰：「穀自單州判官，吾取爲集賢校理，不數年擢掌誥命，吾何負於陶氏子哉？」及崧遇禍，昉嘗因公事詣穀，穀問昉：「識李侍中否？」昉斂衽應曰：「遠從叔爾。」穀曰：「李氏之禍，穀出力焉。」昉聞之汗出。

穀性急率，嘗與兗帥安審信集會，杯酒相失，爲審信所奏。時方姑息武臣，穀坐責授太常少卿。嘗上言：「頃蒞西臺，每見臺司詳斷刑獄，少有卽時決者。至於閭閻夫婦小有爭訟，淹滯積時，坊市死亡喪葬，必俟臺司判狀，奴婢病亡，亦須檢驗。吏因緣爲姦，而邀求不已，經旬不獲埋瘞。望申條約以革其弊。」從之。俄拜中書舍人。嘗請教習樂工、停二舞郎，及禁民伐桑棗爲薪，並從其請。開運三年，賜金紫。

契丹主北歸，脅穀令從行。穀逃匿僧舍中，衣布褐，陽爲行者狀。軍士意其詐，持刃陵脅者日數四。穀頗工歷數，謂同輩曰：「西南五星連珠，漢地當有王者出。契丹主必不得歸國。」及耶律德光死，有孛光芒指北，穀曰：「自此契丹自相魚肉，永不亂華矣。」遂歸漢，爲給

事中。乾祐中，令常參官轉對。穀上言曰：「五日上章，曾非舊制。百官敍對，且異昌言。徒浼天聽，無益時政，欲乞停轉對。在朝羣臣有所聞見，即許不時詣閤聞奏。」從之。

仕周爲右散騎常侍，世宗即位，遷戶部侍郎。從征太原，時魚崇諒迎母後至，穀乘間言曰：「崇諒宿留不來，有顧望意。」世宗頗疑之。崇諒又表陳母病，詔許歸陝州就養，以穀爲翰林學士。

世宗嘗謂宰相曰：「朕觀歷代君臣治平之道，誠爲不易。又念唐、晉失德之後，亂臣黠將，僭竊者多。今中原甫定，吳、蜀、幽、幷尚未平附，聲教未能遠被，宜令近臣各爲論策，宣導經濟之略。」乃命承旨徐台符以下二十餘人，各撰爲君難爲臣不易論、平邊策以進。其策率以修文德、來遠人爲意，惟穀與竇儀、楊昭儉、王朴以封疆密邇江、淮，當用師取之。世宗自克高平，常訓兵講武，思混一天下。及覽其策，忻然聽納，由是平南之意益堅矣。

顯德三年，遷兵部侍郎，加承旨。世宗留心稼穡，命工刻木爲耕夫、織婦、蠶女之狀，置於禁中，思廣勸課之道，穀爲贊辭以進。顯德六年，加吏部侍郎。

宋初，轉禮部尚書，依前翰林承旨。穀在翰林，與竇儀不協，儀有公望，慮其軋己，嘗附宰相趙普與趙逢、高錫輩共排儀，儀終不至相位。

乾德二年，判吏部銓兼知貢舉。再爲南郊禮儀使，法物制度，多穀所定。時范質爲大

禮使，以鹵簿清游隊有甲騎具裝，莫知其制度，以問於穀。穀曰：「梁貞明丁丑歲，河南尹張全義獻人甲三百副、馬具裝二百副。其人甲以布爲裏，黃絁表之，青綠畫爲甲文，紅錦緣青絁爲下帬，絳韋爲絡，金銅玦，長短至膝。前膺爲人面二目，背連膺纏以紅錦騰蛇。馬具裝蓋尋常馬甲，但加珂拂於前膺及後鞦爾。莊宗入洛，悉焚毀。」質命有司如穀說，造以給用。又乘輿大輦，久亡其制，穀創意造之，後承用焉。明德門成，詔穀爲之記。

乾德中，命庫部員外郎王貽孫、周易博士奚嶼同考試品官子弟。穀屬其子鄁於嶼，鄁書不通，以合格聞，補殿中省進馬。俄爲人所發，下御史府案問，嶼責授乾州司戶，貽孫責授左贊善大夫，奪穀奉兩月。穀後累加刑部、戶部二尚書。開寶三年，卒，年六十八。贈右僕射。

穀強記嗜學，博通經史，諸子佛老，咸所總覽；多蓄法書名畫，善隸書。爲人雋辨宏博，然奔競務進，見後學有文采者，必極言以譽之；聞達官有聞望者，則巧詆以排之，其多忌好名類此。初，太祖將受禪，未有禪文，穀在旁，出諸懷中而進之曰：「已成矣。」太祖甚薄之。嘗自曰：「吾頭骨法相非常，當戴貂蟬冠爾。」蓋有意大用也，人多笑之。子邴，至起居舍人。天禧四年，錄穀孫寔試祕書省校書郎。

扈蒙字日用，幽州安次人。曾祖洋，涿州別駕。祖智周，盧龍軍節度推官。父曾，內園使。蒙少能文，晉天福中，舉進士，入漢爲鄠縣主簿。趙思綰叛，遣郭從義討之。郡縣吏供給皆戎服趨事，蒙冠服褒博，舉止舒緩，從義頗訝之。轉運使李穀謂曰：「蒙文學名流，不習吏事。」遂不之問。周廣順中，從歸德軍節度趙暉爲掌書記，召爲右拾遺、直史館、知制誥。蒙從弟載時爲翰林學士，兄弟並掌內外制，時號「二扈」。

宋初，由中書舍人遷翰林學士，坐請託於同年仇華，黜爲太子左贊善大夫，稍遷左補闕，掌大名市征。六年，復知制誥，充史館修撰。開寶中，受詔與李穆等同修五代史，詳定古今本草。五年，連知貢舉。

七年，蒙上書言：「昔唐文宗每召大臣論事，必命起居郎、起居舍人執筆立於殿側，以紀時政，故文宗實錄稍爲詳備。至後唐明宗，亦命端明殿學士及樞密直學士輪修日曆，送史官。近來此事都廢，每季雖有內殿日曆，樞密院錄送史館，然所記者不過臣下對見辭謝而已。帝王言動，莫得而書。緣宰相以漏泄爲虞，昧於宣播，史官疏遠，何得與聞。望自今凡有裁制之事〔二〕，優恤之言，發自宸衷、可書簡策者，並委宰臣及參知政事每月輪知抄錄，以備史官撰集。」從之，卽以參知政事盧多遜典其事。

九年正月，受朝乾元殿，降王在列，聲明大備。蒙上聖功頌，以述太祖受禪、平一天下之功，其詞誇麗，有詔褒之。爲盧多遜所惡，出知江陵府。太宗卽位，召拜中書舍人，旋復翰林學士。與李昉同修太祖實錄。太平興國四年，從征太原還，轉戶部侍郎，加承旨。雍熙三年，被疾，以工部尙書致仕。未幾，卒，年七十二。贈右僕射。

自張昭、竇儀卒，典章儀注，多蒙所刊定。初，太祖受周禪，追尊四廟，親郊，以宣祖配天。及太宗卽位，禮官以爲舜郊嚳，商郊冥，周郊后稷，王業所因興也。若漢高之太公，光武之南頓君，雖有帝父之尊，而無預配天之祭。故自太平興國三年、六年再郊，並以太祖配，於禮爲允。太宗將東封，蒙定議曰：「嚴父莫大於配天，請以宣祖配天。」自雍熙元年罷封禪爲郊祀，遂行其禮，識者非之。

蒙性沉厚，不言人是非，好釋典，不喜殺，縉紳稱善人。有笑疾，雖上前不自禁。多著述，有鼇山集二十卷行於世。載字仲熙，有傳，見五代史。

王著字成象，單州單父人。性豁達，無城府。幼能屬文，漢乾祐中，舉進士。周祖鎭大

名，世宗侍行，聞著名，召置門下，因得謁見周祖。廣順中，世宗鎮澶州，辟觀察支使。隨世宗入朝，遷殿中丞；即位，拜度支員外郎。顯德三年，充翰林學士。六年，丁家艱，起復。南唐李景使其子從善來貢〔三〕，會恭帝嗣位，命著件送至睢陽，加金部郎中、知制誥，賜金紫。世宗靈駕赴慶陵，符后從行，公務悉資於著。

宋初，加中書舍人。建隆二年，知貢舉。時亳州獻紫芝，鄆州獲白兔，隴州貢黃鸚鵡，著獻頌，因以規諫。太祖甚嘉其意，下詔褒之。四年春，宿直禁中，被酒，髮倒垂被面，夜扣滋德殿門求見。帝怒，發其醉宿倡家之過，黜爲比部員外郎。乾德初，改兵部員外郎。二年，復知制誥。數月，加史館修撰、判館事。三年，就轉戶部郎中。六年，復爲翰林學士，加兵部郎中，再知貢舉。開寶二年冬，暴卒，年四十二。

著少有俊才，世宗以幕府舊僚，眷待尤厚，常召見與語，命皇子出拜，每呼學士而不名。屢欲相之，以其嗜酒，故遲留久之。及世宗疾大漸，太祖與范質入受顧命，謂質等曰：「王著藩邸舊人，我若不諱，當命爲相。」世宗崩乃止。著善與人交，好延譽後進，當世士大夫稱之。有傳，見五代史。

王祜字景叔，大名莘人。祖言，仕唐黎陽令。父徹，舉後唐進士，至左拾遺。祜少篤志詞學，性倜儻有俊氣。晉天福中，以書見桑維翰，稱其藻麗，由是名聞京師。鄴帥杜重威辟爲觀察支使。漢初，重威移鎭睢陽，反側不自安，祜嘗勸之，使無反漢，不聽。祜坐是貶沁州司戶參軍〔四〕，因作書貽鄉友以見志，辭氣俊邁，人多稱之。仕周，歷魏縣、南樂二令。

太祖受禪，拜監察御史，由魏縣移知光州，遷殿中侍御史。乾德三年，知制誥。六年，加集賢院修撰，轉戶部員外郎。

太祖征太原，已濟河。諸州餉饋集上黨城中，車乘塞路，上聞之，將以稽留罪轉運使。趙普曰：「六師方至，而轉運使以獲罪聞，敵必謂儲峙不充，有以窺我矣，非威遠之道也。俾能治劇者，往蒞其州足矣。」即命祜知潞州。及至，饋餉無乏，路亦無壅，班師，召還。

會符彥卿鎭大名，頗不治，太祖以祜代之，俾察彥卿動靜，謂曰：「此卿故鄉，所謂晝錦者也。」祜以百口明彥卿無罪，且曰：「五代之君，多因猜忌殺無辜，故享國不永，願陛下以爲戒。」彥卿由是獲免，故世謂祜有陰德。

繼以用兵嶺表，徙知襄州。湖湘平，移知潭州。召還，攝判吏部銓。時左司員外郎侯陟自揚州還，復判銓，祜判門下省，陟所注擬，祜多駁正。盧多遜與陟善，陟因訴之，多遜素

惡祐不比己，遂出祐爲鎭國軍行軍司馬。

太平興國初，移知河中府。入爲左司員外郎，拜中書舍人，充史館修撰。未幾，知開封府，以病請告。太宗謂祐文章、淸節兼著，特拜兵部侍郎。月餘卒，年六十四。

初，祐掌誥，會盧多遜爲學士，陰傾趙普，多遜累諷祐比己，祐不從。一日，以宇文融排張說事勸釋之，多遜滋不悅。及普再入，多遜果敗，與宇文融事頗類，識者服其先見。

祐子三人：曰懿，曰旦，曰旭。旦自有傳。初，祐知貢舉，多拔擢寒俊，畢士安、柴成務皆其所取也。後與其子旦同入兩制，居中書。懿字文德，勵志爲學，舉進士，嘗知袁州，有政績，卒，年四十九。

旭字仲明。嚴於治內，恕以接物，尤篤友誼。以蔭補太祝，嘗知緱氏縣。時官鄰邑者多貪猥，民有「永寧三钁，緱氏一鐮」之謠。又知雍丘縣。眞宗尹京時，素聞其能，及踐祚，三遷至殿中丞。自旦居宰府，旭以嫌不任職。王矩嘗薦旭材堪治劇，眞宗召旦謂曰：「前代弟兄同居要地者多矣，朝廷任才，豈以卿故屈之邪？」命授京府推官，旦固辭，改判南曹。由判國子監出知潁州，荒政修擧。大中祥符間，旦旣薨，歷中外，卓有政績，由兵部郎中出知應天府。卒，年六十八。

懿子睦，旭子質，皆能其官。

質字子野。少謹厚淳約，力學問，師事楊億，億歎以爲英妙。伯父旦見其所爲文，嗟賞之。以蔭補太常寺奉禮郎。後獻文召試，賜進士及第，被薦爲館閣校勘，改集賢校理，累遷尙書祠部員外郎。丁父憂，與諸弟飯脫粟茹蔬終喪。

通判蘇州，州守黃宗旦少質，嘗因爭事，宗旦曰：「少年乃與丈人抗邪？」質曰：「事有當爭，職也。」卒不爲屈。宗旦得盜鑄錢者百餘人，下獄治，退告質曰：「吾以術鉤致得之。」喜見於色。質曰：「以術鉤人置之死而又喜，仁者之政，固如是乎？」宗旦慚沮，爲薄其罪。還判尙書刑部、吏部南曹，知蔡州。州人歲時祀吳元濟廟，質曰：「安有逆醜而廟食於民者。」毀之，爲更立狄仁傑、李愬像而祠之，蔡人至今號「雙廟」。以本曹郎中召爲開封府推官。

時兄雍爲三司判官，質不欲兄弟並居省府，懇辭，得知壽州，徙廬州。盜殺其徒，幷貲而遁，捕得之。質論盜死，大理以謂法不當死，質曰：「盜殺其徒，自首者原之，所以疑壞其黨，且許之自新，此法意也。今殺人取貲而捕獲，貸之，豈法意乎？」疏上不報。降監舒州靈仙觀，採古今鍊形攝生之術，撰寶元總錄百卷。踰年，韓琦知審刑院，請盜殺其徒、非自首者勿原。著爲令。於是鄭戩、葉淸臣皆言質非罪，且稱其材，起知泰州，遷度支郎中，徙荆湖

北路轉運使。

嘗攝江陵府事，或訴民約婚後期，民言貧無貲以辦，故違約。質問其費幾何，出私錢予之。吏捕盜人衣者，盜叩頭曰：「平生不爲過，迫飢寒而至於此。」質命取衣衣之，遣去。加史館修撰、同判吏部流內銓。擢天章閣待制，出知陜州，卒。

質家世富貴，兄弟習爲驕侈，而質克己好善，自奉簡素如寒士，不喜畜財，至不能自給。初，旦爲中書舍人，家貧，與昆弟貸人息錢，違期，以所乘馬償之。質閱書得故券，召子弟示之曰：「此吾家素風，爾曹當毋忘也。」范仲淹貶饒州，治朋黨方急，質獨載酒往餞。或以誚質，質曰：「范公賢者，得爲之黨，幸矣。」世以此益賢之。

楊昭儉字仲寶，京兆長安人。曾祖嗣復，唐門下侍郎、平章事、吏部尚書。祖授，唐刑部尚書。父景，梁左諫議大夫。

昭儉少敏俊，後唐長興中，登進士第。解褐成德軍節度推官。歷鎭、魏掌書記，拜左拾遺、直史館，與中書舍人張昭遠等同修明宗實錄。書成，遷殿中侍御史。

天福初，改禮部員外郎。晉祖命宰相馮道爲契丹册禮使，以昭儉爲介，授職方員外郎，

旋加虞部郎中，俄以本官知制誥。不逾月三拜命，時人榮之。又爲荆南高從誨生辰國信使，賜金紫。使回，拜中書舍人，又爲翰林學士。

時驕將張彥澤鎭涇原，暴殺從事張式，朝廷不加罪。昭儉與刑部郎中李濤、諫議大夫鄭受益抗疏論列，請置之法。疏奏不報。會有詔令朝臣轉對，或有封事，亦許以不時條奏。昭儉復上疏曰：「天子君臨四海，日有萬機，懋建諍臣，彌縫其闕。今則諫臣雖設，言路不通，藥石之論不達於聖聰，而邪佞之徒取容於左右。御史臺紀綱之府，彈糾之司，銜冤者固當昭雪，爲蠹者難免放流。陛下臨御以來，寬仁太甚，徒置兩司，殆如虛器。遂令節使慢侮朝章，屠害幕吏，始訴冤於丹闕，反執送於本藩。苟安跋扈之心，莫恤冤抑之苦。願回睿斷，誅彥澤以謝軍吏。」由是權臣忌之。會請告洛陽，不赴晉祖喪，爲有司所糾，停官。

未幾，起爲河南少尹，改祕書少監，尋復中書舍人。時河決數郡，大發丁夫，以本部帥董其役，既而塞之。晉少主喜，詔立碑記其事。昭儉表諫曰：「陛下刻石紀功，不若降哀痛之詔；摛翰頌美，不若頒罪己之文。」言甚切至，少主嗟賞之，卒罷其事。周世宗愛其才，復召入翰林爲學士。歲餘，改御史中丞，多振舉臺憲故事。未幾，以鞫獄之失，與知雜御史趙礪、侍御史張糾並出爲武勝軍節度行軍司馬。

開寶二年，入爲太子詹事，以眼疾求退。六年，以工部尙書致仕。太宗卽位，就加禮

部尙書。太平興國二年，卒，年七十六。

昭儉美風儀，善談名理，事晉有直聲。然利口喜譏訾，執政大臣懼其構謗，多曲徇其意。

魚崇諒字仲益，其先楚州山陽人，後徙於陝。崇諒初名崇遠，後避漢祖諱改之。幼能屬文，弱冠，相州刺史辟爲從事。會魏帥楊師厚卒，建相州爲昭德軍，分魏郡州縣之半以隸之。魏人不便，裨校張彥及帳下，囚節度使賀德倫歸款莊宗，崇諒奔歸陝。明宗卽位，秦王從榮表爲記室。從榮誅，坐除籍，流慶州。淸泰初，移華州。俄以從榮許歸葬，放還陝。三年，起爲陝州司馬。仕晉，歷殿中侍御史，鳳翔李儼表爲觀察支使。奉方物入貢，宰相薦爲屯田員外郎、知制誥。開運末，契丹入汴，契丹相張礪薦爲翰林學士。契丹主北歸，留崇諒京師。

漢祖之入，盡索崇諒所受契丹詔敕，焚於朝堂，復令知制誥。俄拜翰林學士，就加中書舍人。隱帝卽位，崇諒以母老求就養，除保義軍節度副使，領台州刺史，食郡奉。會舉師討三叛，節度使白文珂在軍前，崇諒知後事。凡供軍儲、備調發，皆促期而辦，近鎭賴之。崇

諒親屬盡在鳳翔城中，踰年城破，李穀爲轉運使，庇護崇諒家數十口，皆無恙。崇諒請告，自岐迎居於陝。未幾，王仁裕罷內職，朝議請召崇諒爲學士。

周祖踐祚，書詔繁委，皆崇諒爲之。廣順初，加工部侍郎，充職。會兗州慕容彥超加封邑，彥超已懷反側，遣崇諒充使賜官告，仍慰撫之。時多進策人，命崇諒就樞密院引試，考定升降。

崇諒以母老思鄉里，求解官歸養。詔給長告，賜其母衣服、繒帛、茶藥、緡錢，假滿百日，令本州月給錢三萬，米麪十五斛。俄拜禮部侍郎，復爲學士。詔令侍母歸闕，崇諒再表以母老病乞終養，優詔不允。世宗征高平，崇諒尙未至，陶穀乘間言曰：「魚崇諒逗留不來，有顧望意。」世宗頗疑之。崇諒又表陳母病，詔許歸陝州就養。訖太祖朝不起。

太宗卽位，詔授金紫光祿大夫、尙書兵部侍郎致仕。歲餘卒。

張澹字成文，其先南陽人，徙家河南。澹幼而好學，有才藻。晉開運初，登進士第。宰相桑維翰器之，妻以女。解褐校書郎，直昭文館，再遷祕書郎，充鹽鐵推官，歷左拾遺、禮部員外郎，並充史館修撰。出爲洛陽令，秩滿，授吏部員外，復充史館修撰。周恭帝初，拜右

司員外郎、知制誥。

建隆二年，加祠部郎中。會秘書郎張去華上書自薦有文藝，願與澹及祠部員外郎知制誥盧多遜、殿中侍御史師頏並試，覈定優劣。太祖令並試於講武殿，澹所對不應策問，責授左司員外郎。未幾，通判泰州兼海陵鹽監副使。蜀平，通判梓州，復拜祠部郎中。

開寶初，就轉倉部郎中。四年冬，以本官復知制誥。六年，會李昉責授，盧多遜使江南，內署闕學士，太祖令澹權直學士院。七年長春節，攝殿中監，進酒，命賜金紫。六月，權點檢三司事。不踰旬，疽發背卒，年五十六。太祖聞其無子，甚愍之，命中使護葬於洛陽。

澹美風儀，善談論，歷官釐務，所至皆治。初與詞臣校藝，黜居郎署，頗怏怏。晚年附會盧多遜，方再獲進用。

淳化中，太宗論及文士，曰：「澹典書命而試以策，非其所長，此蓋陶穀、高錫黨張去華以阻澹爾。若使穀輩出其不意而遽試之，豈有不失律者邪？」

高錫字天錫，河中虞鄉人。家世業儒，幼穎悟，能屬文。漢乾祐中，舉進士。王晏鎮徐

州，辟掌書記；留守西洛，又辟河南府推官。坐按獄失實奪官，遷置涇州，會赦得歸。周顯德初，劉崇入寇，宰相請選將拒之。世宗銳意親征，破崇高平，誅敗將樊愛能等，由是政無大小悉親決之，不復責成有司。錫徒步詣招諫匭上書，請擇賢任官，分治衆職，疏奏不報。世宗嘗令翰林學士及兩省官分撰俳優詞，付教坊肄習，以奉游宴。錫復上疏諫。後爲蔡州防禦推官。

宋初，棄官歸京師，詣匭上疏，請禁兵器，疏入不報。建隆五年〔三〕，又以書干宰相范質，質奏用爲著作佐郎。明年春，遷監察御史。秋，拜左拾遺、知制誥，加屯田員外郎。乾德初，賜緋。太宗尹京，石熙載在幕中，錫弟銑應進士舉，干熙載，望首薦。銑辭藝淺薄，熙載不許，錫深銜之，數於帝前言熙載裨贊無狀。帝具以語太宗，且曰：「當爲汝擇人代之。」太宗曰：「熙載勤於乃職，聞高錫嘗求薦其弟，熙載拒之，慮爲錫所構。」帝大悟，雖怒之，未有以發。會使青州，私受節帥郭崇賂遺；又嘗致書澧州刺史爲僧求紫衣，爲人所告。事下御史府核實，責貶萊州司馬。遇赦，改均州別駕，移陳州。太平興國八年，卒。

兄子冕。冕字子莊，周顯德中，詣闕上書，稱旨，擢爲諫議大夫。宰相范質以爲超擢太過，詔特授將仕郎，守右補闕，賜賚加等。宋初，由膳部都官員外郎累至膳部郎中，出知益州。雍熙二年，卒，年五十。贈右諫議大夫，錄其子垂休爲固始主簿。

論曰：自唐以來，翰林直學士與中書舍人對掌訓辭，頌宣功德，箴諫闕失，不專爲文墨之職也。宋興，亦采詞藻以備斯選，若穀之才儁，著之敏達，澹之治迹，錫之策慮，晁之敦質，咸有可觀。然豫成禪代之詔，見薄時君，終身不獲大用。及夫險詖忌前，酣醟少檢，附勢希榮，構讒謀己，皆無取焉。蒙博洽長厚，繼竇儀裁定儀制，惜乎南郊之議，請去太祖以宣祖配天，爲識者所非。昭儉抗論跋扈，志除驕將，而多言歷詆，自取惡名，抑好訐爲直者與？崇諒奉親篤至，反罹間毀，終身歸養，而不復起，後蒙旌賁之典，則爲善者聳動矣。祜以百口明符彥卿無他志，且言以猜忌殺無辜者享國不長，因以杜太祖〔六〕之他疑，又却盧多遜之傾趙普，以致被黜，仁者有後，宜乎子旦爲宋元臣焉。

校勘記

〔一〕王祜　「祜」原作「祐」。據本書目錄中和太宗實錄卷四二、東都事略卷三〇本傳、王珪華陽集卷三七王素墓誌銘改。下文同。

〔二〕裁制之事　「事」原作「官」，據長編卷一五改。

〔三〕南唐李景使其子從善來貢　「子」原作「弟」。按本書卷四七八南唐李氏傳，從善爲李景之子，李煜之弟。又通鑑卷二九四，顯德六年六月「唐主遣其子紀公從善與鍾謨入貢」。據改。

〔四〕沁州司戶參軍　太宗實錄卷四二、東都事略卷三〇本傳都作「遼州司戶參軍」。

〔五〕建隆五年　按建隆無五年，高錫在建隆三年秋已任左拾遺、知制誥，見長編卷三、宋史全文卷一，「五年」疑是「二年」之誤。

〔六〕太祖　原作「太宗」，誤。據本卷王祜傳改。

宋史卷二百七十

列傳第二十九

顏衎　劇可久　趙逢　蘇曉　高防　馮瓚　邊珝　王明
許仲宣　楊克讓　段思恭　侯陟　李符　魏丕　董樞

顏衎字祖德，兗州曲阜人。自言兗國公四十五世孫。少苦學，治左氏春秋。梁龍德中擢第，解褐授北海主簿，以治行聞。再調臨濟令。臨濟多淫祠，有針姑廟者，里人奉之尤篤。衎至，卽焚其廟。

後唐天成中，爲鄃平令。符習初鎭天平，習，武臣之廉愼者，以書告屬邑毋聚斂爲獻賀。衎未領書，以故規行之，尋爲吏所訟。習遽召衎詰之，幕客軍吏咸以爲辱及正人，習甚悔焉，卽表爲觀察推官，且塞前事。長興初，召拜太常博士，習力奏留之。習致仕，衎東歸養親。

未幾，房知溫鎭青州，復辟置幕下。知溫險愎，厚斂多不法，衎每極言之，不避其患。晉祖入洛，知溫恃兵力偃蹇，衎勸其入貢。知溫以善終，衎之力也。知溫諸子不慧，衎勸令以家財十萬餘上進。晉祖嘉之，歸功於衎。知溫子彥儒授沂州刺史，衎拜殿中侍御史。

俄遷都官員外郎，充東都留守判官，改河陽三城節度副使、檢校左庶子，知州事。居半歲，得家問，父在青州有風痺疾，衎不奏棄官去侍疾，不復有仕宦意。歲餘，父疾不能起，衎親自掬矢，未嘗少倦。晉祖聞之，召爲工部郎中、樞密直學士，連使促召至闕，辭曰：「臣無他才術，未知何人誤有聞達。望放臣還，遂其私養。」晉祖曰：「朕自知卿，非他人薦也。」俄廢樞密院，以本官奉朝請。踰年，上表請還侍養，授青州行營司馬。丁父憂，哀毁甚。俄召爲駕部郎中、鹽鐵判官。以母老懇辭，有詔止守本官。

未幾，復出爲天平軍節度副使。開運末，授左諫議大夫，權判河南府，召拜御史中丞。喪亂之後，朝綱不振，衎執憲頗有風采。嘗上言：「纔除御史者，旋授外藩賓佐，復有以私故細事求假外拜，州郡無參謁之儀，出入失風憲之體，漸恐四方得以輕易，百辟無所準繩。請自今藩鎭幕僚，勿得任臺官；雖親王、宰相出鎭，亦不得奏充賓佐。非奉制勘事，勿得出京，自餘不令釐雜務。」詔惟辟召入幕如故，餘從其請。復抗表求侍養，改戶部侍郎。衎又堅乞罷免，詔書褒許，即與其母東歸。

漢乾祐末，丁憂。服除，詔鄆州高行周津遣赴闕，衎辭以足疾，不至。周廣順初，起爲尙書右丞，俄充端明殿學士。太祖征兗州，駐城下，遣衎往曲阜祠文宣王廟。城平，以衎權知州事。歸朝，權知開封。

時王峻持權，衎與陳觀俱爲峻所引用。會峻敗，觀左遷，衎罷職，守兵部侍郎。顯德初，上表求解官，授工部尙書，致仕還鄉里，臺閣縉紳祖餞都門外，冠蓋相望，時人榮之。建隆三年春，卒于家，年七十四。

衎守章句，無文藻，然諒直孝悌，爲時所推。

劇可久字尙賢，涿州范陽人。沉毅方正，明律令。與馮道、趙鳳爲友。後唐同光初，鳳薦於朝，補徐州司法，以幹職聞。召爲大理評事，賜緋。踰年，遷大理正，坐誤治獄責授登州司戶。遇赦，召爲著作郎。仕晉，歷殿中少監、太子右諭德、大理少卿，賜金紫。晉祖崩，可久方在病告，有司糾以不赴國哀，坐免。未幾復官，遷大理卿。

周廣順初，改太僕卿，復爲大理卿。會鄭州民李思美妻詣御史臺訴夫私鬻鹽，罪不至死，判官楊瑛置以大辟。有司攝治瑛，瑛具伏。可久斷瑛失入，減三等，徒二年半。宰相王峻

子。

欲殺瑛，召可久謂之曰：「死者不可復生，瑛枉殺人，其可恕耶？」可久執議益堅，瑛得免死。由是忤峻，改太僕卿，分司西京。顯德三年，所舉官犯贓，可久坐停任。明年，復起爲右庶

世宗以刑書深古，條目繁細，難於檢討。又前後敕格重互，亦難詳審，於是中書門下奏曰：「伏以刑法者，御人之銜勒，救弊之斧斤，有國家者不可一日而廢也。雖堯、舜之世，亦不能捨此而致治。今奉制旨，删定律令，有以見明罰敕法之意也。竊以朝廷之所用者，律十二卷、律疏三十卷、式二十卷、令三十卷、開成格一十卷、大中統類一十二卷，後唐以來至漢末編敕三十三卷，及國朝制敕等。律令則文辭古質，或難以詳明；格敕則條目繁多，或有所疑誤。將救舞文之弊，宜伸畫一之規。所冀民不陷刑，吏有所守。臣等商議，望準制旨施行。仍命侍御史知雜事張湜、太子右庶子劇可久、殿中侍御史率汀、職方郎中鄧守中、倉部郎中王瑩、司封員外郎賈玭、太常博士趙礪、國子博士李光贊、大理正蘇曉、太子中允王伸等十人編集新格，勒成部秩。律令之有難解者，就文訓釋；格敕之有繁雜者，隨事删削。其有矛盾相違、輕重失宜者，盡從改正，無或拘牽。候畢日，委御史臺、尚書省四品以上及兩省五品以上官參詳可否，送中書門下議定。」從之。自是湜等於都省集議删定，仍令大官供膳。五年，書成，凡三十卷，目曰刑統〔一〕。宰相請頒天下，與律、疏、令、式並行。

可久復拜大理卿。建隆三年，告老，改光祿卿致仕。卒，年七十七。可久在廷尉四十年，用法平允，以仁恕稱。

趙逢字常夫，嬀州懷戎人。性剛直，有吏幹。父崇事劉守光爲牙校。後唐天祐中，莊宗遣周德威平幽州，因誅崇。逢尚幼，德威錄爲部曲，令與諸子同就學。及德威戰沒胡柳陂，逢乃游學河朔間。久之西遊，客鳳翔李從曮門下。從曮卒，侯益領節制，逢又依之。漢乾祐中，益入爲開封尹，表逢爲巡官，逢不樂，乃求舉進士。是歲，禮部侍郎、集賢殿學士司徒詡典貢舉，擢登甲科。解褐授祕書郎、直史館。周廣順中，歷左拾遺、右補闕，皆兼史職。世宗嗣位，遷禮部員外郎、史館修撰。顯德四年，改膳部員外郎、知制誥。逾年，轉水部郎中，仍掌誥命。恭帝卽位，賜金紫。

宋初，拜中書舍人。太祖征澤、潞，逢從行。次河內，聞李筠擁兵入寇，又慮太行艱險，乃妄言墜馬傷足，留於懷州。駕還京，有密旨除拜，逢當草制，又稱疾不入。太祖謂宰相曰：「此人得非規避行役者耶？」對曰：「誠如聖言。」遂貶房州司戶。會恩，量移汝州司馬。

乾德初，召赴闕，授都官郎中、知制誥，充史館修撰，判館事。二年，改判昭文館。未幾，充樞密直學士，加左諫議大夫。蜀平，出知閬州。時部內盜賊攻州城，逢防禦有功。賊既平，誅滅者僅千家。妻朱氏病死京師，詔給葬事。代還，遷給事中，充職。六年，權知貢舉。

太祖征太原，以逢爲隨軍轉運使，鑄印賜之。會發諸道丁壯數十萬，築堤壅汾水灌晉陽城。逢白太祖乞效用，卽命督其版築。時方盛暑，逢於烈日中親課力役，因而遘疾，輿歸京師。開寶八年，卒。

逢揚歷清近，所至有聲，然傷慘酷，又言多詆訐，故縉紳目之爲「鐵橛」。大中祥符三年，特詔錄其子極爲三班借職。

蘇曉字表東，京兆武功人。父瓚仕後唐，歷祕書少監。

長興初，曉辟鄧州從事。漢祖鎭太原，表爲觀察支使。周廣順初，由華州支使入爲大理正。以讞獄有功，遷少卿。顯德中，歷屯田郎中。

宋初，詔與竇儀、奚嶼、張希讓等同詳定刑統爲三十卷及編敕四卷。建隆四年，權大理

少卿事，遷度支郎中。乾德三年，出爲淮南轉運使，建議榷蘄、黄、舒、廬、壽五州茶，置十四場，規其利，歲入百餘萬緡。開寶三年，遷司勳郎中，改西川轉運使，仍掌京城市征。

先是，朝廷遣供備庫使李守信市木秦、隴間，守信盜官錢鉅萬，既受代，爲部下所發，守信至中牟，自剄於傳舍。太祖命曉案之，逮捕甚衆。右拾遺、通判秦州馬適妻李，即守信息女。守信嘗用木爲筏以遺適，曉得守信所送書以進，太祖將捨之，曉上章固請置於法，仍籍其家。餘所連及者，多至破產，盡得所隱沒官錢。擢拜曉右諫議大夫、判大理寺，賜金紫，遷左諫議大夫。七年，監在京商稅。九年六月，卒，年七十三。

曉深文少恩，當時號爲酷吏。及卒，無子，有一女甚鍾愛，亦先曉卒，人以爲深刻所致。

高防字修己，并州壽陽人。性沉厚，守禮法。累世將家。父從慶，戍天井關，與梁軍戰，死。防年十六，護柩以歸。事母孝，好學，善爲詩。

初，張從恩爲北京副留守，奏攝太原府倉曹掾。從恩移澶州防禦使，表爲判官。有親校段洪進盜官木造器，市取其直。從恩聞之怒，將殺之。洪進懼，思緩其罪，紿曰：「判官使爲之。」從恩召防詰之，防即引伏，洪進得免。從恩遺防錢十千、馬一疋遣之。防拜受而去，終

不自明。既而悔之，命騎追及，防不得已而還，賓主如初。又居帳下歲餘，稍稍有言防自誣以活人，從恩益加禮重。從恩入爲樞密副使，防授國子監丞。從恩留守西洛，又爲推官。召拜殿中丞，充鹽鐵推官。以母憂去官，服除，隨從恩歷鄆、晉、潞三鎭判官。契丹入汴，晉主北行。從恩欲歸款契丹，召拜計議，防爲陳逆順，請固守臣節。爲左右所搖，從恩不用其言，遂歸契丹。既行，命副使趙行遷知留後，從恩所親王守恩爲巡檢，與防同領郡事。防與守恩謀誅行遷，以城歸漢祖。漢祖召防赴太原，加檢校金部郎中。

乾祐初，授屯田員外郎，改浚儀令。時楊邠用事，與防有隙，未幾，免職。居數月，夢一吏以白帕裹印，自門入授防，防寤而思曰：「白主刑，吾當爲主刑官乎？」俄而周祖卽位，起爲刑部員外郎，吏齎印至，一如夢中所覩。改開封令，遷本府少尹，除刑部郎中。宿州民以刃殺妻，妻族受賂，僞言風狂病瘖。吏引律不加考掠，具獄上請覆。防云：「其人風不能言，無醫驗狀，以何爲證？且禁繫踰旬，亦當須索飮食。願再劾，必得其情。」周祖然之，卒置於法。

世宗尹京，判官崔頌忤旨，簡求僚佐，宰相首以防薦。周祖曰：「朕方欲用之。」乃以防代頌。世宗卽位，拜左諫議大夫，賜金紫、鞍勒馬。顯德二年，遷給事中。從征淮南，初下泰州〔二〕，卽命防權知州事兼判海陵監事。會吳師至，乃遷州民入牙城，分兵固守，以俟外

援。俄而揚帥韓令坤馳騎召防，吳軍復至廣陵，防與令坤敗之。詔書嘉獎。三年，改左散騎常侍。其秋，召歸闕。復歷知蔡、宋二州。再從世宗南征，判行泗州，及城降，命防知州事，復知蔡州。五年，遷戶部侍郎。世宗謀取蜀，以防爲西南面水陸轉運制置使，屢發芻糧赴鳳州，爲征討之備。

太祖還自陳橋，防所居爲里民所略，詔賜綾絹、衣服、衾裯、鞍馬。及征李筠，防又爲潞州東北路計度轉運使。澤、潞平，拜尚書左丞，賜銀器、綵帛、鞍勒馬。

建隆二年，出知秦州，州與夏人雜處，罔知教養，防齊之以刑，舊俗稍革。州西北夕陽鎮，連山谷多大木，夏人利之。防議建採造務，闢地數百里，築堡要地。自渭而北，夏人有之；自渭而南，秦州有之。募卒三百，歲獲木萬章。夏部尙波于〔三〕等率諸族千餘人，涉渭奪木筏，殺役兵。防出與戰，俘四十七人以獻。太祖慮擾邊郡，詔諭酋帥，賜所獲之俘錦袍、銀帶以遣之，遂罷採木之役，命吳廷祚爲節度以代防。歸爲樞密直學士，復出知鳳翔。乾德元年，卒，年五十九。

太祖甚悼惜，賜其子太府寺丞延緒詔曰：「爾父有幹蠱之才，懷匪躬之節，朕所毗倚。遽茲淪亡，聞之盡傷，不能自已。矧素尙淸白，諒無餘資，殯殮所須，特宜優恤。今遣供奉官陳彥珣部署歸葬西洛，凡所費用，並從官給。」

馮瓚字禮臣，齊州歷城人。性便佞，任數，務巧進。父知兆，後唐司農卿。瓚以蔭補，解褐授祕書省校書郎，遷著作佐郎，出爲諸城令。歲滿，授太子右贊善大夫。漢初，改監察御史。周廣順元年，遷殿中侍御史。河陽判官宋仁範與洛陽嫠婦交訟，詔瓚劾之。獄成，大理斷以官當徒，追兩官告身，刑部員外郎張處素覆核無異，奏行。仁範詣闕訴其事，詔還一官，瓚洎處素俱坐降一階。顯德初，遷刑部員外郎，充三司判官。歲餘，改祠部郎中，充集賢院直學士。

宋初，轉兵部郎中，加金紫階。瓚風神俊爽，善談論，有吏材，太祖甚寵之，擢拜左諫議大夫，出知舒州。境內有菰蒲魚鱉之饒，居民採以自給，防禦使司超盡征之，瓚奏奪民利，請蠲除，從之。建隆四年春，徙知廬州。乾德三年，以本官充樞密直學士。

時劍外初平，卒有亡命者散匿爲盜，命瓚知梓州。無何，蜀軍校上官進率亡命三千餘人，掠民數萬，夜攻州城。瓚曰：「賊乘夜奄至，此烏合之衆，以箠梃相擊，必無固志。正可持重以鎭之，且自潰矣。」城中止有雲騎兵三百，令分守城門。瓚坐城樓，密令促其更籌，未夜分擊五鼓，賊悉遁去。因縱兵追之，擒上官進，斬於市。誘其餘黨千餘人，並釋其罪，境

內獲安。

初，太祖欲任用瓚，常與趙普言瓚有奇材。普忌之，乃遣詣蜀平寇，潛令所親信從其行，密察其過，卽亡入京師擊登聞鼓，訟瓚及監軍綾錦副使李美、通判殿中侍御史李檝受賕爲姦事。急召歸闕，親問之，詞理屢屈，乃屬吏。旣而普遣人至潼關，閱其囊裝，得金帶珍玩之物，皆封題將以賂劉嶅，嶅方在太宗幕府。瓚具伏，普言法當死，太祖欲貸之，普固執不可，乃削去名籍。瓚流登州沙門島，美配隸通州海門島，嶅免所居官。李檝者，嘗與王德裔佐王饒幕，太祖納孝明皇后，因識之。德裔輕率而檝謹厚，太祖薄德裔而厚檝，至是，檝特免配流。未幾，復爲御史。

瓚在海上凡十年不得召，開寶末，遇赦放還。太宗卽位，授左贊善大夫。太平興國元年冬，與禮部員外郎賈黃中、左補闕程能分掌左藏三庫。先是，貨泉與金帛通。至是，以帑藏充溢，乃命分之。二年，復賜金紫。明年，判大理寺，改度支判官，遷秘書少監，充職。四年，上親征太原，以瓚爲隨駕三司判官。凱旋，改大理卿兼判秘書省。以足疾求解，優詔免朝請，令於本司視事。瓚抗章請退，除給事中致仕，復舊勳階。五年，卒，年六十七。子克忠，至內殿崇班、閤門祗候。

邊珝字待價，華州鄭人也。曾祖頡，石泉令。祖操，下邳令。父蔚，太常卿。珝，晉天福六年，舉進士，解褐祕書省校書郎、直洪文館〔四〕。漢乾祐初，爲右拾遺，加朝散大夫。澤州饑，奉詔視民田。周廣順元年，遷右補闕。三年，轉起居舍人。顯德二年，改庫部員外郎。丁外艱，服闋，授職方員外郎，知通州。珝課鬻鹽於狼山，歲增萬餘石。宋初，詣衞州視秋稼及掌京倉。建隆二年，兄玕自河南令入爲吏部員外郎，復以珝爲洛陽令。兄弟迭尹赤邑，時人榮之。乾德初，召爲倉部郎中。蜀平，命珝知三泉縣。開寶初，遷職方郎中，監京兆麴務，又掌建安軍榷貨〔五〕，奏徙務揚州。有富民訴廣陵尉謝圖殺其父，本部收尉四之，官吏推劾累三百日，獄未具，州以狀聞。詔珝案鞫，盡得其實。乃富民以私憾誣告尉，卽反坐之。就命權知州事，仍兼榷貨務。罷郡，又兼掌酒稅鹽礬務。未幾，丁母憂，起復，知州事。會征江表，兼領淮南轉運事。金陵平，知江北諸州轉運事。太宗卽位，遷吏部郎中。召還，賜金紫，充廣南轉運使。初至，桂州守張頌卒。頌，濰州人，藁葬城外。舊制不許以族行，僕人乃分匿其家財，珝召官吏悉追取之，部送其柩歸濰州。又屬郡守與護軍有忿隙者，但奏令易地，不致之於罪釁。太平興國五年，代歸。拜右諫議大夫，領吏部選事。七年，移知開封府。明年夏，卒，年六十三。

玚精力有吏材，帝方欲倚用，及聞其卒，歎惜數四，賻其家絹四百匹，錢二十萬。玚一子早卒，以其從子俊爲尉氏主簿。兄玕至金部郎中，弟玢右贊善大夫，從子儆至殿中丞，倚爲比部員外郎。

王明字如晦，大名成安人。晉天福中，舉進士不第。驍騎將藥元福爲原州刺史，辟爲從事。馮暉節制靈武，表爲觀察巡官。周廣順初，元福領陳州防禦使，奏署判官。會劉崇寇晉州，命元福將兵援之，事多咨於明。

先是，州縣吏部送丁壯餉糧，一夕，夫盡遁去。元福怒，盡驅官吏出軍門，將就戮。明馳往止之，入白元福曰：「今軍儲無闕，丁夫數萬人，文吏懦不能制，斬之何益，不如寬以待之。賊敗凱旋，公無專殺之名，不亦善乎？」元福感悟，盡免其死。既而崇衆宵遁，即命元福爲建雄軍節度留鎭，因奏署明爲書記，賜緋魚。顯德初，元福移鎭陝，恃功多驕恣，明以直道規之，忤其左右，多毁明於元福，元福亦稍疏之。明以父病求歸省，元福數召明，明因謝絕之。詣闕上書，求任州縣，歷淸平、鄗城二縣令。

宋初，荆南高繼沖入覲，授彭門節鉞，以明爲武寧軍節度掌書記。乾德初，召公卿近臣各舉淸白有吏幹者一人，給事中馬士元以明塞詔，召爲左拾遺。蜀平，選知榮州，代歸，遷右補闕。會用兵於嶺南，選爲荆湖轉運使。開寶三年，大舉南征，以明爲隨軍轉運使。山路險絕，舟車不通，但以丁壯數萬人轉遞，供億不闕。每下一郡一城，必先保其簿書，守其倉庫。既而賀州未下，明入與主帥計曰：「當急取之，恐援兵至，則我師勝負未可知。」諸將頗猶豫。明乃擐甲冑，率所部護送輜重卒百人，擁丁夫數千，畚鍤皆作，堙其塹，直抵城門。城中懼，開門納款，遂據有之。因抵廣州，賊衆十餘萬拒戰。是夕，大風發屋折木，衆乃驚懼。明與都部署潘美等謀，命丁夫數千人，人持二炬，間道先擣賊壘，大軍蓐食，陣以待之。俄而萬炬皆發，焚其栅。賊驚，果來犯，大軍因逆擊之，賊大敗，斬首數萬，劉鋹以城降。廣州平，爲本道轉運使。太祖嘉其功，擢授祕書少監，領韶州刺史，充轉運使。俄以潘美、尹崇珂爲嶺南轉運使，以明爲副使。明偏歷部內，視民疾苦，舊無名科斂，悉條奏除之，嶺表遂安。

七年，代歸，帝召見勞問，賜襲衣、金帶、鞍勒馬。是歲，將用師南唐，以明爲黃州刺史，帝密授成算。明既視事，卽完葺城壘，訓練士卒，衆莫解其意。俄而王師自荆渚乘戰艦而下，卽以明爲池州至岳州江路巡檢戰權都部署。擊鄂州軍於江南，斬首三百級。又破萬餘

人於武昌，殺江南軍七百人，拔樊山砦。破江州軍，斬首三千級。又破江南軍三百人於江中，獲船十餘艘。又擊敗湖口軍萬餘衆，奪戰艦五百艘。

時南唐將朱令贇自上江領衆十五萬，連大艦沿流而下，將焚采石浮梁，抵金陵爲援。明率所部舟師屯獨樹口，遣其子馳奏，請添造戰艦三百艘以襲令贇。帝曰：「非應急策也，令贇朝夕至，金陵之圍解矣。」乃密遣人諭明，令樹長木於洲浦間，若帆檣之狀。令贇望見之，果疑大軍襲其後，逗撓不敢進。明移檄諸軍，相爲掎角，因督兵櫂襲之。至小孤山，與諸軍合勢，大破之，擒令贇，衆赴水死者十五六。金陵平，詔明安撫諸郡，因命知洪州。太宗卽位，兼領江南諸路轉運使。召爲右諫議大夫，充三司副使。

太平興國七年，與侯陟同判三司事。八年，召分三司〔六〕，各命使領之，改左諫議大夫，爲鹽鐵使，遷給事中。雍熙四年，改光州刺史，出知并州。端拱元年，代還。表求換秩，改禮部侍郎。會契丹擾邊，詔以明知眞定府。契丹遁去。淳化初，詔歸闕，知京朝官差遣事。二年，卒，年七十三。

子挺、扶，並進士及第。挺歷臺省，累爲轉運使，皆知名。挺至殿中侍御史，扶嘗直集賢院，至工部員外郎。景德中，錄幼子掞爲光祿寺主簿。大中祥符八年，又錄其孫師顏爲三班借職，掞至殿中丞。

許仲宣字希粲，青州人。漢乾祐中，登進士第，時年十八。周顯德初，解褐授濟陰主簿，考功員外郎張乂薦爲淄州團練判官。

宋初赴調，引對便殿。仲宣氣貌雄偉，太祖悅之。擢授太子中允，受詔知北海軍。仲宣度其山川形勢、地理廣袤可以爲州郡，因畫圖上之，遂升爲濰州。

初，議建牧馬監，令仲宣行視諸州，頗得善地。從征幷門，掌給納，四十餘州資糧悉能集事。帝益知其彊幹。開寶四年，知荆南轉運事。及征江南，又兼南面隨軍轉運事，兵數十萬，供饋無闕。南唐平，以漕輓功拜刑部郎中。中謝日，召升殿獎諭，賜緋。九年，詔知永興軍府事。

太宗嗣位，遷兵部郎中，驛召赴闕，賜金紫。授西川轉運使，屬西南夷寇鈔邊境，仲宣親至大度河，諭以逆順，示以威福，夷人率服。會言事者云，江表用兵時，仲宣乾沒官錢，召還，令御史臺盡索財計簿鈎校，凡數年而畢，無有欺隱。

改廣南轉運使，會征交州，其地炎瘴，士卒死者十二三，大將孫全興等失律，仲宣因奏罷其兵。不待報，卽以兵分屯諸州。開庫賞賜，草檄書以諭交州。交州卽送款內附，遣使

修貢。仲宣復上章待罪，帝嘉之。

太平興國六年冬，南郊畢，遷吏部郎中。八年，與膳部郎中、知雜滕中正，兵部郎中劉保勳，刑部郎中辛仲甫，皆以久次郎署，擢陞諫垣，仲宣爲左諫議大夫。未幾，召還，以本官權度支。雍熙四年，出知廣州，未上，移知江陵府，俄改河南府。端拱中，遷給事中。淳化元年，卒，年六十一。

仲宣性寬恕，倜儻不檢，有心計。初，爲濟陰主簿時，令與簿分掌縣印。令畜嬖妾，與其室爭寵，令弗能禁。嬖欲陷其主，竊取其印藏之，封識如故，以授仲宣。翌日署事，發匣，則無其印，因逮捕縣吏數輩及令、簿家人，下獄鞫問，果得之於令舍竈突中。令聞之，倉皇失措，仲宣處之晏然，人服其量。嘗從征江南，都部署曹彬令取陶器數萬，給士卒爲燈具。仲宣已預料置，奉之如其數。其才幹類此。子待用至國子博士，待問再舉及第，至殿中丞，待旦至比部員外郎。待用子亘源，亦登進士第。

楊克讓字慶孫，同州馮翊人。高祖公略，洪州都督。晉末，舉進士不第，州將劉繼勳辟

爲戸曹掾。漢乾祐中，本府節度張彥成表授掌書記。

周廣順初，彥成移鎭安陽、穰下，克讓以舊職從行。彥成入爲執金吾，病篤，奏稱其材可用。克讓以彥成死未葬，不忍就祿，退居別墅，俟張氏子外除。時論稱之。歷鎭寧軍掌書記。顯德二年，調授鳳翔府司錄參軍，加兼監察御史，以祖母老解官歸養。未幾，改延州觀察推官，與通判宋琪並爲節度使趙贊所禮。累加朝散大夫兼殿中侍御史，連以家難去職。

太祖素知其名，會贊入覲，復稱其才，卽起爲左補闕，掌蘄口榷貨務。乾德六年，知果州。上言願畢襄事，特賜緡錢，許葬畢赴任。開寶三年，就命爲西川轉運副使，蜀民懷其善政，璽書褒美。代歸闕下，疏民利病十事，稱旨。太祖召升殿，賜坐勞問，面賜金紫。將大用，爲侯陟所沮，事見陟傳。

征南唐，命克讓知昇州行府。昇州平，就知州事兼水陸計度轉運使事，加兵部員外郞。太平興國初，就加刑部郞中，知大名府。會錢俶、陳洪進來歸疆土，以克讓爲兩浙西南路轉運使。泉州民嘯聚爲盜，克讓在福州，卽率其屯兵至泉州，與王明、王文寶共討平之。四年，徙知廣州，俄兼轉運市舶使。明年，卒，年六十九。

克讓少好學，手寫經籍，盈於篋笥。多收圖畫墨跡。歷官廉謹幹局，所至有聲。每視事，自旦至暮，或通夕，斷決如流，無有凝滯，當時稱爲能吏。

子希閔字無間。生而失明，令諸弟讀經史，一歷耳輒不能忘。屬文善緘尺，趙普守西洛，府中牋疏，皆希閔所爲。將奏署本府掾，固辭不受，普優加給贍。張齊賢、李沆、薛惟吉、張茂宗繼領府事，皆優待之。卒，年三十九，有集二十卷。自教三子：日華，日嚴，日休，皆登進士第。日華都官員外郎，日嚴職方員外郎，日休殿中丞。希閔弟希甫，淳化三年進士，至屯田員外郎。從子日宣，亦登進士第。

段思恭，澤州晉城人。曾祖約，定州司戶。祖昶，神山令。父希堯，晉祖鎭太原，辟爲從事，與桑維翰同幕府。晉有天下，希堯累歷清顯。思恭以門蔭奏署鎭國軍節度使官。天福中，希堯任棣州刺史兼權鹽礬制置使。思恭解官侍養，奉章入貢，改國子四門博士，賜緋。開運初，出爲華、商等州觀察支使。劉繼勳節制同州，辟爲掌書記。繼勳入朝，會契丹入汴，軍士諠譟，請立思恭爲州帥，思恭論以禍福，拒而弗從，乃止。漢祖建國，授左補闕。隱帝時，蝗，詔徧祈山川。思恭上言：「赦過宥罪，議獄緩刑，苟獄訟平允，則災害不生。望令諸州速決重刑，無致淹濫，必召和氣。」從之。歷度支、駕部。

周顯德中，定濱州田賦，世宗嘉之，賜金紫。丁外艱，服闋，拜左司員外郎。

建隆二年，除開封令，遷金部郎中。乾德初，平蜀，通判眉州。時亡命集衆，攻逼州城，刺史趙廷進懼不能敵，將奔嘉州，思恭止之，因率屯兵與賊戰彭山。軍人皆觀望無鬥志，思恭募軍士先登者厚賞，於是諸軍賈勇，大敗賊，思恭矯詔以上供錢帛給之。後度支請按其罪，太祖憐其果幹，不許，令知州事。丁母憂，起復，俄召爲考功郎中，知泗州。

會馮繼業自靈州舉宗來朝，帝以思恭代知州事，仍語之曰：「馮繼業言靈州非衞、霍名將鎭撫之不可，汝其往哉！」思恭曰：「臣奉詔而往，必能治之。」帝壯之，賜窄衣、金帶、錢二百萬，仍以塗涉諸部，令別齎金帛以遺之。思恭下車，矯繼業之失，綏撫夷落，訪求民病，悉條奏免之。俄而回鶻入貢，路出靈州，交易於市，思恭遣吏市硇砂，吏爭直，與之競。思恭釋吏，械其使，數日貰之。使還愬其主，復遣使齎牒詣靈州問故，思恭理屈不報。自是數年，回鶻不復朝貢。

久之，遷右諫議大夫，知揚州。朝廷方經略江表，命思恭兼沿江巡檢。每出巡，委州事於通判，以牌印、鼓角、金鉦自隨。驛書自京師來者，令齎至其所，事多稽滯。因與通判李岩相告訐，詔以屬吏。思恭辭不直，責授太常少卿，改知宿州。太宗卽位，遷將作監、知秦州。坐擅借官庫銀造器，又妄以貢奉爲名，賤市狨毛虎皮爲馬飾，爲通判王廷範所發，降授少府

少監、知邢州。太平興國六年，遷少府監。雍熙元年，南郊畢，表乞復舊官，再爲右諫議大夫。二年，知壽州。端拱初，遷給事中，尋知陝州。淳化三年，卒，年七十三。

思恭以門資歷顯官，不知書，無學術；然踐更吏事，所至亦著勤績。子惟一至太常博士、三司度支判官。從子惟幾，第進士，仕至兵部員外郎。

侯陟，淄州長山人。漢末，舉明經。周廣順初，試校書郎，爲西州回鶻國信使判官，還補雷澤主簿。司門員外郎姚恕凡四薦陟，爲襄城令、汝州防禦判官、濮陽襄邑令。

建隆初，爲寃句令，以淸幹聞。二年，擢爲左拾遺，仍知縣事。節度袁彥頗爲不法，陟抗章言之，彥上表謝，自陳無罪，太祖亦不窮治。四年，令兼領本縣屯兵，俄改淮南轉運使，賜緋衣、黑銀帶，遷右補闕。乾德三年，就改侍御史。明年，入爲左司員外郎、度支判官。朝議欲以本官領省事，改度支員外郎，依前充判官。開寶五年，復爲左司員外郎。六年，權判吏部銓，俄賜金紫。十二月，詔與戶部員外郎、知制誥王祜等同知貢舉，未鎖宿，出知揚州。會出師收金陵，陟以所部敗南唐軍千人於宣化城。俄爲部下所訟，追赴闕，陟度理窮，乃求哀盧多遜，多遜素與陟善，爲其畫計。時江表未拔，太祖厭兵，南土暑熾，軍卒疫死，方

議休兵，以爲後圖。陟適從揚州來，知金陵危甚，多遜令上急變求見。陟時被病，令掖入，即大言曰：「南唐平在朝夕，陛下奈何欲班師，願急取之。臣若誤陛下，願夷三族。」上屏左右，召升殿問狀，遂寢前議，并赦陟罪，復知吏部選事。

太平興國初，遷戶部郎中。俄而選人有妄冒，事發，詞涉於陟。南曹雷德驤將奏劾之，陟造便殿自首，出爲河北轉運使。征太原，爲太原東路轉運使。駕還，次鎮州，命先還上都供頓軍需。以功遷左諫議大夫，權御史中丞事。五年，同知貢舉。開寶末，趙普在中書，陟嘗上疏言其短。至是，普再入相，陟頗憂恚。六年，南郊畢，加給事中。七年，三司使王仁贍左降，以陟與王明同判三司。八年，卒，贈工部尙書。

陟有吏幹，性狡獪，好進，善事權貴，巧中傷人。太祖嘗召刑部郎中楊克讓，命坐與語，且諭以將大用。陟素忌克讓，偵知之。因奏事，上問識楊克讓否，陟曰：「臣與克讓甚善，知其人才識，朝廷佳士也。近聞其自言上許以大用，多市白金作飮器以自奉，臣頗怪之。」上怒，亟令克讓出典郡。其險詖如此。

李符字德昌，大名內黃人。漢乾祐中，郭從義討趙思綰於京兆，辟符在幕府，表爲京兆

府戶曹掾。歷鄗縣主簿、保義軍節度推官。丁內艱，服除，調汝州防禦判官，權知州事。右庶子楊恪薦爲大理正。乾德中，知歸州轉運司制置。歸朝，以京西諸州錢帛不登，選知京西南面轉運事。奏便宜百餘條，凡四十八事，命著爲令，賜緋魚。因奏對稱旨，遷起居郎。後荆湖轉運許仲宣隨軍討南唐，詔符赴荆湖調發芻糧，符領船數千艘順流而下。事畢，賜金紫。符又建議鑿橫江河以通漕運，發和州三縣丁壯給其役。太祖欲幸西京，有事于南郊。符上書陳八難曰：「京邑凋弊，一也；宮闕不備，二也；郊廟未修，三也；百司不具，四也；畿內民困，五也；軍食不充，六也；壁壘未設，七也；千乘萬騎盛暑扈行，八也。」不從。禮畢還京，改比部員外郎、判刑部。

太平興國初，遷駕部，轉祠部郎中，知廣州兼轉運使。二年，符圖海外諸城及嶺外花木各一以獻。在任有善政，民爲立生祠。五年，召爲右諫議大夫、判吏部銓兼大理寺理。三司副使范旻得罪，以符代之。賜白金三千兩。車駕幸大名，領行在三司。未幾，坐與官屬競課最，罷職守本官。

七年春，開封尹秦王廷美出守西京，以符知開封府。廷美事發，太宗令歸第省過。趙普令符上言：「廷美在西洛非便，恐有他變，宜遷遠郡，以絕人望。」遂有房陵之貶。普恐泄

言，坐符用刑不當，貶寧國軍行軍司馬。盧多遜貶崖州也，符白普曰：「珠崖雖遠在海中，而水土頗善。春州稍近，瘴氣甚毒，至者必死，願徙多遜處之。」普不答。先是，太宗尹京，符因宋琪薦弭德超事藩邸。符貶，德超爲樞密副使，屢稱其冤。會德超以事貶，帝惡其朋黨，徙符嶺表，普移符知春州。至郡歲餘卒，年五十九。

符無文學，有吏幹，好希人主意以求進用，終以此敗。至道二年，郊祀，追復右諫議大夫。祥符五年，錄其子璜試將作監主簿。

魏丕字齊物，相州人，頗涉學問。周世宗鎭澶淵，辟司法參軍。有盜五人獄具，丕疑其冤，緩之。不數日，果獲眞盜，世宗嘉其明愼。歷頓丘、冠氏、元城三縣令。世宗卽位，改右班殿直。自陳本以儒進，願受本資官。世宗曰：「方今天下未一，用武之際，藉卿幹事，勿固辭也。」未幾，出監明靈砦軍。世宗征淮甸，丕獲江南諜者四人，部送行在。詔獎之，賜錢十萬，遷供奉官、供備庫副使。

太祖卽位，改作坊副使。時楊承信帥河中，或言其反側未安，命丕賜承信生辰禮物，陰察之。還，言其無狀。太祖嘗召對，語丕曰：「作坊久積弊，爾爲我修整之。」丕在職盡力，以

久次轉正使。開寶九年，領代州刺史。凡典工作十餘年，討澤潞、維揚，下荆廣，收川峽，征河東，平江南，太祖皆先期諭旨，令修創器械，無不精辦。舊床子弩射止七百步，令丕增造至千步。及改繡衣鹵簿，亦專敕丕裁製。丕撤本坊舊屋，爲舍衢中，收僦直及鬻死馬骨，歲得錢七千餘緡，工匠有喪者均給之。太祖幸洛郊祀，三司使王仁贍議雇民車牛運法物，太祖以勞民，不悅，召丕議之。丕請揀本坊匠少壯者二千餘，分爲遞鋪輸之，時以爲便。

雍熙四年，代郝正爲戶部使。端拱初，遷度支使。是冬，出爲黃州刺史。還朝，召對便坐，賜御書急就章、朱邸集。丕退作歌以獻，因自述願授臺省之職。太宗面諭曰：「知卿本儒生，然清望官奉給不若刺史之優也。」淳化初，改汝州刺史。歷知鳳州，改襄州。境內久旱，丕以誠禱之，一夕，雨沾足。明年，召還，屢求退居西洛，不許。

四年，表求致仕，授左武衞大將軍，仍領汝州刺史。俄判金吾街仗。初，六街巡警皆用禁卒，至是，詔左右街各募卒千人，優以稟給，使傳呼備盜。丕以新募卒引對，遂分四營，營設五都，一如禁兵之制。五年，改領郢州刺史。俄改領復州，遷左驍衞大將軍。咸平二年，卒，年八十一。

丕好歌詩，頗與士大夫遊接，有時稱。南唐主李煜妻卒，遣丕充弔祭使，且使觀其意趣。煜邀丕登昇元閣賦詩，丕有「朝宗海浪拱星辰」之句，以風動之。太宗嘗賜詩，令丕與柴

禹錫和焉。

董樞，眞定元氏人。後唐淸泰中〔七〕，以獻書授校書郎。累歷賓佐。晉天福中，爲左拾遺、知樞密院表奏。周廣順初，爲左補闕。世宗卽位，詔常參官各奏封事，樞上平吳策。淮南平，遷浚儀令。恭帝卽位，遷殿中侍御史。

太祖乾德初，遷主客員外郎。上書請伐蜀，蜀平，通判劍州。會全師雄叛，攻劍。刺史張仁謙足疾不能戰，欲棄城走。樞固爭，戰賊敗之，因招餘衆降。仁謙飲樞令醉，密殺降數百，誣奏樞與賊通。會中使自成都還，備言其事，太祖並召之，庭辯曲直，仁謙逐屈。下御史臺鞫之，黜宋州教練使，以樞嘗貢西伐計，遷比部郎中。三年，出兼桂陽監使，上書請伐廣南。詔益桂陽戍卒三千，令樞統之。

開寶二年，又上方略。會劉鋹令內侍曾居實侵桂陽，樞擊退之。三年，大舉伐鋹，令樞率兵趨連口〔八〕，克之。改兵部郎中，權知連州兼行營招撫使。嶺南平，賜錢三百萬。四年，移知襄州，又爲河北轉運使，改判西京留司御史臺。

初，樞罷桂陽監，以右贊善大夫孔璘〔九〕代之。璘通三禮，嘗講學於河朔。擢第，歷州

縣。及升朝，涖桂陽，歲滿，以太子洗馬趙瑜代之。

瑜，趙州人。家世豪右，自言諳練邊事。開寶中，命爲易州通判，歲滿，移桂陽。瑜至，卽稱疾，遂以著作郎張俔代之。俔至月餘，奏瑜在任累月，得羨銀數十斤，雖送官而不具數聞，計樞與璘隱沒可知矣。詔下御史案之，獄具。有司計盜贓法，俱當死。太祖曰：「趙瑜非自盜，但不能發擿耳。」樞、璘並坐死，瑜決杖流海島。擢俔爲屯田員外郎。

論曰：顏衎振舉風憲，不避彊禦。劇可久居廷尉之任，以平允聞。趙逢果斷之士，而獨尙嚴酷，處之要密之職，則非所宜。蘇曉銳意深刻，樂致人罪，後嗣衰謝，厥報不誣。高防陳逆順以聳臣節，體明愼而究疑獄，治迹淸操，沒而彌章。若其自誣以救人之死，古人何加焉。馮瓚省闕市之苛賦，設方略以擊賊，功若可稱，而巧宦任數，竟致傾敗，理固然矣。邊珝、王明、許仲宣、楊克讓當官效用，以淸幹稱。然仲宣寬簡持重，造次不撓，蓋人之難能者。王明累參戎事，預立戰功，至若開諭元福，止其暴誅，此赴蹈之仁也。段思恭遏亂兵，擊羣寇，便宜從事，以著奇績，斯亦可矣。然不能動遵規矩，速訟左降者再焉。侯陟吏才適用，患在忮刻。李符博通時務，乃事深文，以致投荒自弊，遂爲口實。魏丕久典工效，以濟

戎用，至於平反寃盜之獄，救楊承信之誣，善尤可稱。董樞論平吳伐蜀及取廣南，咸克舉之，且多戰功，而以貪墨取敗。惜哉！

校勘記

〔一〕凡三十卷目曰刑統　「三十卷」，當爲「二十一卷」之誤。據舊五代史卷一四七刑法志、五代會要卷九、通考卷一六六刑考，周世宗顯德五年張湜、劇可久等人删定的刑統，只有二十一卷。據下文蘇曉傳、本書卷一九九刑法志、長編卷四，宋太祖乾德元年竇儀等人重定的刑統，才是三十卷。

〔二〕泰州　原作「秦州」，查秦州隸屬陝西，不在淮南。通鑑卷二九二顯德三年：「以給事中高防權知泰州。」下文之「海陵監」所隸也是泰州，據改。

〔三〕尙波于　「于」原作「千」。據東都事略卷一二九、通考四裔考改。

〔四〕直洪文館　按唐代於門下省置弘文館，五代沿置。此處「洪文館」原當作「弘文館」，蓋宋人避宋太祖父弘殷諱而改。

〔五〕又掌建安軍榷貨　「建安軍」原作「永安軍」。按九域志卷五載：「乾德二年，以揚州永貞縣迎鑾鎭爲建安軍。」是年置榷貨務於此，卽邊珝掌榷貨的所在，見長編卷一三、宋會要食貨三六之一。

據改。

〔六〕召分三司　本書卷四太宗紀說：「分三司各置使。」長編卷二四說：「始分三司爲三部，各置使。」「召」疑爲「詔」字之訛。

〔七〕淸泰中　原作「太淸中」，但後唐無太淸年號，後唐末帝年號本爲淸泰；「太」字是「泰」的省寫。傳文倒置，今乙正。

〔八〕連口　按本書卷二太祖紀、卷二五八潘美傳及長編卷一一均作「連州」。

〔九〕右贊善大夫孔璘　「右」原作「左」，據本書卷三太祖紀、長編卷一六改。